让你受益一生的成功必读指导

成功励志
珍藏版

谈判胜负手

刘 瑶◎编著

煤炭工业出版社
·北京·

图书在版编目（CIP）数据

谈判胜负手 / 刘瑶编著． -- 北京：煤炭工业出版社，2018

ISBN 978-7-5020-6619-2

Ⅰ.①谈… Ⅱ.①刘… Ⅲ.①谈判学 Ⅳ.①C912.35

中国版本图书馆 CIP 数据核字（2018）第 092868 号

谈判胜负手

编　　著	刘　瑶
责任编辑	马明仁
封面设计	盛世博悦

出版发行　煤炭工业出版社（北京市朝阳区芍药居 35 号　100029）
电　　话　010-84657898（总编室）　010-84657880（读者服务部）
网　　址　www.cciph.com.cn
印　　刷　北京德富泰印务有限公司
经　　销　全国新华书店
开　　本　880mm×1230mm $^1/_{32}$　印张　$7^1/_2$　字数　190 千字
版　　次　2018 年 10 月第 1 版　2018 年 10 月第 1 次印刷
社内编号　20180271　　　　　定价　49.50 元

版权所有　违者必究

本书如有缺页、倒页、脱页等质量问题，本社负责调换，电话:010-84657880

前 言

　　理性解决问题，合法"巧取豪夺"。

　　三尺桌面风起云涌，八方英才唇枪舌剑！如何才能在谈判桌上不辱使命、稳操胜券？

　　有些聪明的谈判人员认为，"把一筐烂柿子当成三筐好柿子卖出去"就是不辱使命。诚然，"把一筐烂柿子当成三筐好柿子卖出去"，得到了空前的利益。但这种片面"单赢"的做法，实质上是一种"坑、蒙、拐、骗"行为，小而言之有损己方声誉，弄得自己在商场上神憎鬼厌、人人喊打，最后即使有"三筐好柿子"，也没人敢用"一筐烂柿子"的价钱购买，实在无异于饮鸩止渴；大而言之，违反了法律"显失公平"原则，有"偷鸡不成反蚀一把米"的危险。

　　那么，是否"双赢"才是谈判的最高境界？答案当然是肯定的。但在风云诡谲的谈判桌上，你根本无法判断谈判"双赢"的临界线。谈判桌上双方的底牌都捂得很紧，买方不可能真实地说出自己的最高出价是70（他甚至在出价50时就已经"痛苦不已"了），卖方也不可能真实地说出自己的最低卖价是60（他甚至在报价80时就"唉声叹气"了），然后双方取其平均数65达成协议，以此达到皆大欢喜、实现真正"双赢"的理想局面。

　　片面的"单赢"不可取，理想的"双赢"不可得，谈判的最高境界究竟是什么？答案是：理性解决问题，合法"巧取豪夺"。所谓"理性解决问题"，指谈判人员并不因谈判过程中的某些表象而迷惑，有理、有节、有度地进行协商；所谓合法"巧取豪夺"，指谈判人员在追求最大利益的同时，需要遵守法律条文及道德规范，胜得正大光明，赢得合情合理。

编者基于对谈判的认识与看法，编著了《谈判胜负手》一书。全书分为九章，其内容涉及谈判的方方面面，重点从9个角度分析与讲解了谈判人员所必备的硬招、妙招、鲜招、快招、高招、狠招、绝招、新招与稳招，相信读者在阅读后能大有收获，深受启迪。

编者

2018年

目 录 Contents

第一章 谈判人员如何修炼"功力" ... 1
管理好自己的形象 ... 1
知识广博方可巧应万变 ... 5
用出众的能力把握全局 ... 8
谈判的语言有讲究 ... 11
要有过硬的心理素质 ... 27

第二章 好的开头是成功的一半 ... 31
掌握对手信息 ... 31
择良将而谈 ... 40
谈判方案必须周密 ... 41
谈判场所的选择技巧 ... 48
正式谈判前先"彩排" ... 50
开头至关重要 ... 52

第三章 灵活应对变化的策略 ... 56
掌握进攻的战术与技巧 ... 56
守好底线,以退为进 ... 65
处变不惊,伺机反击 ... 76

学会运用"炒蛋"战术…………………………………… 79
打动疲劳的人要容易得多……………………………… 81

第四章　知己知彼，打好"攻心战"……………… 82

攻心战术………………………………………………… 82
弹性谈判，减少冲突…………………………………… 91
准备多个方案，尽量"双赢"………………………… 104
坚守自己的原则………………………………………… 108
对时间的掌握要得当…………………………………… 113
随机应变，步步为营…………………………………… 115

第五章　控制主动权，占据"地利"…………… 126

主导谈话，顺势说服…………………………………… 126
适时赞美，令对方放松警戒…………………………… 132
巧用激将法达目的……………………………………… 134
用"如果"代替"不行"……………………………… 136
"实、勤、诚"的进攻三字诀………………………… 141

第六章　化解谈判僵局…………………………… 142

不要回避僵局…………………………………………… 142
分析僵局，对症下药…………………………………… 144
破解僵局的诀窍………………………………………… 151
僵局无法突破时的对策………………………………… 168

第七章　报价与议价……………………………… 175

报价的技巧……………………………………………… 175

讨价还价的艺术…………………………………………… 182
喊价要狠，让步要慢……………………………………… 190

第八章　如何处理国际谈判………………………………… 199
分析对手的谈判风格……………………………………… 199
语言是谈判的武器………………………………………… 209
国际贸易术语……………………………………………… 212

第九章　稳中求胜，避开陷阱……………………………… 216
拔除不良心态……………………………………………… 216
策略失误，则全盘崩溃…………………………………… 222
方法不对，好事也会变成坏事…………………………… 225

第一章　谈判人员如何修炼"功力"

演戏的艺人，对"台上一分钟，台下十年功"有着深切的体会。为了一招一式的尽善尽美，有时需要数年的冬练三九、夏练三伏。

其实，谈判桌也是一个舞台。谈判人员要想在谈判的舞台上拥有精彩的"一分钟"，须舍得苦下"十年功"。

下面，我们就外貌、知识、能力、语言及心理5个方面，探讨谈判人员"练功"的途径。

管理好自己的形象

为什么有的谈判家，刚一进入谈判室，人未开口就会让对手产生信赖与尊重？这是因为他拥有良好的外貌与魅力。

每个人的外貌都是独特的，谁都希望别人欣赏自己。具有形象和外表魅力的谈判人员，并不需要男的生得英俊潇洒、女的长得沉鱼落雁，只要以整洁庄重的外貌出现在别人面前，尊重别人，并以愉快的面孔去感染别人就足够了。

◆ 良好的穿着

所谓"佛要金装，人要衣装"，作为谈判人员，尤其应该具有这方面的认识。在谈判桌上唇枪舌剑，一定要给人以一种权威和信赖感。这两种气质，除了有赖于本身的素养之外，完全有必要靠良好的穿着来烘托。

一般来说，深色的西装，尤其是深蓝色或暗灰色的成套西装，容易使穿着者带有一种权威的味道；而且对于谈判人员来说，衣服的式样绝对不宜过分时髦，否则会给人有一种虚浮的感觉，因而降低了穿着者的身份。下面是一位谈判人员在衣着方面应该注意到的4个问题：

（1）衣着颜色越深，越有权威感。谈判人员想表现出一种具有权威而可信赖的气质，就应该穿深蓝色或暗灰色的衣服。同时，谈判人员的衣服剪裁要合身，而且要选用高级面料，这样才能相得益彰。

（2）衬衣的颜色要与上衣及长裤成强烈的对比。比如，穿深蓝色的上衣和长裤，最好穿纯白色的衬衫。

（3）不要购买流行不到半年以上的衣服。谈判人员不必在衣着上过分新潮，因为这样会招来轻浮的感觉。

（4）如果要和下属一起参加谈判，谈判人员必须先想好如何在衣着上与他们或其他人稍有不同。

至于其他细节，比如领带方面，谈判人员不能选择太花和太俗气的领带，应以条纹、圆点、花格子等式样的为佳，因为稍素一点儿的不但比较具有权威感，也不俗气。再如其搭配方法，如果谈判人员穿花格西装上衣，最好打一条素色领带缓和一下，而穿深色衬衫，则配以浅色领带。

衣着虽然只是一个人的外表，但在还没有机会把自己内在能力表达出去之前，它常会左右别人对你的第一印象。所以，如果你能带给别人初步的好印象，起码不会在尚未表现自己之前，就遭到对方的否定。否则，你即使有再好的能力也等于零。

◆ 丰富的表情

事实上，绝大多数谈判人员都很注意自己的外在形象，都能意识到穿着打扮的品位对谈判很重要。因此，在步入谈判室前，总要对着镜子特意打扮一番，看领带是否平整，头发是否凌乱，化妆是否恰到好处，唯恐因衣着的粗俗和装饰的不雅，而令对方看不起或产生笑料，影响谈判。但是，谈判人员不可忽略仪表所能展现的另一种魅力作用，那就是面部表情，很少有人意识到表情将会对谈判产生影响。人的心理是藏不住的，七情六欲常常不经意地流露在面部这个晴雨表上。有时，在谈判桌上你的表情往往成了泄密的"叛徒"。所以，成功的谈判人员总是细心地注意调整自己的心境和表情。

◆ 得体的仪态

对于谈判人员来说，坐立行走、举手投足、喜怒哀乐都是修养的外在表现。任何谈判人员如果在举止上不文雅和不稳重，都会影响谈判。

1. 站出精神

站姿能体现一个人的精神面貌。良好的站姿给人一种积极进取的感觉。办事时站立的姿态没有固定的模式，较好的有两种：一是前进式站法。即一脚在前，一脚在后，两足成45度角，身躯微向前倾，给人一种振奋、向上的感觉。二是自然式站法。即两足平等，相距与肩等宽，给人以一种注意力集中、精神抖擞的印象。

2. 走出形象

通常，身体行为能够表露出你的精神状态。当你看到一个人低着头、垂着双肩、驼着背走进会议室，那你就会怀疑此人一定遇到了难以解决的问题，承受着太多的思想重负。也许是这些事情让他不堪重负，精神被摧毁，身体被压垮，因此，他驼背躬身的形象，让你感受到他的消沉与悲观。悲观消极的人，往往总是低着头，只注视着脚下的路。而积极有信心的人，走路总是昂首挺胸，威风凛凛地向既定目标前进。

3. 坐出身份

首先，优美的坐姿是尽量把背挺直，双脚靠拢。即使是坐着的时候，也应时刻注意自己的形象，显露出你的气质和风度。我们通常可以从电视节目中欣赏到那些气质高雅的主持人的正确坐姿，他们的姿态处处显露出他们的品位和身份。谈判人员不妨也学一学他们的坐姿。

其次，深深地坐在椅子上虽然很舒服，或者把上半身靠在椅子上，但这不是谈判时的坐姿，而是休息时的姿态。这样的坐姿，会让对方认为你缺乏足够的诚意。因此，在谈判时要摆出最佳的姿势，浅坐在椅子前端的三分之一处，让上半身自然前倾。而此种姿势可随时由椅子上起立，这样才会体现出谈判人员的积极、开朗和干练。这种姿态是谈判时获得成功的一个要素，所以要学会运用。

腰杆挺直的人，有如玉树临风般的气质，可以充分展现出谈判人员的信心与谈判人员坦荡的胸怀。

最后，谈判时一定要挺起胸部。胸部挺起的人更加充满力量，有信心而且坚毅，不仅给人以成熟稳重的好感，而且还会给人以一种敞开心扉、真诚交往的暗示。坐着时躬背的人，会让人感到他缺乏自信、精神萎靡不振，是不足以值得信赖的。

因此，在谈判时，谈判人员一定要注意培养自己优美的坐姿。优美的坐姿让人感觉到你随时可能迅速地去解决问题，从而给人留下精明能干的好印象。

4. 讲究"出手"

即使是一场迅速达成协议的商务谈判，至少也有近10次的握手，艰难的谈判，握手的次数就更多了。谈判人员在握手时，需要注意以下三点。

第一，握手的方式显露出不同的心态。通常，有这样几种握手方式：

过分用力的握手，这显然是存在着某种缺点，或是想过分显示自己的自信；

挤压式的握手，这似乎因为底气不足、缺乏自信；

还有将手指并拢轻轻搭在对方手掌的握手方式，安稳而宁静适度，表现着自信而有礼节的高雅气质和风度。

前两种握手方式，或虚张声势或信心不足，都不是谈判人员在谈判时正确的握手姿势，只有后者才能真正表示出一个人的稳重和自信。

第二，许多人包括注重礼仪的年轻女性谈判人员，坐在椅子上与人谈判时，时常会感到手足无措。有些人将双手交叉抱在胸前；有些人手托腮帮，胳膊支在桌面上，这些姿势都不够优美。正确的仪表姿态是：自然端庄，手心向下，放在桌面，右手放在左手之上。保持这种姿势，会给人以自然优雅的美好印象。时间长了，这种姿势也就形成习惯了。

第三，许多懂得谈判技巧的谈判人员，都非常明白运用手势吸引对方注意力的重要性。很多时候，谈判人员必须用手势来辅助说明他谈话的意思，因为口语和手势表达同一个内容时，给人的影响非常深。

夸张的手势是谈判人员应当忌讳的，例如，把双臂抱在胸前气势汹汹的姿态；或是叉开手指，在身前胡乱比画着；要么就是重复着几个简单的手势等。不要简单模仿外国人的手势，他们的语言和手势所表达的手语和我们不一样。这些姿态只能让人感到你或是信心不足，或是骄傲自负。

运用合适的手势，才能透露出谈判人员进取和积极的劲头。在这里，建议你用明确的手势，辅助说明你要表达的意思，其余的时候不要乱比画。记住，多余的手语和多说的口语一样，都是"废话"。

知识广博方可巧应万变

古人云："非学无以广才，非学无以明智。"对于谈判人员来说，知识素养尤为重要。因为在谈判过程中，只有具有广博知识的谈判人员，才能对各种可能出现的情况，做出正确的理解、分析、判断和决策。

◆ 优化知识结构

在当今的信息化社会中，随着科学技术的快速发展，自然科学与社会科学的结合已成为一种势不可挡的潮流；同时随着交叉学科与边缘学科的崛起，学科的分类也日益细密，传统的单一知识结构已愈来愈不能适应社会竞争的需要。

谈判是一种直接与人打交道的双向沟通活动，它要求谈判人员在竞智竞力的过程中，必须以一种合理的知识结构作为强而有力的后盾。

所谓"合理的知识结构"，指的是谈判人员在知识结构的组合上，将自然科学的精确性、逻辑性与社会科学的实用价值结合起来，既要有广博的基础知识，又要有精深的专业知识。

在知识结构问题上，谈判人员要做到不偏不倚，避免片面主观。这主要从两方面下手：

1. 将基础知识与专业知识相互结合

基础知识是谈判人员智慧和才能的基石，它是除了前文所谈及的外貌魅力外，另一个决定谈判人员在谈判活动中的修养和风度的重要因素。基础知识的涵盖面非常广阔，涉及语言学、逻辑学、社会学、心理学、行为学等领域。此外，天文、地理、历史、文学等也在其中。谈判人员拥有基础知识是一种潜移默化的作用，它使得谈判人员在谈判中充满自信，具有一种化腐朽为神奇的影响力。

专业知识决定一个谈判人员知识的深度和从事本职工作的能力，是涉及谈判实务方面的知识。其内容主要包括管理学、决策学、法学、技术资料处理等。在商务谈判中所涉及的专业知识种类则更多，涉及面更广，包括商业知识、财务知识、国际贸易、国际金融、进出口业务、技术转让知识、市场经营学、运输与保险知识、国际结算知识、商务法律知识，等等。

一个谈判专家，之所以能够在具体操作中左右逢源，挥洒自如，在于他能够将专业知识的"精"，与基础知识的"博"二者相互结合起来，并加以互补运用。

2. 将自然科学知识和社会科学知识和谐统一

谈判人员在谈判中，以严谨而缜密的科学思维对待错综复杂的谈判问题时，不但需要自然科学所赋予的精确性、逻辑性，亦需要社会科学的实用价值。所以，要将自然科学和社会科学知识有效地统一起来。在自然科学方面，谈判人员除掌握传统的数理化等学科知识外，还要掌握如经济数学、微机理论应用等新兴学科的有关知识。在社会科学方面，除哲学、经济学、法学、历史学、心理学等，另如组织学、行为学、管理学、决策学等新兴学科也在谈判人员所应掌握的范围之列。

这里所说的将专业知识与基础知识相互结合，使自然科学知识和社会科学知识和谐统一，并不意味着任何一个谈判人员对基础学科都必须样样精通，而是有所兼顾，不可偏废。事实上，在浩瀚的现代科技知识海洋中，任何人都不可能成为"万能博士"。据美国国家研究委员会和联合国教科文组织的统计，当代基础学科的主要专业已有500个以上；而一个专业人才，仅精通一门专业就要花去毕生的精力。

作为一名优秀的谈判人员，在实际运用中应最大限度地发掘自己的知识潜能，让各种知识互补，触类旁通，同时运用科学的思维方法，把事实判断与价值判断结合起来，形成较为准确的结论，促成谈判的顺利进行。

◆ 更新知识结构

据有关资料显示，近10年来，人类的新知识总量超过以前两千年的知识总和，并以每10~20年翻倍的速度增长。现代知识更新周期大约为15年。任何一个人在求学阶段所获得的知识，不过是他一生所需要的10%，而其他90%以上的则必须在工作和生活中不断获取。

这些资料显示，在当今社会，既有知识已远远不能满足我们生活及工作的需要。知识不但需要更新，而且需要缩短其更新的周期。特别对于一个谈判人员而言，信息层出不穷，谋略千变万化，稍不注意更新知识结构，吸收新信息、新思想，就很容易在谈判中处于不利地位。

谈判人员更新知识结构有以下途径。

1. 广泛收集各种情报信息

谈判人员收集信息的过程，也就是他知识积累更新的过程。社会是一个巨大的信息场，无时无刻不在向外辐射各种信息。信息收集途径多种多样，五花八门，如通过各种新闻媒介收集信息；成立专门的机构进行市场调查；在谈判中从对方的言谈举止中捕捉第一手资料等。

2. 认真分析处理各种信息

当谈判人员面对所收集到的大量信息时，往往会不知从何入手对其进行分析处理，因为信息往往是真伪难辨的。

在大量信息面前，谈判人员首先应运用已有的知识鉴别信息的真伪，排除没有价值的信息，如同淘沙见金，将筛选后有价值的信息，按照一定的标准，分门别类输入电脑进行加工整理，建立资料库。

这种分析处理信息的过程也是一个充实知识的过程。从认知心理学的角度来讲，这个过程叫"同化"，是学习新知识，更新知识结构的基本方法。

3. 在新的谈判形势下调整原有知识结构

在知识心理学理论中，"同化"只是一个层面，"顺应"则是知识的一个飞跃。所谓"顺应"是指当已有的知识信息和思维方法不能同化消融新的情报时，人的知识心理就会发生一种逆向的运动轨迹，即改变已经固化成形的知识结构和思维模式，使之顺应环境。所以，在谈判的过程中，随着客观形势的不断变化，知识结构也随之更替和提升。用新信息的刺激，来改变已经成形的思维定式，使之适应新的谈判形势。这种同化——顺应的过程便是更新知识结构的过程。

用出众的能力把握全局

在竞争与合作、索取与给予、前进与固守、风险与机遇相依相存的谈判中，谈判人员应该具备高度智慧的特点及严谨态度。这种能力素养，是谈判人员知识的巧用，智慧的升华。其表现即为认知与思考的能力，选择与判断的能力，演说与思辨的能力，审时度势、随机应变的能力……

◆ 逻辑思维能力

逻辑思维能力是谈判能力结构中最基本的要素，它是谈判人员面对谈判过程中出现的问题和假象，所做的认知、思考、分析、判断等反应。

谈判人员所具备的逻辑思维能力，主要表现在以下几个方面。

1. 去伪存真、去粗取精的辨别能力

谈判是一种智慧的较量，谋略的较量。在谈判中，双方为了达到各自的目的，往往会故布迷阵，暗设障碍。作为一个理智而冷静的谈判人员，面对谈判对手所传达出来的众多信息时，应该从正反两个方面加以思考及推敲，运用逆向、侧向思考，进行严密的逻辑论证，或类推，或演绎，或归纳，辨别其信息的真伪，取其有价值的真实信息，从而制定出正确而可行的谈判方案。

2. 综合运用观察力、想象力及预测力

观察判断是谈判活动中了解对手立场观点的主要手段和途径。只有通过准确、详细的观察和判断，才能为辨别信息真伪提供强有力的依据，从而捕捉大量有价值的信息。只有具备了敏锐的观察力，才能为自己的想象力插上飞翔的翅膀,因为想象力是建立在确凿的事实依据基础之上的。合理的想象力可以弥补抽象思维空洞而笼统的局限,还原事物的真实面貌,有利于打破谈判中出现的僵局,让灵感的火花照亮光明的前景。建立在观察力和想象力基础上的预测力,是一种防微杜渐、防患于未然的忧患意识,可以帮助谈判人员少走弯路,避免不必要的损失。一些在谈判中战无不胜、攻无不克的谈判高手,往往是具备了这三种能力,并将其有效地结合起来。

3. 将科学的分析和严密的论证相结合

在谈判的具体操作过程中,科学的分析、严密的论证是一只"看不见的手",贯穿于谈判的全过程。

在谈判进行之前,谈判人员应以严谨的态度进行大量的市场调查,做到知己知彼,成竹在胸;并且考证其主观设想的真实性,及时修正其战略思路和操作方案,做好充分的事前准备。如此才能从宏观上把握全局,结合系统思维及整体思维,制定出相对的应战术。

◆ 语言表达能力

将语言表达能力作为谈判人员最重要的素质要求,是由判断的特殊性所决定的。谈判,从表面上理解,实际上是一个"谈"和"判"的过程。所谓"谈"就是运用语言借以表达思想观点;而"判"则是指判断,即对各种信息进行分析、综合,最后做出判断。但做出判断并不是最终的目的所在,还必须运用语言将判断的结果表达出来,这样才能使判断的结果对整个谈判起作用。所以,谈判的整个过程也就是运用语言的过程,语言是决定谈判成功与否的关键。

现代商务谈判是谈判对方为获取更大的经济利益,而展开的一场极富刺激性与挑战性的竞争,是关于正义、实力、智力、精力、毅力、语言表达能力、思维反应与能力、交际能力等方面的大较量。在这种较量中,语言表达能力具有非常重要的作用。语言是将实力、智力、精力、交际能力等尽可能完美地表现出来,并最大限度地转化为谈判桌上成果的不可替代的工具。有时,良好的语言不仅能使你处于有利的位置,还能使你表现得潇洒大方、魅力十足,给对手留下美好的印象,从而对谈判产生潜移默化的影响。在现代商务谈判中，良好的语言表达能力虽不是万能的，但没有良好的语言表达能力则是万万不能的。

下面对商务谈判语言的特征和基本原则，以及现代商务谈判中常用的口才技巧予以简单的介绍。

鉴于谈判口才的复杂性，本书将在其他章节详细谈及，请读者留意。

◆ 随机应变能力

《朱子语录》中说："事变无穷，难以预料，随机应变，不可预定。"在谈判中，情况往往是瞬息万变的，时而高潮迭起，时而陷入僵局；时而山穷水尽，时而柳暗花明；时而顺水行舟，时而又身处逆境。这些局面常常令谈判人员眼花缭乱，不知所措。所以具备沉着、机智、灵活的应变能力，是控制局势，化劣势为优势的关键。

谈判人员的随机应变能力，主要表现为处理意外情况的能力、化解僵局的能力、巧妙出击的能力。要具备这些能力，应该从以下两个方面加以培养和锻炼。

1. 以进取开拓的精神面对谈判

一般来说，思想比较保守的谈判人员在进行谈判时，对谈判的失败后果考虑得较多，对成功的期望值考虑得较少；对社会的舆论压力考虑得较多，对主体的意志、智慧力量考虑得较少。这就使得负面意义的压力捆住了应施展的手脚，正面意义的压力又不足以形成进取的动力。因此保守型的谈判人员谈判的成功率，远没有具备进取开拓精神的谈判人员的成功率高。他们往往因为过于审慎保守，失去了许多有利的机会，而这些机会是可遇而不可求的。

所以我们强调以一种开拓进取的精神，去面对机会与风险共存的谈判活动，因为具备了这种精神的谈判人员，他往往会更加认真地考虑如何运用自己的智慧以及意志的力量，在逆境中搏击进取，尽最大努力去实现自己预期的目标。

2. 以临危不乱的面貌面对谈判

《孙子·虚实篇》说："水因地而制流，兵因敌而制胜。故兵无常势,水无常形;能因敌变化而取胜者,谓之神。"谈判也是如此,面对险情,能够临危不乱,巧妙机智地化险为夷,是一个优秀的谈判人员所必须具备的素质之一。

谈判是一项互惠的事业,不是要争出高下输赢,拼个你死我活。所以面对暂时出现的僵局,谈判人员如果板着面孔慷慨陈词,直言不讳,也许效果适得其反。反之,如果以一种轻松幽默的态度,向对手晓之以理,动之以情,做到示形以利,循循善诱,谈判则往往会收到意料不到的好效果。我们说雄辩是银,又说沉默是金。这些都是指的谈判人员应因人、因事、因时做出灵活多变的反应,犹如以一种型号的钥匙去开启一型号的锁。

谈判的语言有讲究

在前文,我们已经强调在谈判中,语言能力是左右谈判结果的一个重要因素。那么,商务谈判语言究竟有哪些原则、特征、讲究及基本技巧呢?

◆ 谈判的原则

简而言之,谈判具有以下4个原则。

1. 客观性

谈判语言的客观性,是指谈判过程中的语言表述,要尊重事实,反映实情。

在商务谈判中,从供给方来说,谈判语言的客观性主要表现在,介绍本企业情况要真实;介绍商品性能、质量要恰如其分,如为了表现出真实感,可附带出示样品或进行演示,还可以客观介绍一下其他用户对该商品的评价;报价要恰当可行,既要努力谋取己方利益,又要不损害对方利益;确定支付方式要充分考虑到双方都能接受,双方都较满意的形式。

从需求方来说,谈判语言的客观性主要表现在,介绍自己的购买力不要夸大失实;评价对方商品的质量、性能中肯,不可信口雌黄,任意褒贬；还价要充满诚意，如果提出压价，其理由要有充分根据。

谈判语言具有客观性，就能使双方自然而然地产生"以诚相待"的印象，从而促使双方立场、观点相互接近，为下一步取得谈判成功奠定基础。

2. 针对性

谈判语言的针对性，是指语言要始终围绕主题，有的放矢。

具体地说，谈判语言的针对性包括：针对某类谈判，针对某次谈判的具体内容，针对某个具体对手，针对同一个对手的不同要求等。

商务谈判林林总总，五花八门，包括商务交易谈判，劳务买卖谈判，投资、信托谈判，租赁保险谈判，等等。商品种类的不同，决定了谈判种类的不同，有时即使是同类商务谈判，其内容也截然不同，这就要求谈判语言要有很强的针对性。具体到一次谈判过程来讲，谈判内容一旦确定之后，就认真准备有关资料，同时还要充分考虑到谈判桌上将要使用的相关语言和行话。只有有选择地、有针对地使用谈判语言，才能充分保证活动的顺利进行。

谈判语言要针对某个具体的对手。不同的谈判内容和谈判场合都有不同的谈判对手，需要使用不同的谈判语言；即使是同一谈判内容，由于谈判对手的文化程度、知识水平、接受能力、个性习惯的不同，也要求有不同的谈判语言。

谈判语言，还要针对同一谈判对手的不同需要，恰当地使用有针对性的语言，或重点介绍商品的质量、性能；或侧重介绍本企业的经营状况；或反复阐明商品价格的合理性等等。

总而言之，谈判语言要围绕重点，言简意赅，把握关系，态度鲜明。

3. 逻辑性

谈判语言的逻辑性、是指谈判人员的语言要符合思维的规律，表达概念要明确，判断要准确，推理要严密，要充分体现其客观性、具体性和历史性，论证要有说服力。

谈判人员在谈判前搜罗的大量资料，经过分析整理后，只有通过符合逻辑规律的语言表达出来，才能为谈判对手接受和理解。在谈判过程中，无论是叙述问题，撰写备忘录，还是提出各种意见、设想或要求，都要注意语言的逻辑性，这是紧紧抓住对方，进而说服对方的基本前提。

与此同时，在提出问题，回答问题，或者试图说服对方时，也要注意语言的逻辑性。提问要察言观色，把握时机，密切结合谈判的进程，并要注意问题的衔接性；回答问题要切题、准确，一般不要答非所问；试图说服对方时，要使语言充满强烈的感染力和强大的逻辑力量，真正打动对方，使对方心悦诚服。

4. 规范性

谈判语言的规范性，是指谈判过程中的语言表述要文明、清晰、严谨、精确。

首先，谈判语言，必须坚持文明礼貌的原则，必须符合商界的特点和职业道德要求。无论出现何种情况，都不能使用粗鲁的语言，污秽的语言，或攻击辱骂的语言。在涉外谈判中，要避免使用意识形态分歧大的语言，如"资产阶级""剥削者""霸权主义"，等等。

其次，谈判所用语言必须清晰易懂。口音应当标准化，不能用地方方言或黑话、俗语之类与人交谈。

第三，谈判语言应当注意抑扬顿挫，轻重缓急，避免吐舌挤眼，语不断句，嗓音微弱，大吼大叫，或感情用事等。

第四，谈判语言应当准确、严谨，特别是在讨价还价等关键时刻，更要注意一言一行的准确性。在谈判过程中，由于一言不慎，导致谈判走向歧途，甚至导致谈判失败的事例屡见不鲜。因此，必须认真思索，谨慎发言，用严谨、恰当的语言准确地表述自己的观点、意见。如此，才能通过商务谈判维护或取得自己的经济利益。

◆ 谈判语言的特征

一般来说，商务谈判语言可概括为以下4个特征。

1. 功利目的

策动商务谈判的动力就是追求最大限度的经济利益，谈判各方都是为了满足上述需要而走向谈判桌的。无论是哪一层次的谈判，个人之间的，组织间的或是国家间的，都是为了满足一定目的的需要而进行的。

2. 随机话语

商务谈判必须根据不同的谈判对象、不同的谈判内容、不同的谈判阶段、不同的谈判时机，来随时调整自己语言的表达方式，包括不同的语气，不同的修辞，等等。

3. 策略智巧

谈判既是口才的角逐，也是智力的力量；或言不由衷，或微言大义；或旁敲侧击，或循循暗示；或言必有中，一语破的；或快速激问；或絮语软磨……要想取得谈判的成功，必须智勇双全，善于鼓动如簧之舌，调动手中筹码，不战而屈人之兵。

4. 追求时效

谈判注重效率，在战术上具有很强的时效性。谈判之初，参谈双方都有自己预定的谈判决策方案，其中包括谈判阶段所安排的内容、进度、目标，以及谈判的截止日期等。这种时效性特征，也可用作迫使对方让步的武器。

◆ 谈判用语的讲究

对于谈判用语的讲究，至少要做到以下4点。

1. 礼貌用词，以和为贵

俗话说"和言暖心"，在谈判过程中，注意满足对方"获得尊重的需要"，可以为未来的合作奠定基础。

比如，一位先生打完电话后，忽然发现身边连一分零钱也没有，只好拿出一张百元大钞递给管理员，不耐烦地说："找钱吧，快点。我还有急事！"谁知对方很不高兴："对不起，找不开，别处换去！"这时，他的妻子走过来对管理员说："先生，对不起，请你帮下忙吧，我们确实有急事，孩子还在家等着呢！"结果，对方很大度地挥了挥手："几毛钱算什么，可以走了。"妻子的成功之处就在于她对对方的尊重与礼貌。

在谈判过程中，即使受了对方不礼貌的过激言辞的刺激，也应保持头脑冷静，尽量以柔和礼貌的语言来表达自己的意见，不仅语调要温和，而且用词都应适合谈判场面的需要。应尽量避免使用一些极端的用语，诸如："行不行？不行拉倒！""就这样定了，否则就算了！"等等。这无疑会激怒对方，把谈判引向破裂。

2. 不要轻易加以评判

在谈判过程中，即使你的意见是正确的，也不要轻易地对对手的行为、动机加以评判。因为如果评判失误，将会导致双方的对立，而难以实现合作。比如，当你发现对方对某项指标的了解是非常陈旧的，这时如果你贸然指责："你了解的指标已经完全过时了……"对方听了，显然无法马上接受，甚至会产生一些逆反心理。如果改变一下陈述方式，则可能收到完全不同的效果。比如，可以这样说："对这项指标我与你有不同的看法，我的资料来源是……"这样，就不会使对方产生反感，甚至会乐于接受你的观点。

3. 不要轻易否定

在谈判时，经常会出现双方意见相反甚至激烈对抗的情况，这时尽量不要直接选用"不"等具有否定意义、带有强烈对抗色彩的字眼。这很容易造成无法收拾的局面，对双方都没有什么好处。

当对方不理智地以粗暴的态度对待你时，为了着眼于整个谈判的大局，你仍应和言悦色地用肯定的句型来表示否定的意思。比如，当对方情绪激动、措辞逆耳时，你不要寸土不让、针锋相对，可以委婉表示："我理解你的心情，但你的做法却值得推敲。"即使对方在盛怒之中，也能接受你的话，真好像拳头打在棉花团上，有火也不能发。等他冷静下来时，对你的好感就会油然而生。

另外，当谈判陷入僵局时，也不要轻易使用否定对方的任何字眼，而应不失风度地说："我已经尽了最大的努力，只能做到目前这一步了。"还可以适当运用"转折"技巧，以免使"僵局"变成"死局"。即先予肯定、宽慰，再用转折委婉地表示否定的意思，而阐明自己不可动摇的立场。如"我理解你的处境，但是……""你们的境况确实让人同情，不过……"。虽然并没有陈述什么实质性的内容，但"将心比心"的体谅，使对方很容易在感情上产生共鸣，从而将"僵局"激活。

4. 要善于转换话题

转换话题的目的在于：①避开对己方不利的话题。②避开无法立即解决的争论焦点。③拖延对某问题将做出的决定。④把问题引向对己方有利的一面。⑤通过转换阐述问题的角度来说服对方。

在谈判时，应将重点放在对己方有利的问题上，不要深入探讨或回答对己方不利的问题，可以绕着弯子解释或者"顾左右而言其他"。如果这一招仍无法激活僵局，可以建议暂时休会，大家松弛一下，以进行冷静的思考。

◆ 提问的技巧

对于在谈判中提问的技巧，我们将从三个方面讲述。

1. 提问的功能

提问的功能可以分为5种：

（1）纯粹为了引起他人注意，为他人的思考提供方向。比如，"你好吗？"或"今天你去公司了吗？"

（2）为了取得自己不知道的情报，提问人希望通过发问，使对方提供给自己一些新资料。比如，"这个要卖多少？"

（3）发话人通过提问对他人传达自己的感受，或者传达对方不知道的消息。比如，"你真的能够处理好这件事吗？"

（4）引导对方思绪的活动。比如，"对于这一点，你有什么意见呢？"

（5）以提问作为结论，也就是说，通过提问而使话题归于结论。比如，"这该是采取行动的时候了吗？"

在考虑提问的过程中，多做这类研究，对你会有很大的帮助。

如果你了解提问的多种功能，那么，你在谈判的过程中，就可以用恰当的提问，达到你谈判的目的了。如果你把各种功能的提问都准备妥当，在谈判中就能随心所欲地控制谈话的方向。你可以全盘性地想好各类提问，也可以从提问个别论点上来引导话题。在你对手的长篇大论中，你可以凭借提问，恰到好处地控制谈话方向，向着你想谈的主题上引。

下面我们具体举例来说明提问的各种功能：

（1）引起他人注意。当对方问你说："真是个美好的早晨，不是吗？"像这种例行的提问，是表示友好，沟通感情的一种方式。换句话说，像"你好吗？"这一类提问，大都是根据这项功能产生的。

下面再提一些比较特殊的例子：

- "如果……那不是太好了吗？"
- "你会不会在意……"
- "你可以帮个忙吗？"
- "对了，你说我会不会是这样子……"
- "你可以告诉我……"
- "请你宽大为怀，准许我……"

根据这些功能，你就可以看出，这些例行提问很平淡，通常不会引起别人的焦虑不安。

（2）取得情报。这种提问的功能是为获得自己不知道的消息。这类型提问的特色，是一定有一些典型的前导字句。例如，谁、什么、什么时候、哪里、是不是、会不会、能不能，等等。

在提问之前，若是不能先把提问的意图表明清楚，很可能会引起对方的不解和焦虑。

（3）说明自己的感受，把消息传达给对方。有许多提问，表面上看起来像是要取得自己所期望的消息或答案，其实是把自己内心的感受，或是已知的资料传达给对方。举个例子来说：当你连着发出两个问题："我为什么接受这个条款？""我接受这个条款又有什么好处？"对方听了你这两句话就会明白，你提的问题中，已经把你内心的感受转达给他了。

有一些提问会使对方的反抗意识更加激烈。比方说：

- "你说吧，你到底为什么不同意？"
- "你又是这样子……"
- "有哪一件事情你能顺利地办成……"
- "真的吗？是真的吗？"

有些时候，你为了引起对方的兴趣，就可以说："你曾经……"如果你希望对方处于被动状态，可以这么说："这个问题是这样的……你说是不是？"

在这类型的提问中，时常用到的字眼：因为、如果你、你是不是、你会不会，等等。

我们应该注意，当同一个问题重复地向同一个人问两遍，这两次的回答可能会不一样。因为第一次的提问可能会改变他的态度，所以，他第二次的回答就会不一样了。

另外还有一个办法，说明自己的感受或提供情报，那就是有系统的连贯提问方式。比如，连续问了三个问题"中国有正义感吗？""正义感是每个中国人都有的吗？""工人有没有正义感？"像这样一系列有系统的问题，便能通过提问方式把自己的资料或感受传达给对方。但是，在这种情况下的提问，可能会使对方感到焦虑不安。因为你所透露的感受与消息的个人情感色彩太浓，所以，可能会使他焦虑不安。

（4）让对方好好的思考问题。这种类型的提问有：

- "你是不是曾经……"
- "你现在怎么样……"
- "这是指哪一方面而言？"
- "我是不是应该……"
- "是不是有……"

这种功能提问的特色，也就是常用的句式，有如何、为什么、是不是、会不会、请说明，等等。

若是被问的人觉得自己被侵犯了，他也会有焦虑的现象。

（5）归纳成结论。如果你想要引导对方谈话的方向，而对方却不愿意受你控制时，这一类型的提问就会引起焦虑。而这种类型问题的开头，往往是用下列这些句子做开场白，如：

- "这确实是真的，是不是？"
- "你比较喜欢哪一个？"
- "难道这是唯一的路吗？"

- "你比较喜欢在哪儿？是那边还是这边？"

2. 提问的时机

（1）在对方发言完毕之后提问。在对方发言的时候，一般不要急于提问。因为打断别人的发言是不礼貌的，容易引起别人的反感。

当对方发言时，你要认真倾听。即使你发现了对方的问题，很想立刻提问，也不要打断对方，可先把发现和想到的问题记下来，待对方发言完毕再提问。这样，不仅反映了自己的修养，而且能全面、完整地了解对方的观点和意图，避免操之过急，曲解或误解对方的意图。

（2）在对方发言停顿、间歇时提问。如果谈判中，对方发言冗长，或不得要领，或纠缠细节，或离题太远，影响谈判进程，那么，你可以借他停顿、间歇时提问。这是掌握谈判进程，争取主动的技巧。例如，当对方停顿时，你可以借机提问："您刚才说的意思是……""细节问题我们以后再谈，请谈谈您的主要观点好吗？""第一个问题我们听明白了，那第二个问题呢？"

（3）在自己发言前后提问。在谈判中，当轮到自己发言时，可以在谈自己的观点之前，针对对方的发言进行提问。这时提问，不必要求对方回答，而是自问自答。这样可以争取主动，防止对方接过话茬儿，影响自己发言。例如，"您刚才的发言要说明什么问题呢？我的理解是……对这个问题，我谈几点看法"。"价格问题您讲得很清楚，但质量和售后服务怎样呢？我先谈谈我们的要求，然后请您答复。"

在充分表示了自己的观点之后，为了使谈判沿着自己的思路发展，牵着对方的思路走，通常要进一步提出要求，让对方回答。例如，"我们的基本立场和观点就是这些，您对此有何看法呢？"

（4）在议程规定的辩论时间提问。大型经贸谈判，一般要事先商定谈判议程，设定谈判的时间。在双方各自介绍情况作阐述的时间里，一般不进行谈判，也不向对方提问。只有在谈判时间里，双方才可自由地提问，进行谈判。

在这种情况下提问，要事先做好准备，可以预先设想对方将可能提出的几种答案，针对这些答案考虑己方对策，然后再提问。

在谈判前的介绍情况时，要做好记录，归纳出谈判桌上可能出现的分歧，再进行提问，不问便罢，一问就要问到点子上。

3. 提问的注意事项

（1）注意提问的速度。若提问时说话速度太快，容易使对方感到你不耐烦，甚至有时会感到你是在用审问的口气对待他，容易引起对方反感。反之，如果说话太慢，则容易使对方感到沉闷、不耐烦，从而也降低了你提问的力量。因此，提问的速度应该快慢适中，即可使对方听懂弄懂你的问题，又不要使对方感到拖沓、沉闷。

（2）注意对手的心境。谈判人员的情绪影响在所难免，谈判中，要随时留心对手的心境，在你认为适当的时候，提出相应的问题。例如，对方心境好时，常常会轻易地满足你所提出的要求，而且还会变得粗心大意，很容易吐露一些相关的信息。此时，抓住机会，提出问题，通常会有所收获。

（3）提问后，给对方以足够的答复时间。提问的目的，是让对方答复，并最终收到令我方满意的效果。因此，谈判人员在提问后，应该给对手以足够的时间进行答复，同时，自己也可利用这段时间，对对手的答复以及下一步的提问，进行必要的思考。

（4）提问应尽量保持问题的连续性。在谈判中，双方都有各种各样的问题。同时，不同的问题存在着内在的联系。所以提问时，如果是围绕着某一事实，则提问者应考虑到前后几个问题的内在逻辑关系。不要正在谈这个问题，忽然又提另一个与此无关的问题，使对方无所适从。同时，这种跳跃式的提问方式，也会分散谈判对手的精力，使各种问题纠缠在一起，没办法理出头绪来。在这种情况下，你的提问当然不会获得对方的圆满的答复。

◆ 说服的技巧

说服他人是一种很复杂的技巧，其复杂性体现在如何从多种多样的说服方式中，选择一种恰当的方式，说服对方接受你的观点。

说服对方的技巧主要有：

谈判开始时，要先讨论容易解决的问题，然后再讨论可能引起争论的问题。

如果能把正在争论的问题和已经解决的问题连成一气，就较有希望达成协议。

如果同时有两个信息要传给对方，其中一个是较悦人心意的，另一条较不合人意，则该先讲第一个。

强调双方相同的处境要比强调彼此处境的差异，更能使对方了解和接受。

强调合同中有利于对方的条件，能使合同较易签订。

说出一个问题的两个方面，比单单说出一面更有效。

通常人们对听到的情况，比较容易记住头尾部分，忽视中间部分，所以应在开头和结尾下功夫。当对方不完全了解讨论的问题时，结尾比开头更能给听者以深刻印象。

重复地说服一个问题，更能促使对方了解和接受。

与其让对方做结论，不如先由自己清楚地陈述出来。

此外，还有软硬兼施，旁敲侧击，先下手为强，后发制人，对症下药，随机应变等说服技巧，这里就不一一介绍了。

在现实的商务谈判中，说服对方往往不是单凭一两种技巧就能实现的，而是多种技巧的组合。谈判人员可根据在商务活动中积累起的经验，在准确判断形势后，灵活地选用上述说服技巧，或多种技巧的组合。

◆ 答复的技巧

谈判中答复问题，是一件很不容易的事情。因为，谈判人员对回答的每一句话，都负有责任，都将被对方理所当然地认为是一种承诺。这便给回答问题的人带来一定的精神负担和压力。因此，一个谈判人员水平的高低，很大程度上取决于其答复问题的水平高低。

答复问题，实质上也叙述，因而，叙述的技巧对于回答问题通常也是适用的。但是，答复问题并非孤立的叙述，而是和提问相联系，受提问制约，这就决定了答复问题应当有其独特的技巧。

一般情况下，在谈判中，应当针对对方的提问实事求是地正面回答。

谈判胜负手

但是，由于商务谈判中的提问，往往千奇百怪、五花八门，形式各异，但却都是对方处心积虑、精心构思之后所提出的，其中有谋略、有圈套、有难测之心。如果对所有的问题都正面提供答案，并不一定是最好的选择。所以，答复问题也必须运用一定的技巧来进行。

要想做较好的答复是可能的。也许当你发现，只要稍做准备就能增进处理问题的能力时，你定会感到惊奇。首先，最重要的事情是，预先写下对方可能提出的问题。在谈判以前，自己先假设一些难题来思考，考虑的时间愈多，所得到的答案将会愈好。

以下的建议，在对付那些试探性的买方时具有较好的效果：

（1）回答问题之前，要给自己一些思考的时间。

（2）在未完全了解问题之前，千万不要回答。

（3）要知道有些问题并不值得回答。

（4）有时候回答整个问题，倒不如只回答问题的某一部分。

（5）逃避问题的方法是顾左右而言他。

（6）以资料不全或不记得为借口，暂时拖延。

（7）让对方阐明他自己的问题。

（8）倘若有人打岔，就姑且让他打扰一下。

（9）谈判时，有一些针对问题的答案，并不一定就是最好的回答。他们可能是愚笨的回答，所以不要在这上面花费工夫。

记得在美国水门事件听证会上的一位证人，他在许多众议员的面前，整整坐了两天，被问了数不清的问题，他却几乎连一个问题也没回答。这个证人似乎一直无法完全了解对方所提出的问题。从头到尾都在答非所问，同时还傻傻地保持着笑容，一副迷乱的样子。最后，这个听证委员会只好宣布放弃了。

回答问题的要诀在于应知道该说什么及不该说什么，而不必考虑所回答的是否对题。谈判并不是上课，很少有"对"或"错"，因此可做出确定而简单的回答。

另外，通常当人们想要小心回答的时候，各人都会有一些特别爱用的词句。当一个政治家遇到难题的时候，你可能会听到他采用下列的词句：

（1）请你把这个问题再说一次。

（2）我不十分了解你的问题。

（3）那要看……而定。

（4）那已经是另外一个主题了。

（5）你必须了解一下历史的渊源背景，那是开始于……

（6）在我回答这个问题以前，你必须先了解一下这件事的详细程序……

（7）对我来说，那……

（8）就我记忆所及……

（9）我不记得了。

（10）对于这种事情我没有经验，但是我曾听说过……

（11）这个变化是因为……

（12）有时候事情就是这样演变的。

（13）那不是"是"或"否"的问题，而是程度上"多"或"少"的问题。

（14）你的问题太吹毛求疵了，就像一个玩文字游戏的教授。

（15）你必须了解症结所在，并非只此一件而是许多其他的事情导致这个后果，比方说……

（16）对于这个一般性的问题，让我们来个专题讨论……

（17）对于这个专门性的问题，通常是这样处理的……

（18）请把这个问题分成几个部分来说。

（19）噢不！事情并不像你所说的那样。

（20）我不能谈论这个问题，因为……

（21）那就在于你的看法如何了……

（22）我并不是想逃避这个问题，但是……

（23）我不同意你这个问题里的某部分。

总之，要使自己的回答巧妙，令对方心服口服，除了要具有广博的知识外，必须做到回答问题时，思维要有确定性。

◆ 拒绝的技巧

谈判中，当你无法接受对方所提出的要求和建议时，如果直截了当地拒绝，就可能立即造成尖锐对立的气氛，对整个谈判产生消极的影响。在拒绝对方时，必须讲究技巧。

谈判中拒绝的技巧很多，但其原则只有一个，既要明确地表达出"不"，又让对方能够理解和接受，避免给对方造成伤害，为以后的合作保留一定的余地，不要把路子一下子堵死。

1. 要有说"不"的勇气

每个人都希望能讨人喜欢，获得别人的赞赏。据一项实验显示，大多数富于影响力的人，都希望获得被影响者的欢心。事实上，他们等于在说："照着我所说的去做，同时记住要喜欢我。"而那些无力去影响别人的人，则握有另一项有力的武器，即他们可以保有自己的喜爱和赞许。

一个强烈希望被别人喜欢的人，不可能成为一个好的谈判人员。因为双方谈判的时候，也正是双方利益冲突的时候。一个人必须具有冒险的精神，敢做别人所不喜欢做的事情。因此，采取对立的立场，或者回答对方"不"，并不是一件容易做到的事情。一个害怕正面冲突的人，很可能就会向对方让步了。

这并不是说一个好的谈判人员必须好战，太喜欢争论也会显得过犹不及了。谈判乃是双方之间一连串的竞争和合作，许多好战的人往往很难和人合作，而强烈希望被人喜欢的人，却又往往不敢面对现实解决冲突，因为他就是一个没有勇气说"不"的人。

2. 拒绝的艺术

卖主能不提供价格资料和成本分析表给买主，这是很不容易做到的。但是，倘若运用了下列的方法，即使是最坚持的买主也会让步的：

（1）这是公司的政策所禁止的。

（2）无法得到详细的资料。

（3）以某种方式提供资料，使那些资料根本不起作用。

（4）借口长期拖延下去。

（5）向对方解释无法提供资料的原因。例如，防止商业秘密或者专利品资料外泄。

（6）解释：倘若要综合成本和价格分析表的话，往往需要很高昂的费用。

（7）请某个高级人员替卖方说明，卖方的价格一向很公道，否则早就经不起竞争了。

卖主所提供的资料，是和他所下的决心成正比的。说出一声坚定而巧妙的"不"，对自己是相当有利的。

◆ 读懂肢体语言的技巧

谈判是沟通，但并不一定是口头上的。事实上，眼神、手势或姿势等，能比言语传达更多的信息。

因此，留意并研究你对手肢体语言所传递的有用信息，对谈判非常有帮助。

抽烟斗者通常运用烟斗作为谈判时的支持物。对付这种对手的策略，是不要和烟斗去争抽烟斗者的注意力。例如，抽烟斗者伸手取火柴点烟时，这是你当停止谈话的进程。等他点好烟开始吞云吐雾时，你再继续你的谈话。如果你能很有技巧地利用对方拿掉支持物的机会，对你是有利的。最容易的方法是注视着烟斗。所有烟斗抽完后终究会熄灭，必须暂时放在烟灰缸或烟斗架上，在对方有重新拿起烟斗的冲动之前，可不失时机地递交他一页数字、一本小册子，或任何能令他参与你的谈话的东西。

当你的对手去除他的眼镜，开始擦拭时，这是你应当暂停的提示。为什么？因为擦拭眼镜是对方正在仔细考虑另一论点的信号。所以，当此擦拭开始时，不要再施加压力，让你的对手有足够时间考虑，等眼镜再挂上鼻梁时，再重新谈判。

有些人精神很松懈。不好好坐直、不够专注、一副垂头丧气的样子。松懈并没有什么不好，问题是，如果意见沟通的效果不理想，会阻挠谈判进行。能使对手振作、严肃一点儿的好方法，是用眼神的接触。你要谈判

谈判胜负手

另一要点时，运用眼神接触并确定你的对手是否同意。不管是如何松懈的人，几乎都会对他人眼神接触有所反应的。

有些人对面对面的谈判有恐惧感。很明显，他们的神经过于紧张，看起来焦躁不安、身子僵直。他们的谈话比较僵硬、不自然。此时你要尽可能放松你对手的心情，让他有宾至如归的感觉。因此一些比较年轻、没有什么商业背景的人，他们身处异地，不知道会发生什么事，经常紧张不安。这时，你可以建议安排比较舒适地座位，或者你可采取主动，松解你的领带，卷起你的袖子，表示一切会很舒适轻松的。

谈判时有些人太紧张了，结果如果你不小心的话，他们会让你也开始紧张不安。记住，谁都不想紧张、焦躁。每个人都想拥有舒适愉快的感觉。所以如果你能去除对手的紧张不安，他会觉得好一点儿，对你心存感激，而有助于谈判的成功。

与膝盖抖动者商谈令人有焦躁和挫折感，你必须设法让对方的膝盖停止抖动。如果你不这么做，谈判不会有任何进展。使其停止抖动的方法非常简单，就是让他站起来。当他站着时，膝盖抖动便会停止。所以你可建议你的对手离开椅子，然后站起来，去吃顿午饭，喝点儿饮料或散散步提提神。因为你知道现在你的对手坐着时仍会膝盖颤抖，所以你必须在他散步、走路时完成谈判。顺便说说，美国国务卿基辛格是运用此技巧的佼佼者，也是"走路谈判"的大力提倡者。

关心你的对手，注意他的行为举止，特别是当事情谈得不顺利时要有所警觉。任何迟疑、不耐烦或执拗，都可能是导致谈判问题的直接原因。如果真的影响了所谈的问题，对此障碍须做必要对策，试着从其他方式、角度阐述你的论点。不过你的对手做出的反应，也可能是因为其他因素。可能是你阐明主张的方式态度不适当。如果你的个性很强，那么你的对手可能因此感觉不舒适，因此会对你们正在讨论的所有问题变得极端敏感。

注意克服咳嗽、弹指、转笔以及其他不耐烦和紧张的信号，这样谈判才能进行。

简而言之，虽然在任何谈判时，能轻松地进行商议是最理想的，但事实上你不可能真正轻松。你必须时时刻刻记得谨慎注意、观察你的对手,并不断地思考如何影响对方接受你的看法。不论你的对手是用语言,或揉弄胡须向你传达了信息,你必须对此信息做适当的反应,以利谈判顺利地进行。

虽然人类的声音是主要的谈判工具,然而老练的谈判人员也能从肢体语言得到有价值的线索。

学会分析、判断肢体语言透露的信息,是极有价值的技巧,因为对手常常在不知不觉之中,由肢体语言泄露出可贵的信息。

要有过硬的心理素质

谈判是一种高智能竞赛活动,坚韧顽强的意志力和冷静、理智的调控力,就好像控制谈判议程的温度计和质量监控仪,对谈判的成功与否起着举足轻重的作用。

◆ 磨炼意志,培养坚韧不拔的毅力

谈判的艰巨性,只有置身其中的参与者才能感受到。许多重大艰巨的谈判,例如,我国为加入WTO而进行几十年的谈判,把一些当年的黑发青年"谈"成了白发老人,这种马拉松式的谈判,考验着参与者的意志。谈判人员只有具备坚韧不拔的毅力,以泰山压顶而不惧的精神,才能在较量中取得最后的胜利。

"宝剑锋从磨砺出,梅花香自苦寒来"。一个杰出的谈判家不经过艰苦卓绝的意志磨炼,是不能胜任谈判这样艰巨而复杂的重任的。谈判人员之间的交锋,不仅是一种智力技能的较量,更是一场意志、耐性和毅力的较量。正如美国一位谈判家所言:"永远不轻言放弃,直到对方至少说了十次'不'。"

有一位职业高尔夫球选手在一次世界性的高尔夫球大赛中,他只要再轻轻一推,球便能进入两米外的洞内,从而赢得冠军。这是关键性的一

谈判胜负手

球,如果球进了,比赛便结束;球不进,他便与另一位选手打成平手,必须另外加赛一场。当时,所有的观众都睁大眼睛,瞪视着他,摄影记者的镜头也对准了他,现场的气氛可说紧张到了极点,而他本身所承受的心理压力,更是难以言喻了。最后,他轻轻一推——球竟然没进。这种球,他平常练习时闭着眼睛都能打进的。

由于球没进,双方打成平手。于是便加赛一场,结果,他失去了唾手可得的冠军。

在重要的谈判当中,类似上述的情况经常出现。谈判人员会被凝重的气氛和压力逼得透不过气来,于是便心生胆怯,从而使谈判的主导权马上为对方所夺,再也难以取回了。

胆怯所带来的不利影响还不止于此。只要你曾经胆怯过,那么,接下来的任何谈判,即使是在最简单的谈判中,你都将或多或少地感受到同样的压力。而一旦碰到类似于以往所经历过的场面时,其胆怯的程度,更是有增无减,甚至严重到令人想临阵脱逃的地步。

如果你的定力不够,以往的失败经验势必又将重演,而且不止一次的重演。如同上述可怜的高尔夫球选手,每当他再度碰到类似那次失败的经历,观众的眼睛和摄影机对准着他,不管球的位置对他如何有利,结果通通进不去。也因此,他的高尔夫球生命便就此结束,难以东山再起了。

谈判亦然,如果无法克服胆怯的毛病,便永远无法尝到胜利的果实了。

有几种权宜之计可以克服因慑于谈判气氛而产生胆怯的毛病。之所以称为"权宜之计",是因为没有一种能完全治好胆怯的灵丹妙药,因此,我们能做的,就是不断地加强自我训练,使自己更具应付各种变化的能力。

- 尽量做好谈判前的各项准备工作。
- 做好心理准备。
- 先在脑中做好"假想练习"。

◆ 保持冷静，培养理智的调控能力

冷静、理智的心理调控能力，是一个合格的谈判人员必备的素质。要完成伟大的事业不能没有激情，但是激情的背后，应该有不受个人情感影响的理智，理智对谈判活动有着十分积极的意义。

从心理学的角度讲，人的内心活动大多是本能、自发的，但其中却沉淀着人类大量的理性认识成分，并以无意识状态潜在地发生着作用。理性认识不仅影响着心理活动的强度，而且制约其活动的方向。所以，许多学者一致认为，调控心理活动受制于人们客观的认识。

对于心理调控的方法很多，从控制的方法上讲，有生理控制、药物控制和心理控制三大类。在谈判活动中的心理调控能力属于心理控制这两类。谈判人员的心理控制是一种自觉的自我心理调控，它通常有三种方式，即：转化调控、冷化调控和自激调控。谈判是一种竞智竞谋的高智慧活动，所以，谈判人员应适时控制自己非理性的情感发泄。幽默大度，灵活巧妙地转化消极情绪为积极情绪，从而避免因感情用事给谈判活动带来的损害。同时，使自己摆脱困境，取得谈判的胜利。

谈判是理性的，若在理性的谈判中添加了谈判人员非理性的情绪，谈判结果的天平就会向对方倾斜。

◆ 一不怕苦，二不怕死

是不是一出手便能立刻击倒对方，才称得上是谈判高手呢？其实不然。事实上，大多数的谈判过程都是十分耗时的，谈判双方必须一谈再谈，对同样一件事情须经反复讨论才能达成协议。所以即使是一个能力高强、身经百战的谈判人员，也不得不经由这样的过程，才能称得上"谈判成功"。总之，谈判是要一步一步、慎重其事来进行的。

大部分的谈判都必须克服许多困难，才能达到击败对方的目的。有些谈判因为其本身牵涉的层面过于复杂，或者因为谈判双方关系的不正常，便会使进行的过程倍加困难。而谈判的成功与否，不只影响到谈判人员本身，甚至与整个社会、国家都会有重大关系。埃及和以色列的和平谈判，就是十分典型的例子。以、埃两国都是石油的主要产地，如果这两国进入战争状态，战火将会蔓延至中东各地，导致世界各国发生石油危机，甚至成为第三次世界大战的导火线，谈判的影响力之深远，由此可见一斑。

不管谈判中有什么困难或障碍，圆满地达到谈判目的，是谈判人员所责无旁贷的。那么，我们要怎么做，才能克服谈判中所遭遇到的各种困难呢？首先，是观念上的修正，大凡谈判都应分为几个阶段进行，不要妄想谈判能一次就完成，而与对方建立起亲密的关系，则是谈判初期的主要目标。等到关系建立之后，才能深入谈及其他的较复杂的问题，并且一一解决，这就是克服困难的最好办法。

在谈判时，别忘了要时常留意对方对你的主张，究竟了解至何种程度。有些人即使不了解你的本意，但为了维持自尊或由于缺乏信心，说什么也不肯承认自己的无知。所以，只要你发现对方对于你的主张不甚了解，就应该找机会"测试"一番。如果对方连简单的问题也无法作答的话，你就可以肯定对方的确是不了解你的意思了。

如果你在事先就知道谈判不易进行，或在手中握有足以支持你想法的证据时，即可考虑将谈判分成几个阶段来进行。在第一回合的谈判中，若是对方所提出的问题是你始料所未及的，或者说出了令你难以接受的要求时，千万要保持冷静，小心应付。所谓"留得青山在，不怕没柴烧"，只要你还有机会，第一次谈判时所无法解决的难题，往往能在第二、三次谈判中会出现转机。总之，就是要能屈能伸，才不至于在谈判时把自己逼入动弹不得的死巷子里去。

"完美的结局"已成为好莱坞电影的公式。不论过程如何坎坷、遭遇如何离奇，到了剧终，美丽的女主角与英俊的男主角必然"有情人终成眷属"，看的观众如痴如醉，心花怒放。

第二章　好的开头是成功的一半

俗话说，"万事开头难"；又说，"好的开头是成功的一半"。可见，"开头"对于任何事物有着至关重要的作用，并且"开个好头"的难度非常大。谈判也是如此。

正是因为"开头"有相当的难度，卓越的谈判家才更应该迎难而上，因为这恰恰也是展现自己能力的绝好时机。

掌握对手信息

◆ 了解对手实力

某内地中药厂与沿海某地经济开发区的一家公司经过多次谈判后，签订了由其代理出口中药酒至香港特区的合同。但由于中药厂并未审查对方是否有能力按照合同的内容承担履行约定的义务，结果产品被海关扣下，双方蒙受了巨大的经济损失。这样的谈判就是彻底的失败。而这笔交易失败的原因在于该中药厂在谈判之前未认真了解对方的资格能力，即对方是否能承担相应的义务。

除了你谈判的关系主体的资格能力以外，你还需要关心些什么呢？你还要知道对方的组织情况，了解那公司是否有良好的声誉？以往履行合约义务的情况怎么样？银行信用度是什么级别？对方管理层最近有什么变动？与他们做生意的难易程度？等等诸如此类的问题。

在这一点上，恐怕我们都得向德国人学习。德国人向来以对工作认真负责而著称于世，他们谈判前的工作做得非常充分。在与对方谈判以前，不管你自称业务开展得如何顺利，经济实力如何雄厚，哪怕把木棍说得发芽开花，他们也会不厌其烦地向你索取公司的业务开展情况、银行信用情况、内部经营状况等一切他们感兴趣的资料。如果可能，他们还会从你的国内、外用户那里去了解你的产品的使用情况和进行有关的市场调查，他们甚至还会直接或间接地同你的技术人员和工人座谈，还会从你的其他业务伙伴那里了解有关你的情况。这样，等材料都齐备了之后，他们才会约你一起坐到谈判桌前，而你立刻就会发现，他们的工作简直是细致极了，一点儿也不比查户口的差。

作为谈判人，你可以向主人提出参观工厂、企业，以了解情况，获取信息。如果你做了卖方，你的目的是为了解你的谈判对方的加工条件、加工配套能力等；如果你是买方，那你就要仔细看看他的生产管理、成本控制、产品质量、产品包装、仓储条件、运输能力等；如果你打算和对方合资办厂或者合作运营，那你可要看得更加仔细，因为这不是一锤子的买卖。它关系到你的一大笔投资是否会血本无归。你要细致地了解企业的生产设备状况，连机器上的锈斑都不要放过；了解企业职工的素质，看是否有人在上班时间敢打毛衣、打扑克；你要看看企业的信誉，是否有大量的用户投诉；你要看看企业的原料库和成品库，如果前者空而后者满的话，你应该仔细询问一下产品积压的原因。

◆ 收集对方的一切资料

在了解对方这一步骤中，你所做的调查必须客观，除了客观地取得证据，也要使自己对所汇集的资料产生信心。累积所得的资料，一定要有相当的准确性。这些累积的资料能使你应付谈判中任何变化的情况。对于即将谈判的对象，更应该尽其所能的搜集一切有关于他的资料。

肯尼迪在第一次去越南与赫鲁晓夫会谈时，他汇集了所有赫鲁晓夫的演讲稿，以及所有他公开言论的有关记录。包括一切有关赫鲁晓夫的资料，甚至连他喜欢吃的早餐及音乐的爱好。对于如此广泛、积极的研究资料，一般的谈判是否有此必要，是值得讨论的，但是对于肯尼迪而言，他必须小心翼翼地做好各项准备，才能扮演好总统的角色。

对于调查过程中所汇集的资料，必须依靠个人的能力及经验加以适当的应用，尤其有必要研究对手过去的经验。例如，他过去任职的机构、团体，他完成的每一项工作、合约，以及所有他谈判失败的案子。通常从研究分析他失败的原因中，比研究如何成功更能了解到那人的个性。若能仔细分析他失败的原因，从中很可能知道他的想法、处理事情的方法以及心理的倾向。而这些都足以告诉你他所需要的是什么，使你在谈判中已先立于不败之地。

比如，你可以研究对手过去的房地产交易，他所缴纳的地价税可以告诉你这笔交易的成交金额，当然，或许还有暗盘交易。所以不能只靠一项来源，一定要多方求证，房地产商那儿或许或以透露点儿消息。

这样，你就可以了解你谈判的对手，是个怎么样的人。从交易中可以知道这笔房地产在他手中有多长的时间，多少的利润可以满足他，这些因素都可以描绘出你即将遇上对手的个性。当然，想要很清楚地了解你的对手是不可能的。法兰西斯·培根在一篇评论文章中说道：

"如果你为某人工作，你必须知道他的个性习惯，因而顺着他，引导他；知道他的需求，说服他；知道他的弱点，使他有所畏惧；知道他的喜好，从而支配他。在与一个诡计多端的人交易时，不要相信他所说的；他想要得到的，是绝不轻易开口的。谈判不是一蹴而就的事。播种之后，必须等它成熟才能收割。及早做好一切准备，是谈判的必要工作。"

值得注意的是，若是能有机会参观他人书房的藏书，一定可以从中得到许多有价值的资料。可以观察出他的兴趣、嗜好以及思想的倾向。除

谈判胜负手

了收集对手的资料并加以研究之外,对自己的工作伙伴也同样的要多加了解,以便届时发挥最大的效力,避免有任何配合上的缺失。

另外一种有效的短期准备方法,是探听对手是否曾涉入任何诉讼案件。只要对方涉入任何法律诉讼事件,就可以从中得到许多资料。对方对资料的收集完备与否、应答能力,都可以从中得知一二。

在研究一个谈判项目时,要详细审查有关的规则。但是很少有人能在了解规则之前先了解整个状况。就像很少有人会详细阅读自己刚买回来的药物或机器的使用说明书。这是一般人的通病。针对这点,有家玩具工厂在产品说明书一开头就说道:"当所有的组合方法都不适用时,请参照这份说明。"事实就是这样,若是有人参加拍卖会而未事先阅读拍卖规则,一点儿也不觉得惊奇。一般人都是在吃亏之后,才学到这个经验。

有时你会觉得你已熟悉了某项谈判的规则,不需要再去看它。你不妨试试下面的这则测验,用手遮住你的手表,想想表上面是用阿拉伯数字还是罗马数字。用同样的测验去试试你的朋友,或许你会惊讶地发现有那么多的人无法回答。人的一生不知看过多少次手表,但仍然会忽略某些地方。同样的,对于谈判规则也会因为太熟悉而忽略了某些部分。因此不论问题新旧,仍然需要仔细了解各项规则。

无论我们得到的材料多么详细而充实,我们对对方实力的估计,也仅仅是估计而已,对手的实力究竟如何,一般来说总要到谈判正式展开后,并经过相当的过程才能获知。间接的永远都只是局部的。在大多数的情况下,我们不可能一开始就对对手做出准确的判断,总是不是偏高,就是偏低。这时,就涉及估计中的高低怎样取舍这种技术性问题。

拳击运动员都明白这样一个道理,拳头只有先收回来然后才能更有力的打出去。打仗也一样,把对方估计得强一些,会使己方更加重视,从而做好备战的各项工作,而轻敌则往往会失败。同样,较高地估计对方,可以主动积极地为自己留一点儿活动的空间和回旋的余地,在谈判前高估对手,从表现上看像是自己在"长他人的威风",而实际上却是为了后发制人。

◆ 考察此次谈判对对方的重要性

对于一个饥饿的人来说，一块面包，一瓶水的价值是多少？而一台显然贵重得多的冰箱的价值是多少？他会选择哪一个？同样的道理，卖主所卖的机器，如果能使买者的工厂自动化、效率化、赚取更多的利润，这些机器对买者便有价值，而有关购买机器的谈判对买者就会十分重要。

考察此次谈判对对方的重要性的目的，在于合理地调整你的作战方案。如果谈判对双方都很重要，那么，没什么说的，好好谈就是了。但如果对于双方的重要性不是那么同等重要时，你可就要注意了。

比如，如果一方对市场进行选择的余地比较大，而且市场上确实存在着多个供货渠道，那么这一方会更加吹毛求疵；而当商品缺乏时，或者商品处于垄断地位时，这一方的态度就会变得温和多了。所以，当一方处于吹毛求疵的地位时，尽可以控制谈判的形势和进程，软硬兼施，虚实结合、拖延期限等，以迫使对方做出更大的让步；但环境和形势要求你不得不态度温和时，则应当不卑不亢，善于抛出诱饵引对方上钩。

多探求对方的需要，以此来分析对方对谈判的重视程度，比简单地埋头于成本资料中重要得多，它会有事半功倍的效果。

下面这些方面将有助于你考察你谈判的关系主体，对此次谈判的重视程度：

（1）假如双方无法达成协议，那么对方会有什么损失？

（2）本次谈判，你的对手究竟想从你这里获得什么？你知道他是否还有别的途径获得他想要的东西？

（3）假如双方达成协议，对方会从这里得到什么好处？

（4）从长远而言，此次谈判是否能达成协议，会对其所经营的业务的现状和近期的发展产生什么影响？

（5）双方谈判的动议是哪一方先提出来，并且正式列入日程的？

（6）对方是否真有谈判的诚意？他们是否能够履行协议的义务？

凡此种种，你可以推断出此次谈判对于对方的重要性，虽然可能并不全面，但也有重要的参考价值。

◆ 预测分析对方谈判目标

你应该站在对方的角度设身处地地去想他的谈判目标。"设身处地"十分重要。这正如有时我们总感觉自己老板态度凶神恶煞、方法专制，而不免心存不平之气。然而当你站在他那个角度去看问题时，很多事情变得很容易理解。谈判时你可以从对方的角度来思考下面几个简单的问题：

（1）我希望对方做出怎样的决定？

（2）我自己究竟怎样做才会促使他做出我希望的决定？

（3）他在什么情况下不会做出我所希望的决定？

这些问题将会帮助你积极地思考。与你相同的是你的对手的目标也应有一、二、三级，包含他最想得到的，他可以做出让步的，最大限度实现自己利益的几种方案等。而只有正确地判断出对方的谈判目标，我们才能在谈判中更有针对性地把握谈判的"火候"。如果我们了解到对方最想得到的东西是什么，那么我们就可以让对方得到他最想要的东西，同时以付出更大的让步为代价；预测分析出对方的谈判目标，使我们能够把握对方实现目标最有利的因素和最不利的因素，从而避其主力、击其要害，争取好的效果。

了解谈判对手的谈判目标，首先要弄清商品的价格（成本价格+利润价格）、需求情况、付款方式、技术要求、放弃条款等。然后由大到小进行分析：

（1）宗旨，即谈判的概括目的，如，为了保证外贸收购任务的完成。

（2）目标，如对方对此次谈判利润率的要求。

（3）阶段性目的，如对方第一阶段可能达到的目的。

与此同时，分析对方可能用以支持目标的论点和论据。总之，整个过程就是你想象自己即将参加一场固定题目的辩论大赛，你要掌握对方可能提出的论点和依据，并且试图以充分的证据证明论点和途径。

既然你的目的已经十分清晰地出现在你的大脑中，接下来需要办的就是怎样去实现这一目的了。

在很多时候,如果双方都将文件摆在对方面前,一五一十地说清楚,那么谈判也就会变得十分容易了。但是,实际情况往往是这样的,也就是说,一切表面的东西也许都蕴含着一种不为人知的、但却暗中起着决定性作用的因素。那么,在谈判前,对这些因素做一个深入的分析,是会有些好处的。

几年前,一位房地产商在当时很不被人们看好的一块土地附近购买、开发了几幢小别墅楼。这里之所以不被看好的原因,是因为人们普遍认为城市的发展方向是向北,而不是向南,即不是这些别墅所在的方向,而且那里离公路太远了,以至于连条像样的柏油路都没有,连他自己公司的职员都抱怨去那里无异于是去荒郊野外做一次灰头土脸的旅行。于是,他渐渐也对这块产业的投资失去了信心。一年半以后,一个人找到他,用很漫不经心的口吻要求将那块地产转让给他,并说愿意出房地产商当时投资开发这块地产2倍的价格,并说自己喜欢那里远离城市的清静环境。房产商则立刻通过自己的关系四处打探消息,终于知道在那些楼的附近,一个新的大型的商、住小区和几条高等级的道路已规划完毕,土地、房屋的升值几乎是明天早晨一觉醒来就会发生的事。他说,当一笔意外的生意看起来似乎不像真的时候,那么奇迹可能真的就会出现了。

说这些只是想向你说明,有时候,你的谈判对手之所以要与你进行谈判,他的目的也许并不只是表面上的那些。但是,现代科学技术还没有发展到使你一望而知别人想些什么的地步,在这个时候,你也许更需要一些思索,或者干脆问自己一下:"他为什么这样做?"多想一下总不会有错。

但并非所有的谈判都要求你去猜测别人隐藏在心中的目标,你也没有必要对所有的谈判都那么小心多疑,否则,你也可能会失去一些绝好的机会。

对对方谈判目标的分析,并不仅仅限于谈判之前的那些准备,一个具有清醒头脑的谈判者，会在谈判之中继续发挥他的判断分析能力，比如，他能分出性质不同的"拒绝"，是真的拒绝，还是策略性的或者犹豫性的拒绝，根据观察推理，进而判断和发现其内在本质。

◆ 对方谈判代表能否拍板

作为一名谈判代表，你愿意看到下面这样的场景吗？双方经过针锋相对的舌战，在双方都已筋疲力尽的时候，终于得以鸣金收兵，交易达成了。一方说了："我还得就这件事向我的上级汇报一下，只要他能批准，那么一切就能定了。"此时，一方的热情恐怕马上就要冷却下去，作为另一方的你又得进行令人不安的等待，而等待的结局显然不会都令人满意，当对方很抱歉地对你说，他的上级不批准这个协议的时候，你前面所做过的所有努力就通通付之东流了。

不知道你是否意识到一旦你的谈判进入这样一种状况，这次谈判无疑就已经成了被踢的皮球，你不得不在不同的对手之间换过来又换过去，你必须经受一种身体上与心理上的双重折磨。一句话，你已经中了对方设计的圈套。

如果你在谈判之前，并不是十分清楚你将要坐在你的对面的谈判对手，是否有最后拍板的决定权的话，那么，你就很有可能要冒这样一种风险，在你起身与对方就协议的初步达成而握手言欢的时候，你的笑容突然凝固在脸上，接下来，你被不可预知其结果的等待折磨得心身俱疲，后来，你发现自己竟然接受了一个最初你想都没有想过的条件。

你的对手抬高权威的目的，是想要将谈判中的问题一层一层地递上去，请求上级的批准，从而逼使对方一再谈判，或者至少每到一层都得重复陈述他的论点。这对你而言，将是一种身体和心理上的双重折磨。这个战略可以试验出谈判者的自信心，它能使对方的希望和要求因此破碎。

因此，在你准备谈判之前、先需要彻底研究与谈判对手有关的有价值的资料。最起码必须知道，对方组织内部决定做出的程序，以及与己方谈判的人员在谈判对方内部是否有决策的资格，即个人的地位、权威、力量等。了解谈判对方组织中拍板的决定是怎样做出的，谁具有决定权、谁审查他们，资金由何而来，最后仍决定由谁来做出，等等。有的时候，你甚至可以从下列方面剖析对手的个人情况，如：年龄、经历、家庭情况、性格、爱好、兴趣、现状，等等。

虽然大多数的企业和公司很重视与客户之间长期的合作关系，但是，仍有一些公司对于与客户的长期关系不加重视，他们也许认为买卖没有什么真诚合作可言，对于他们来讲，每次谈判所要做的就是谈好这次的就可以了，如果你与这样的对手谈判，你应该扩大你向对方了解的范围，例如：

（1）了解对方公司的组织机构与运行规范方向的情况，以什么样的方式做出决策。

（2）不要担心直接向对方询问他的权限范围时你会失去什么，或给你的谈判带来不利。相反，从直接询问中，你能得到的东西太多了。

（3）询问之后，对方闪烁其词时，要穷追不舍。

（4）了解一下如果你们的谈判需要对方决策机关批准的话，大约会用多少时间。

（5）可以直接向对方的上司询问你的谈判对手的权限范围，但对其回答仅能作为参考。

（6）不要向对方透露你的权力范围，对方问得紧时，你可以"顾左右而言他"。

（7）随时准备退出商谈。

（8）直接向对方亮出你方对谈判者的权限要求，间接提出应派级别对等者参加谈判。

为了尽量避免这样的情况出现，你需要充实你的谈判计划，首先要使己方的谈判者引起注意，提醒他们对方可能会抬高权威。来降低自己的期望程度，并迫使我们让步；其次，你得准备一旦这样的事情发生，你的应对策略，即你不应失去你的风度，你不用亲自去找对手上级去说什么，你只需悠闲在坐在那里，就让对方汇报去吧；第三，你也保留交由上级批准的权力，以其人之道，还治其人之身，以相同办法有力地反击对手。

择良将而谈

谈判要准备到什么程度，那些人或是多少人要参加谈判，这完全要根据谈判的重要性、困难程度以及时间多寡来决定。大部分谈判须要数人一起参加，因为单独一人参加，力量不够。个人谈判或团体谈判，主要看谈判须用那些技巧和方法？假如用团体谈判，则须要团体中的每个成员都能够履行计划和目标。你要明白地告诉他们爱迪生所说的话："在同一条船中，没有一位划船技术低劣的水手会受到欢迎。"

团体谈判有其特殊的功能目的。例如，谈判时必须安插一些人从事策略性和公共关系的工作。假如经理手下有20人是从事公共关系的，则谈判就需要20个人或更多的人参加。

是否应在谈判中，安插对策略和公共关系没有影响力的人至少有两种说法。一种说法是这些人会惹来麻烦，徒招对方的利用而已，对方可能故意制造成员间不和的现象。假如有一人在谈判中帮不了忙，那反而碍手碍脚。另一种说法是，安插多一点儿人，可以壮声势。但是我认为在谈判中安插无用之人，很可能造成他在会谈中一味地发泄情绪，这是很危险的。事实上应该使每位参与谈判的人都负有任务，诸如采取紧迫盯人，让队中的每位成员都观察和倾听对方，报告对方的意图，了解对方非语言的沟通方式，比较对方的长处和弱点。使参与谈判的每位成员都能各施所长。

个人谈判的好处有下列数点：①可以避免对方针对较弱的成员提问，或制造成员间的分崩离析；②个人可全权负责；③避免同成员意见不一致而削弱立场；④可以立刻决定要让对方让步或自己让步。团体谈判的好处在于：①可充分利用不同的谈判技巧，扬长避短，纠正错误；②事先集思广益；③给对方一种威慑作用。训练有素的团体谈判的领导者，会利用成员作为让步或拒绝让步的借口，诸如，"我要问问其他人的看法。"

每次谈判时,是否要用个人谈判或团体谈判应分别考虑。所处的环境、谈判的方法和条件都是考虑的因素。这些因素也用来决定谁是谈判的首脑。无论何时,参与个人谈判或团体谈判的人,都要获得他团体的支持,同时这些人也要全力维护团体的利益。不管个人或团体谈判,最高决策者对于即将来临的谈判,要负责的事项包括指导、指定谈判目标、提供消息、协助参与谈判的人。而且要经常注意事情的进展,并提供建议,但这不是说决策者就比参与谈判的人或团体高一级,反之,应该建立组织的架构,使谈判的情况能够及时回馈。也许整个谈判不需与较高层领导协商,但必须知道组织的存在,知道组织对谈判会负责,必要时会给予协助,这对于谈判者会增加很大的信心。

谈判的首脑应该尽可能地利用每个成员的长处。他必须知道如何利用他们的特长,并提供他们正确充足的信息,也即他知道该如何掌握处理谈判的事项和如何领导手下的成员。谈判团体,应该由几个专家组成,每个专家都能在他的专才内谈判。例如,第一个专家也许专门谈判成本问题,另一个也许主谈公司政策问题。在未进入谈判前,每位成员应该知道得比实际要谈的还多,而且事先准备好暗号,例如何时该停止说话,何时不谈某一问题,或那个成员已说得太多。例如,递给某成员糖果或口香糖时,可能暗示他该停止谈话。

谈判方案必须周密

周密的谈判方案指的是一个简明、具体而又有弹性的谈判计划。谈判计划应尽可能简洁,以便洽谈人员便于记忆,使计划的主要内容与基本原则能够清晰地印在他们的大脑里,进而使他们能够得心应手地与对方周旋,而且能随时与谈判计划进行比对应用。

计划必须具体,不能只求简洁而忽略具体。既不要有所保留也不要过分细致。

此外，计划还必须有弹性。谈判者必须善加领会谈判对方的想法与自己计划的出入所在，进而灵活地对计划加以调整。

这些说明当然都是纸上谈兵，实际情况往往迥然不同。在实际工作中，谈判者要收集许多情况、大量阅读档案中相关的文件，同时尽量同与这次谈判有关的人员交换意见，他们的见解往往会各不相同。当你乘汽车或飞机前往谈判的路上，要利用这有限的时间，把杂乱如麻的情况，抽丝剥茧理出头绪。

◆ 集中思考

集中思考的目的是迅速地归纳有关问题。同时理出自己的思路。集中思考阶段要分为两个步骤。第一步把与谈判有关的想法，毫无遗漏地通通写在纸上；第二步是用另一张纸记下自己对对方的判断和了解，包括他们在干什么？他们在哪里？他们的外貌如何？我们已掌握了哪些有关他们个人的情况？目前所知道他们在谈判中期望的是什么？我们预测他的最终期望是什么，以及我们还需要掌握什么情况等。同样的，把这些有关对方的一些问题的想法及时记录下来。

在集中思考阶段，如果我们把上述有关谈判的临时动议和有关对方情况的估计与猜测，列成两张表写在纸上，我们的头脑就清楚了，把他们放在一边，将会对谈判产生重要的作用，可供以后的谈判准备工作时参考。

◆ 确立谈判方向

"谈判方向"即指我们希望通过谈判所要表达的"方向目标"。它是我们谈判的主导思想。但它有时会与经过双方共同协商制定的洽谈目标略有出入。

谈判方面的备忘摘要文字表达要力求简洁，最多15~20个字，要是太冗长，就证明洽谈人员的脑子里对于为什么来进行谈判，没有一个清晰的概念。因此，此时谈判者的头脑要清楚。如果用了二十几字都难以表达清楚，那他就必须整理一下思路了，要对原来的谈判方向进行删减和修改，直到最多用20个字就能完全表达出来为止。

◆ 计划的本质——目标

谈判的"目标"通常可以用一句话表达。比如，"我们认为谈判目标是……"或者说："我们声明这次谈判目标是……"有时候，谈判目标不见得和谈判方向完全一致。

而准备工作的实际程序，首先是经过开拓思路阶段想出各种应对办法，然后逐步地制定出我方的谈判方向，最后制定谈判议程表。值得注意的是，谈判议程表最多不要超过4个。如有必要，可把其他问题作为附属列在主题之下。

准备阶段的最终目的，是为己方谈判者提供一份摆在谈判桌上的文件。因此，要求文字简洁、易记，能对谈判者起提示的作用，使他们在以全部精力投入谈判的同时，能够把握住谈判流程。

当对方进入谈判大厅时，谈判人员他带进去的不仅是他对于问题的了解，同时带去了他自己的谈判方式、对于对方谈判方式的假设以及他自己所要采取策略。

参与人员无论是否有系统地做了准备，总是以对这些问题的印象和看法进行洽谈的。这些印象和看法对于他在谈判中的行动，具有很大的影响作用。

对方的价值观是根深蒂固的，在预备阶段我们不可能对它产生重大影响，但我们能够影响他对我方的看法，即他对我方将要采取的措施的设想，这些都以不同程度地影响他对待我们的态度。

对方对我们将要采取措施的假想依据，在某种程度上是我们无法控制的。如外界的传闻、他的人际关系以及他与同业或具有相同文化背景的其他公司的交往经验。

对方也可能对我们有比较直接的了解。比如，他本人或是他的同事与我们公司做生意时，所了解到的我们的谈判方式，以及我们过去履行契约的效率等。

◆ 拟出议程随机应变

谈判的议程可由一方或双方都准备，或各方都准备两种议程：一种是通则议程；另一种是细则议程。通则议程是给对方的，细则议程则留给自己看。

让对方接受你提出的议程很有好处。这使对方处在被动的劣势中。由你提出议程，你就可利用自己的方式议定措辞或条件，因此它包含着你的想法。无论如何，应该记住自己议程会事先透露你的立场。对方可根据你要讨论的问题，准备予以反击，而且事先你无法知道对方的意图。在不明对方的情况下就拟定议程，对自己十分不利。如何拟定议程被视为良好的谈判策略之一。

不要让你的议程流于形式。很多人的议程是根据印好的表格、契约、租约而定的，这是不应该的。应该集中注意讨论各种问题，随时改变谈判策略。问题可以记录下来，先从重要问题讨论起。要避免在小问题上浪费时间；留更多的时间讨论重大问题。

另一个方法是将不重要的问题先提出来讨论，如此开始谈判时你就可以先让步，等到讨论大问题时，你就可以得到让步。当然，你这种让步很可能让对方认为是前例。因此，他还会期望你做更多的让步。无论如何，小问题易解决，这种解决会带来友好的气氛。假如你先提出重大的问题，对方可能会暂时牵制你讨论小问题，以便有充裕的时间考虑如何对付重大的问题。

有些人安排议程的方式完全不一样。他们并不区分什么重大问题或次要问题。只是先把彼此可能同意的问题或条件提出来，然后要求彼此间做出让步，双方寻求共同点。也有些人把问题分成与金钱有关或无关两大类，然后先解决与金钱无关的那一些问题。议程安排虽各有侧重，但请记住这个格言，"无法变更的计划，是最差劲的计划。"

谈判的时间和谈判的地点一样重要。近来人们对生理节律反应的研究方兴未艾。这门新的学科研究重心的一部分是，一天中哪些时段人的精神处于最佳状况，何时段又处最低潮，当然个人的生理物质消耗必须予以讨论，但是一般的看法是，绝大多数人在上午大约11点时，工作情况最佳。在这时候，早餐已经消化，开始集中业务地处理工作和学习，所以，如果你和绝大多数人一样的话，你效率最高的工作时间便在此时。

自然还有其他因素须考虑。在上午较晚的时段，你和对手也可能正是精力最充沛的时候，这可能对你不利。有时候，假如你将工作时刻表调整到较晚的时段的话，那么你的最佳情况可能会是下午2：30分左右。此刻，你的对手可能已经忙了大半天，已有疲倦感了。所以，假使你发现并能利用此现象时，在下午安排谈判时间对你或许较为有利。另一方面，假如你知道吃过中餐后，自己的精神的状况不佳，而你也将处于不利的状况，那么不要把谈判安排在此时进行。

一天中适当时刻的选择，对谈判来说很重要。所以同样的，选择每星期中的适当日期，对谈判也很重要。任何生意人都会告诉你，在一星期中的前几个工作日去拜访对手，要比最后几天有效的多。星期四晚上以后，很多人很自然地便开始想到他们的周末。常常一到星期五，他们便失去了工作兴趣，而且无法专心致志地工作。

所以，当你在规划谈判会议时，应把星期几也纳入考虑事项，可把谈判时间定在一星期的开始，关注这些细小的问题，你会成为合理安排自己谈判时间的最好审查者。

◆ 划定不允许谈判的项目

在一般情况下，每个谈判者所拥有权力不会无限地大，他只拥有一定的权力，他的权力大小取决于上司的授权、国家的法律和公司的政策、交易的惯例等。

在谈判桌上，一个在权力上受到限制的谈判者，要比大权独揽、一个人就可以拍板的谈判者处于更有利的地位。谈判者的权力受到限制，可以使他的立场更坚定。

当你准备好了一份完整的谈判计划，并且已经想到了许多种可能会发生的情况之后，一定不要忘记还要与你的上司和你的谈判伙伴，商量好那些你们不打算拿到谈判桌上的项目，即划定那些不允许谈判的项目。如果在这一点上没有做充分的准备的话，在谈判过程中，你很有可能把你没有计划送人的东西拱手送出。特别是你进行的那个谈判十分复杂、内容庞杂时，这种情况则尤其可能发生。而划定不允许谈判的项目便是对谈判者权力的最大限制。

留心我们周围的人，有一些人在与别人谈话时，或别人要求这些人请客花钱时，他们总是喜欢告诉对方他需要先回家同太太商量。没人拒绝过他的要求，这使他有充分的时间把整个事情想通。

其实，一个谈判者的权力受限制之后，反而能够处于一种比较有利的地位，他可以理所当然地向对方说"不"，他可以说："这不是我个人愿意与否的问题，我必须考虑到公司的政策、规则、办事的程序乃至国家的政策。"未经授权的卖方，就不能答应赊账、降低价格、打折扣、由卖方负责送货并且安装调试等。他无法在这些范围内让步，因为根本没有这个权力。同样的道理，买方如果无权超出购买预算，或超出预定的价格，或接受不合标准的产品等，则也是一个很难商议的对手。

因此，预先规定不允许谈判的项目，对谈判者的权力做出有力的限制，才能有效地避免一些低级错误，诸如，将本不应该的内容，本不应做的让步，以及与此相关的全部利益拱手让给别人。

不少谈判者在谈判前也许会对自己的权力受到限制感到烦恼，但他们很快就会发现：自己的权力被限制，更是对方的一大烦恼。因为假如我的权力被限制住，那倒成了你的问题，而不是我的麻烦，你的选择只能根据我的权限来考虑这笔交易，我只能在我的权限范围内进行谈判，不可能满足你超出我权力范围的要求；或者是你认为我无法满足你的要求，而找权力比我大的上司去谈，但这样一来又需要重新建立关系，甚至会损坏双方的长期关系，或者只能终止谈判，使已经投入的人力、物力、时间、金钱、口舌付之东流。

所以，授予部分权力要比授予全权更有力量，使你更能坚定讨价还价的立场，大部分的买主和卖主对于加在他们身上的种种限制，都十分不满。他们应该欢迎这些限制，因为这使得他们工作更容易进行。精心选出不得作为谈判内容的项目，对于谈判结果无疑有着极大的影响。

对谈判的内容进行限制，进而限制谈判者权力的另外一个效果，就是会使谈判者在一定权限范围内会更加慎重地考虑取胜措施，正如俗话所说的"急中生智",这将进一步激发谈判者的思维能力。

对谈判内容进行限制的另外一个方面就是"资料限制。"

在记者招待会上,人们可能不会忘记那些老练的政治家、外交家、恪守规则的政府新闻发言人在遇到很敏感或他本人无法回答的问题之时,总会在脸上堆出宛如春天般灿烂的微笑,双肩一耸,两手一摊:"这个我无可奉告",这是回避锋芒,保护自己不出问题的最常用办法。

谈判中也一样,当对方就某一问题要求给予进一步的解释,或者直接要求你提供有关价格预测等资料时,你心里明白在谈判前这些问题已被你划归不容谈判的项目,你可以十分诚恳地告诉他:对不起,我没有关于这个问题的详细资料,或者说这种资料公司里还没有统计出来,估计得等到本年度终结之后了,所以现在还无法拿到。这样。暂时将这个你不准备列入谈判项目的问题搁置起来,从而缓和对方的攻势。在讨论了其他议题之后,对方可能会认为这个问题无关紧要,或已经想不起来这个议题了。这说明,你又躲过了一次危险的进攻,而又将谈判限定在你预料的范围之内。

那么通常被划定为不允许谈判的项目有哪些呢?这往往由你所参加的谈判的性质来决定的。

例如,你方作为卖方,准备与买方就紧俏货物(如2000吨钢材)的购销事宜举行谈判,那么,在谈判前的准备会上,你方预先计划商定的不允许谈判的项目,往往就会包括下面所列的一些东西:

(1)最后价格不得再做让步。

(2)款项一次付清,不接受分期付款的方式(不允许谈判)。

(3)预付30%定金的规定不能让步。

(4)运输方式适用惯例,即由买方自己负责,运输方式项目不允许谈判。

(5)货物成本及与其有关的资料。

(6)己方安排生产的时间,本批化肥的生产工艺、批次。

（7）其他需求方面信息，属保密事项的。

诸如此类，等等。

划定不允许谈判的项目，是一件需要耐心的事，因为你可能并不能将所有那些不容许谈判的项目都一一列举出来，这就需要在谈判的时候你头脑保持清醒了。

最后一点需要注意的是，不管你事先划定的不容许谈判的项目是什么，你最好只让自己与自己的伙伴知道，而千万不能泄露出去，如果对方知道你在哪一点上不准备让步的话，他就有了一件攻击你的武器，他可能利用这些项目来向你施加压力，迫使你在其他项目上让步，甚至对方还会根据你划定的内容，提出他的一套不允许谈判的项目来，作为他讨价还价的手段，使你在谈判桌上处于被动的地位。

谈判场所的选择技巧

谈判开始前，你是否已将地点准备好了呢？整个环境是否舒适。从会场的布置可看出谈判的重要性。谈判时间应充裕，要完全避免干扰。房间的摆设，如灯光、颜色、座位等对谈判都有影响。

谈判场所应该必备的联络工具是电话；房间要宽敞明亮，足以容纳各种设备；要有适当的空气调节；并禁止吸烟；椅子也要舒适，但太舒适又易使人打瞌睡，不舒适也使人想离开；良好的视觉效果，可方便双方谈论细节时使用；各种提神的东西随时要供应。有时在会议室旁边，准备一小房间作为秘密的场所也很重要。

需要注意的是，假如你是到对方的地盘谈判，谈判完要住进旅馆时，要当心他会注意你预订住宿登记的时间。从这点他能够判断你计划谈判费多久。

如果谈判的地点是你对手的办公室，对方或许会安排你坐在气势较弱、属于下属的位置。典型的例子是，你的对手会坐在他办公桌的大位子，而你则坐在旁边的椅子上，更糟的话，甚至坐在临时搬进来让你坐的椅子上。这种不利于你的情况完全可以避免，只要你要求挪到会议室谈判。在会议室谈判时各方围着桌子坐下，可放松心情，准备进行谈判。

这一要求或许太简单了，可是不容忽视。但是当你自己和你对手坐下来，准备开始谈判，绝非是你可以等闲视之的谈判。如果谈判各方能各安其位，准备进行谈判，那么已经往谈判成功大道迈进一大步了。

为了停止越战的巴黎和谈开始时，似乎有层层阻隔，许多难关无法突破，直到会议桌的外形让谈判双方都满意之后，谈判才有豁然开朗之势。谈判双方都认为会议桌的座位安排必须给予某几位参与代表特别的承认和优势。在这个问题没有解决之前，别的问题只好搁置缓议，而越南战争只好持续下去。

谈判桌的形状，和会议室一样，实际座位的安排也是需要留心的谈判技巧细节部分。有人认为坐在你对手办公桌对面的椅子上，似乎有下属的服从性。有些主管费尽心机而故意安排他们办公室的摆设，让他们的对手坐在不平等的位置和较不利的座席，以减低对手气势。过于低矮的座位会使得谈判者必须挺直身子讲话，制造说话者的不适和紧张，让对手有机可乘。再者，高座位的人可以俯瞰低座位者，占尽地利；而低座位者不得不仰视高座位的人，其气势已弱。

我有一位朋友，每当别人企图对他施展座位分配的策略时，他总以自己独创的方法予以破解。他来个反客为主，直接坐在他对手的桌子上。施展这一怪招立刻转移权力重心，因为他坐在对手必须仰视他的位置上。结果毫无例外，他的对手此时只好从他的办公桌位子站起来，建议在会议室会谈或许舒适些。另外一种可以达成同样的目的的办法是，你可拒绝对手要你坐下的要求，说明你的腰背不好，太低的座位对你身体有害。

谈判时调整座位的要素是你自己的感觉。如果你开始就觉得不舒适自在、受到对手胁迫、控制时,而这感觉是源自你所坐的不利位子时,立即行动,很客气地扳回劣势,平衡双方的均势。不要担心此举会触怒对手。如果他在对你玩策略时,他自己内心明白得很——他会尊重你试图改变这种状况的努力。

正式谈判前先"彩排"

世界著名的钢琴家约瑟夫·霍夫曼长年在世界各地旅行演奏。而他常常在奔赴下一个演出地点的车上,闭起双眼,靠在椅背上。"你在睡觉吗?"他的朋友曾经如此问他。"不,我正在练琴。"霍夫曼回答。

无独有偶,美国红歌星克丽丝汀娜也使用和霍夫曼同样的方法来磨炼其演技。她说:

"我每天晚上都会累得连走路回家的力气也没有。不过,不管再怎么累,都总不忘在脑中做假想练习。我在脑中练习跳舞,练习唱歌,也练习呼吸的方法。这种练习的效果与实际在舞台上表演一样,只是不曾发出声音而已。"

谈判人员也应该向霍夫曼和克丽丝汀娜学习"虚拟演习"的技巧。

正确的"虚拟演习"不但可以增进你的谈判能力,其效果甚至比实际练习还要大。因为,就人类的深层心理以及神经系统而言,想象的经验和实际经验,几乎一模一样,难以区别。所以,霍夫曼手不必触键,就可以练习弹琴;克丽丝汀娜脚不必着地,也可以练习跳舞。

在谈判正式展开前,要事先做好各种准备工作,是毋庸赘言的。当然,在尚未谈判时,是不可能与谈判对手面对面进行"彩排"的。因此,唯一的办法,就是做"虚拟演习"了。"虚拟演习"虽然只是想象模拟,但其功用和效果却十分惊人。只要挤出少许时间,先将谈判可能发生的各种状况演练一遍,你的谈判能力必然会更上一层楼。

如果你所想象的只是事情的结果,而非全部过程,这就不叫"虚拟演习"了。譬如,你是个希望能够"家喻户晓"的足球明星,但你在心中所描绘的,净是一些接受记者的访问、观众的喝彩声、成为杂志的封面人物,或是名字上了头条新闻等等这一类辉煌场景,那么,这不过是海市蜃楼般的白日梦罢了。没有实现的过程,就像空中楼阁,永远无法成为现实。

要能全面细致、滴水不漏地在脑中想象谈判过程中的每一个细节,方称得上是有效的虚拟演习。梦想成为一个主控全场的足球后卫选手,就必须在脑中想象如何指挥在场的每一名球员,如何接球、如何传球、如何……为什么虚拟演习的效果反而大于实际练习呢?因为在虚拟演习中,每一个动作都是完美的,接球时不会漏球,传球时也不会误传。但在实地练习中,则难免有犯错的时候或是疏忽的地方,当这些失误一再的发生,而成为一种习惯时,就难以矫正了。所以,事先做好虚拟演习,再带着球到球场去,运用你在虚拟演习中已熟习了的各种动作,就是实现梦想最好的方法。

谈判也是一样,应该事先想象与谈判对手面对面进行谈判时的整体过程。更具体地说,就是想象谈判的场所、想象谈判者的神情与反应、想象谈判双方的每一句对话,以及想像你所要使用的战略和技巧,等等。在虚拟演习中,如果你自认为所使用战术毫无漏洞,对谈判对手的反应也能完全掌握的话,那么,在正式谈判时,就不会遭遇意想不到的困难了。

人的潜意识和神经系统,对于想象中的经验与实际的经验,是无法区分的。因此,虚拟演习的效果,有时会等于或大于实地的练习。但值得注意的是,如果以错误的事实和错误的战术作为前提,来进行虚拟演习的话,那么,在正式谈判中,便很可能也犯了相同的错误,而导致失败。再以练习足球为便,若在虚拟演习中,若是传球的方向与姿势不正确,则在正式比赛中,这一幕便可能重演。

总之,进行谈判虚拟演习时,其所根据的前提,一定要正确,才能发挥预期的效果。如果前提错误,不但给自己带来莫大的损失,亦将使谈判出现令人大失所望的结果。

开头至关重要

◆ 营造良好的谈判气氛

哨声吹响,谈判双方正式上场,一场没有硝烟的战争已初现刀光剑影。这一阶段虽然距离战争结束还需要一段很大的历程,但它对谈判的成败却有着非常重要的影响,特别是建立洽谈气氛方面。

谈判气氛是谈判对手之间的相互态度,它能够影响谈判人员的心理、情绪和感觉,从而引起相应的反应。因此,谈判气氛对整个谈判过程具有重要影响。

任何商务谈判都是在一定的气氛下进行的。有的谈判气氛是冷漠的、对立的;有的是松弛的、缓慢的、旷日持久的;有的是积极的、友好的;也有的是平静的、严肃的、严谨的。

不同的谈判气氛,对于谈判有着不同的影响,一种谈判气氛可以在不知不觉中把谈判朝某个方向推进。比如,热烈的积极的合作气氛,会把谈判朝达成一致协议的合作方向推动;而冷漠的、对立的、紧张的气氛,则会把谈判推向更为严峻的境地,很难真正地解决问题。

一般来说,谈判都希望在良好的气氛中进行谈判、解决问题。因此,在谈判的哨声吹响后,谈判人员的一项重要任务就是"化干戈为玉帛",变消极为积极,营造出和谐、友好、热烈、严谨的谈判气象。

实际上,当双方走到一起准备谈判时,洽谈的气氛就开始形成。气氛是热情的还是冷漠的,友好的还是猜忌的,轻松活泼还是拘谨紧张的就基本确定。甚至整个谈判的进展,如谁主谈,谈多少,双方的策略等,也都会受到很大的影响。当然,谈判气氛,不仅受开局瞬时的影响,双方见面之前的预先接触,洽谈的交流都会对谈判气氛产生影响,但谈判开始瞬间的影响最为强烈,它奠定了谈判的基础。此后,谈判的气氛波动比较有限。因此，为了创造一个良好气氛，谈判人员应该做到以下几点：

第一，谈判者应该径直步入会场，以开诚布公，友好的态度出现以对方面前。肩膀要放松，目光的接触要表现出可信、可亲的和自信。心理学家认为，谈判人员心理的微妙变化，都会通过目光表示出来。

第二，行动和谈吐要轻松自如，不要慌慌张张。可谈论些轻松的、非业务性的寒暄性话题。如来访者旅途的经历，体育表演或文艺消息，天气情况，私人问题，以及以往的共同经历和取得的成功等。这样的开场白，可以使双方找到共同语言，为心理沟通做好准备。实际上在闲聊中，双方已经开始找到传递无声的信息了。这时，从谈判者双方姿势上，还可以反映出他是信心十足，还是优柔寡断；是精力充沛，还是疲惫不堪等，反映这些情绪的关键部位是头部，背部和肩部，因此，谈判者的行动也要轻松自如。

第三，在服装仪表上，谈判者要塑造符合自己形象。服饰要美观、大方、整洁，颜色不要太鲜艳，式样不能太离异，尺码不能太大或太小。由于各国、各地区的经济发展水平不同和风俗习惯的差异，服饰方面也不能一概而论，但干净、整洁在任何场合都是必要的。

第四，注意手势和触碰行为。双方见面时，谈判者应毫不迟疑地伸右手与对方相握。握手虽然是一个相当简单的动作，却可以反映出对方是强硬的，还是温和的，理智的。在西方，一个人如果用右手与对手握手的同时，又把左手放在对方的肩膀上，说明此人精力过于充沛或权力欲很强，对方会认为"这个人太精明了，我得小心一点儿"。同时要注意，最忌讳的莫过于拉下领带，解开衬衫纽扣，卷起衣袖等动作，因为这将使人产生你已精疲力竭、厌烦等印象。

第五，在开场阶段，谈判人员最好站着说话，小组成员不必围成一个圆圈，而最好是自然而然地把谈判双方分成若干小组，每组中有各方一二位成员。

总之，谈判气氛对谈判进程是极为重要的，谈判人员要善于运用灵活的技巧，来影响谈判气氛的形成。只有建立一种诚挚、轻松、合作的洽谈气氛，谈判才能获得理想的结果，也确定了下一步行动和讨论问题的适当速度和节奏。

◆ 留心开场白

开场进行的一切活动，一方面能够为双方建立良好关系铺路；另一方面又能够了解对方的特点、态度和意图。因此，在这个阶段，必须十分谨慎地对所获得对方的印象加以分析。不仅如此，还要立刻采取一些重大措施，用我们的方式对他们施加影响，并使这些影响贯穿于谈判的始末。我们最好把准备工作做得既周密又灵活。在坐下来转入正式谈判前，应该充分利用开场阶段从对方的言行中所获得的资讯。在这个阶段中，一般能很快地掌握对方洽谈人员两个方面的资讯，即他是否有丰富的谈判经验和技巧，是否可以很顺利地展示他的谈判作风。对方的谈判经验和技巧无须语言就可以反映出来。比方说，他的姿势、表情以及他"入题"的能力。如果他在寒暄时不能应付自如，或者突然单刀直入地谈起生意来，那么可以断定，他是谈判生手。谈判高手总是留心观察对方这些微妙之处。

对方的谈判作风，同样可以在开场阶段的发言中反映出来。为了谋求双方的合作，一位经验丰富的谈判人员，总是在开始时讨论一般性的题目；另一种具有不同洽谈作风的人，虽然他的经验同样丰富，但其目的是为了对谈判产生影响，他显然会采取不同的措施。他不仅要了解"自己"的情况，甚至对每一个己方人员的背景和价值观，以及每一个人的特长和不足之处，以及是否可以充分利用等问题，都要搞得一清二楚。

以上这些信息，对于那些经常玩弄花招儿，以牺牲对方利益而谋取自己利益的人来说，是至关重要的。这些信息能成为他在以后的谈判中使用的武器。如果彼此商定把谈判比作游戏，以一方的胜利而告终时，那么他的举动也是无可非议的。

当我们一旦察觉到谈判中间将会发生冲突，就必须万分小心。虽然，我们还无法确定谈判将会怎样展开，但是已经看见了警示的"黄灯"。这并不等于表示"进攻"的"红灯"，但起码已显示出对方有些神经质或是经验不足，或是对谈判有些不耐烦了。也许对方十分好战，"黄灯"真正转成"红灯"，这时我们就极易做出相对的反应了，可全力以赴，投入战斗。

如果在谈判开始时,我们还不清楚对方这些行动的意思,而我们打算采取的是与对方"谋求一致"的方针,这时就应该引导对方与我们协调合作,并进一步给对方机会,使他们能够主动回应我们的方针,同时,我们自己也应该有更充裕的时间和机会,把对方的反应判断清楚。

这时,我们施展技巧的目的是努力避开锋芒,使双方趋向合作。我们应不间断地讨论一些非业务性话题,并更加地关注对方的利益。

看一看下面这段开场对话:

"欢迎你,见到你真高兴!"

"我也十分高兴能来这里。近来生意如何?"

"这笔买卖对你我都很重要。但首先我对你的平安抵达表示祝贺。旅途愉快吗?"

"这个问题也是我们这次要讨论的。在途中饮食怎么样?来点儿咖啡好吗?"

这并不是一个漫无边际的闲聊,虽然表现上它与将要谈判的问题毫不相干。但是,如果对方在这段谈话之后,仍坚持提出他的问题,我们就可以认为"黄灯"有变为"红灯"的危险。如果他能够接受这种轻松的聊天,虽然这并不能改变"黄灯"仍然亮着的事实,但它告诉我们它有转为"绿灯"的可能。

在这个阶段,谈判人员最容易犯的错误,是过早设定对方的意图。因为无论如何,我们已经掌握了一些信息。还要随着洽谈及实质性谈判的深入,对这些信息做出更深入的分析。

在谈判双方接触、摸底阶段,对于谈判者,特别是以前从未打过交道的谈判者来说,开场白还有一个非常重要的任务,就是通过对己方情况的介绍,将一些对己方有利的信息传递给对方,显示自己的实力。这对谈判的深入乃至双方最终达成协议都有非常重要的意义。

第三章　灵活应对变化的策略

世界总是处于不断的变化之中，这种变化是永恒而又绝对的。因此，如何运用各种灵活的策略应对不断变化的形势与事物，是摆在每一个谈判人员面前的严肃课题。

掌握进攻的战术与技巧

谈判有时像是一场攻坚战，在向对方阵地发起持续而又强有力的冲锋时，若不掌握一定的战术与技巧，你很可能尚未到达目的地，就踩上了地雷或中了枪弹。

◆ 投桃报李

谈判是一个说服的过程，谈判的主体是人。而人是一个感情动物。人和人之间存在着一种感情链，如果在谈判中抓住了感情链中的任何一环，都有可能产生连锁反应，达到能使人所接受的感情切入点。这就是谈判活动中说服对手，达到自己谈判目的的基础。基于人的社会性，人们的感情场周围布满了各种各样的感情，所以你要在谈判活动中打动对手，征服对手的心，并不是一件可望而不可即的事情。

蓝斯顿是曼哈顿一家报社的记者，有一次奉上司之命写一篇有关某大公司的内容报道。他非常想获得该公司的详细资料，于是，他找了该公司的董事长约定了会见的时间。

当蓝斯顿先生被引进董事长的办公室,一个年轻的秘书从侧门伸出头,她告诉董事长今天没有邮票可以给他。

"我在为我那10岁的儿子收集邮票。"董事长对蓝斯顿解释说。蓝斯顿说明了他的来意之后,访谈开始进入正题,但董事长对蓝斯顿的采访采取模棱两可的回答态度,他不想认真回答,无论蓝斯顿怎样好言相求都没有效果,访谈只得很快结束。

蓝斯顿回到家中,苦思良策,忽然,灵机一动,他由董事长秘书所说的邮票,想到了董事长10岁的儿子,再由此联想到他所在报社的外事部门专门收集从世界各地的信函上取下来的邮票……于是,他有了主意。

第二天一早,他又去拜访那家公司的董事长。他首先请人传话说,有一些邮票要送给他的孩子。结果,蓝斯顿受到了热情的接待。董事长满面微笑,非常客气。他一边仔细地欣赏那些邮票,一边高兴地说:"我的孩子肯定会喜欢它们……瞧这张,简直是无价之宝!"

接下来,蓝斯顿同董事长先花了一个小时聊有关邮票的情况,看他孩子的照片,然后又花了一个小时,董事长把蓝斯顿想知道的情况都说了,并且把他的下属叫进办公室,询问了一些具体的情况,甚至打电话给他的同行,咨询其他对蓝斯顿有用的资料。总之,把他所知道的所有一切都一股脑儿地告诉了蓝斯顿,结果,蓝斯顿满载而归。以邮票为媒介,使蓝斯顿以间接的方法,成功地说服了对手,获得了自己所需要的信息。

蓝斯顿之所以成功达到目的,是因为他看准了这一点,采取一种间接的说服方式,针对对手感兴趣的事情,以表面上与本意无关的事物或行动去打动对手的心,使之产生好感,从而达到自己的目的。蓝斯顿从单纯采访的角度发掘不出董事长的真心话,却用邮票这块小小的敲门砖,融洽了感情,达到了采访的目的。

由此看来,如果只想使对方佩服你,希望唤起他对你的关怀,这样永远也得不到他人关心,或为自己赢得真正的友谊。在谈判桌上,即使与对手针锋相对、据理力争的时候,关心别人、体谅别人也是必不可少的,因为,有一句古话说得好:"投之以桃,报之以李。"

◆ 站在对手的立场上说话

美国著名讲演家戴尔·卡耐基曾经说过:"将对方视为重要人物并以诚相待,纵使是敌对者也会成为友人。"

某城市电话公司曾遇到了一件麻烦事。一位苛刻的用户对电话公司的服务不满意,因此在电话公司要缴收电话费的时候大发雷霆。他认为这些费用对于他所享受到的服务而言,简直有如敲竹杠,他怒火满腔地宣称,要把电话连线拔掉,并且到有关方面提出申诉。

为了解决这一抱怨,电话公司派出一位最干练的"调解员"前去见那位脾气暴躁的用户。在双方见面之后,那位暴怒的用户盛气凌人地向调解员发泄着他的愤怒,而调解员则静静地听着,不时地说:"是的。"对用户的不满表示同情。

事后那位调解员回忆道:"他滔滔不绝地说着,而我洗耳恭听整整3个小时。我先后去见过他4次,每次都对他发表的观点表示同情。在第四次会面的时候,这位用户说他准备成立一个'电话用户权益保障协会',我立刻表示赞成,并说我一定会成为这个协会的会员。这位用户从未见过一个电话公司的人同他用这样的方式和态度进行交谈,于是,他的态度逐渐变得友善起来。前三次见面,我甚至连他见面的原因都没有提过,但是在第四次见面的时候,我们已经化敌为友,事情顺利地解决了。这位用户该付的费用全部照付了,而且还主动撤销了向有关方面的申诉。"

在上述的谈判实例中,那位无事生非的用户,在对电话公司的这场抗议中,自认为是扮演了一个主持正义、维护大众利益的角色。而事实上,他所需要的只是一种自己是重要人物的感觉。当调解员以耐心倾听来面对他的控诉,他获得了其所需要的这种感觉,满足了他的权力欲和虚荣心之后,那些无中生有的牢骚自然就烟消云散了。电话公司的调解员成功地运用了一种心理学中所谓的"暗示性赞美",而这种赞美恰好是人们喜爱被奉承的通病所需要的药方。

当一个人受到来自他人的尊敬和信赖的时候，他都会从内心感到高兴，虽然明知道那是拍马屁，但听起来也会感到舒畅。自尊心越强的人，越会有这种倾向。在谈判桌上，自尊心很强的人往往比较难以对付，如果你希望他能够接受一项繁杂而又为一般人所难以接受的条件时，最好的办法是触及他的自尊心。一般来说，自尊心强的人大都很自信，并且不论在任何场合下都会认为自己是与众不同的，不愿和普通人混为一谈。所以，你在打动他的时候，要注意在不知不觉中使他意识到"为何我不去烦劳别人，却偏来麻烦他"的原因。比如，"想要彻底解决这类的难题，实在是非你莫属"。如此简单的一句话，一定能够打动对手的心，使得许多难题迎刃而解。

这种"暗示性的赞美"曾经在一家公司的人事主管手中发挥了神奇的效果。他经手过多次公司往下属分公司调配人员，每次都进行得非常的顺利，丝毫没有引起别人的反感。本来该公司的下属分公司分布于地处偏远的乡下，除非特殊情况是很少有人愿意去的，但这位人事主管是采取了什么说服手段，让那些人高高兴兴地下乡去呢？

首先，他总是将乡下分公司的工作情况批评得一无是处，然后特别强调必须是一位非常能干的人选才能够整顿那家分公司。他说："如果这样下去的话，分公司迟早会撑不下去的，所以必须尽快设法解决，但这件事情并非是任何人都可以胜任的，必须是一位有相当能力的人方可担当。万一选人不当，对分公司会有相当大的影响。"

在他的话中，他有意无意地强调"非你莫属"。所以，当下派的员工在接到任命之初，还会产生"流放"的感觉，但听了他的这一席话之后，自豪之情油然而生，而且下派之后他真的干得很出色。

据说该人事主管的这种做法屡试不败，从未引起过任何麻烦。

◆ 小心求证，步步为营

一个优秀的谈判者必须保持着怀疑的态度，在评估对方所说的话时，

要注意到下列4个原则:

(1)永远不要将任何事情视为理所当然。

(2)每一件事情都要经过调查。

(3)要让每件事情看起来都很合理;如果认为不合理时,就要保持怀疑的态度。

(4)在事实和对事实的解释间要划出明显的界限,不要被对方所愚弄。

单单知道策略还不够,如果整个战略部署失当,则谈判无法取得成功。策略的目标和策略的施行程序要比策略本身重要多了。历史上有许多伟大的策略,就因为部署失当而失败。所以策略的本身和策略的部署是相辅相成的,二者并不相同。

弹性地运用策略是必要的。因此此时适用的策略,以后未必就能适用;适用于你的策略,未必就适于他。在谈判刚开始一时,用起来合适的策略,以后可能就不适用了;昨天有效的策略,明天不一定会有效。

不断地评估策略的适宜性是件非常重要的事情。在每次的谈判中,聪明的谈判人员常会一次又一次地问自己这些问题:

(1)我能不能运用新的策略,求得更好的成果?

(2)此刻是不是变换策略最适宜的时刻?

(3)对于不道德的策略,是否应该加以惩罚?

(4)对于我使用的策略,对方会有怎样的反应或解释?

(5)对方会不会进行反击?

(6)假如我的策略被人识破时,我会不会因此而失掉面子或者失去议价的力量?如何才能将损失减少到最低的程度呢?

策略的选择往往牵涉到道德的问题。在商业或政治上的成功,并不能证明所使用的手段是正当的。不管你喜欢与否,每个谈判人员在选择策略时,都有他个人的爱好。

在选择策略时,不应该忘记的原则是,除非你已经仔细想过对方可能采取的应付方法,否则不要轻易使用任何一种策略。忽略了这一点,你的处境很可能就会和以下这个购买者一样。他告诉卖主,除非这个价格,否则我就不买。结果他被老板开除了,因为卖主把整个经过都说了出来。所以,任何一个优良的策略,都必须有弹性地运用,此外,还得配上良好的商业判断力。

◆ 大智若愚

在美国电影《22轰炸大队》中,空军轰炸大队的投弹手佛萨林跑去看精神病医师;他急欲离开他的职位,因为他感觉快要发疯了。但是,精神病医师对他说:"如果你是真的发疯,你会愿意留在轰炸大队;你一定还没有发疯,因为你还想要脱离。所以,我不能答应你的请求让你离开轰炸大队。"

上述的对白告诉我们从某个角度来看,愚笨就是聪明,而聪明却往往是愚笨。有些显得非常果断、能干、敏捷、博学或者理智的人,却并不见得聪明。因此,在谈判中如果你能了解得缓慢些,掩饰一些果断能力,稍微不讲理些,也许你反而会得到对方更多的让步和更好的价格。可是,大多数人都想让别人认为我们很聪明。当我们必须说:"我不知道。"或者:"请你再说一遍"的时候,总是感到难以启齿。

◆ 期限的力量

期限,在谈判中是一种时间性通牒,使可以使对方在压力下迅速做出决定,失去从容应付的机会。从心理角度上讲,人们对已得到的东西并不十分珍惜,而对要失去的,或本来他看来并不重要的东西,却一下变得很有价值。所以,在谈判中采取期限的诱惑和最后的通牒术,是借用人的这种心理特点去发挥作用的。

一位美国商人带着一大堆有关日本人的精神和心理分析书籍,前往日本进行谈判。

飞机在东京机场着陆时,两位专程前来迎接的日本方面代表彬彬有礼

谈判胜负手

地接待了这位美国商人,并替他办好一切手续。

"先生,您会说日语吗?"日本人问。

"不会,但我带来了一本字典,可以学一学。"美国商人答道。

"您是不是非得准时乘机回国?到时我们可以安排专车送您到机场。"日本代表关怀备至地对美国商人说。不加戒备的美国商人觉得日本人真是体贴周到,以至于毫无警觉地掏出回程机票,说明两周后离开。至此,日本人已知对方的期限,而美国商人讹懵然不知日本人的计谋。

日本人安排来客用一个星期的时间游览,从皇宫到其他景点全参观遍了,甚至还安排他参加为期一个星期用英语讲解的"禅宗"讲习班,据说这样可以让美国人更易于了解日本的宗教文化。

每天晚上,日本人让这位美国商人半跪在硬地板上,接受他们殷勤好客的晚宴款待,往往一跪就是4个多小时,叫他厌烦透顶却又不得不连声称谢。但只要美国商人提到谈判的问题。他们就宽慰地说:"时间还多,不忙,不忙!"

第十二天,谈判终于开始了,然而下午却安排了打高尔夫球的活动。

第十三天,谈判再次开始,但为了出席盛大的欢送宴会,谈判又提前结束。美国人暗暗着急。

第十四天早上,谈判重新开始,不过,在谈判的紧要关头,汽车来了,前往机场的时间到了。这时,主人和客人只得在汽车开往机场途中商谈关键条款,就在到达机场之前,谈判不得不达成协议。

商务谈判的双方可以分为卖主和买主。聪明的卖主知道,某些最后期限,能够促成买主决定购买。以下的10个方法,可促使原本无心购买的买主决定购买:

(1)7月8日价格就要上涨了。

(2)这个大优待只在20天内有效。

(3)大拍卖将于6月29日截止。

(4)存货不多,欲购从速。

第三章　灵活应对变化的策略

（5）如果您再不惠顾，我们就要倒闭了。或者是：结束在即，大拍卖，欲购从速。

（6）如果你不在8月3日以前给我们订单，我们将无法在9月10日以前交货。

（7）生产这批货物，整整需要10个月的时间。

（8）唯有立刻订货，才能确保买到你所需要的货物。

（9）有艘货轮将在本日下午2点开船，你要不要马上购货，赶上这班船呢？

（10）如果我们明天收不到货款，这项货物就无法为你保留了。

卖主对于时间的压力非常敏感，也许比买主还要敏感些。以下是买主用来刺激卖主完成交易的12个最后期限：

（1）我7月8日以后就没钱购买了。

（2）在明天以前，我需要知道一个确定的价钱。

（3）我要在星期三以前完成订货。

（4）如果你不同意，明天我就要找别的卖主商谈了。

（5）我不接受8月15日以后的估价单。

（6）请你把价钱全部估出来，明天就把估价单给我。

（7）星期五以后，我就不一定会买了。

（8）这次交易需要经过我们老板批准，可是他明天就要到欧洲去考察了。

（9）这是我的生产计划书，假如你不能如期完成，我只好另找高明。

（10）我们的财务年度在12月6日就要结束了。

（11）我星期一要去度假3个星期。

（12）采购预算会明天就要开，你究竟接不接受这个价格呢？

最后期限常迫使人们不得不采取行动。在日常生活中，同样也有许多时间限制，如早上8:30要开始工作，下午5:00下班；一成不变的火车时刻表，等等。每个交易行为，都包含着时间的因素，而我们对于最后期限的限制，几乎已有了不自觉的反应。

最后期限的压力迫使人们快速地做出决定，一旦他们接受了这个最后期限，交易就会很快且顺利地结束了。倘若他们拒绝接受最后期限，后果就无法预测了。经验告诉我们，有些最后期限可能是假的；不过，也有些是真的。有些会使我们损失不少，有些却无关紧要。谈判者永远无法确定对方所提出的时间限制是不是真的，也无法正确估出如果拒绝最后期限，可能会有什么样的损失，而决定取舍。接受和拒绝之间的差异，就好像稳握在手中的鸟儿不同于飞跃在树上的鸟儿一样。接受最后期限的人确实能够享有他确定未来的快乐，而不必再去进行一连串的谈判了。我们不难想象如果对方拒绝的话，事情可能会变得更糟糕。

谈判专家的忠告是不必尽信所谓的最后期限。他们认为所谓时间的限制，就像火车来了又去，去了又来。星期三应该交出的报告，如果星期四再交上去，你也不致因此就被开除掉。1月1日截止的大拍卖，通常1月2日还有效。最后期限的限制，只有当你认为它是真的，它才可能是真的；很多时候，只要经过商量便可延期了。

当然，不相信最后期限具有冒险性的。买主说："我星期三以前会向你订货。"但他可能到时不向你订货，让你孤立无助，哭诉无门；卖主说："唯有你今天订货，我才可以保证有货物卖给你。"不管是不是真的，你最好今天就向他订货。因为他很可能在星期三之前就没有存货了。如果对于对方公司的生产计划、存货状况以及需求现金的情形了解得愈多，则你愈有把握知道这个最后期限是不是真的。

时间就是力量。我们在进行商业谈判，时常为时间的压力所烦恼，甚至永远无法忘掉时间的压力。所以，我们应该十分认真地关注对方的最后期限——例如，我们有最后期限，则对方也可能有相同的限制。以下的三个问题能帮助你躲开最后期限的陷阱：

（1）不管是个人或公司的最后期限，我是否会因这些限制而使谈判发生困难呢？

（2）我自己或公司的最后期限是不是真的？我可不可以和我方人员

商议延长期限呢?

（3）对方的最后期限究竟是什么?

时间限制有一种无形的迷惑力量。即使我们不需要，往往也会在不知不觉中接受了它。这也就是为什么它的效力如此之大；它常会促使对方做成你希望他做的决定。所以，最后的期限仍然常为人们所相信而接受。

守好底线，以退为进

◆ 以逸待劳

"以静制动，以逸待劳"是中国古代的谋略术语，它出自老子所著的《道德经》。他说天"虚而不屈，动而愈出"，要求人们"致虚极、守静笃""重为轻根、静为躁君"，以观其动。意思是说，人能把激烈的情绪平息下去，以一种清静无为的心理状态，敏锐地观测事物的运动变化，才能抓住突破口，迅速攻击，克敌制胜。

美国加州的一位石油商人得知另一家公司有意购买他预计出售的一批二手卡车，感到十分高兴。经过反复核算，他决定以250万美元的价格出售这批卡车，并准备了充足的理由说服对手。

谈判的时候到了，坐到谈判桌上，石油商人在心中一再叮咛自己要沉住气，他看着对方很久没说一句话。果然，买主首先沉不住气了，他滔滔不绝地对卡车进行挑剔。

然而，面对买主的一再压价，石油商人仍是一言不发，只是报以微笑，使得买主误认为石油商人已经找到了新的顾客。于是，他按捺不住了，心理上败下阵来，咬着牙说道："这样吧，我出350万美元，但除此之外，一个子儿也不能多给了。"

350万，显然比石油商人原来的估价要高出许多，这是他始料未及的，当然就顺利成交了。

谈判胜负手

我们提倡在谈判活动中"贵虚""尚静",就像那位石油商人一样,引而不发,以一种特殊的心理状态,我们攻破对手的心理防线。所以,"贵虚""尚静"有两层含义:

(1)指一种清虚、敏锐、明澈如玄的心境。这是一种特殊的心理状态,灵感火花的迸发就是在此心理状态下的直觉感悟和生命经验。

(2)指冷静地预测事态的发展变化,抓住薄弱环节,出其不意,突袭对方。在运用"以逸待劳,以静制动"谈判技巧的时候,要注意以下两点:

第一,谈判双方在关键问题或有争议的问题上,虽急于要求对方表态,但双方都反其道而行之,一言不发或者避而不谈,借以激怒对方,扰乱对方的心理,迫使对方说出自己的真实意图,然后迅速出击,达到改变对方谈判态度的目的。第二,当对方处于优势,己方处于劣势时,在行动上采取以退为进的方法,静观其变,然后,伺机扳回优势。

◆ 不动声色

明朝有一种劳役,是官府将官马分派给民户饲养,过段时间再由民户向官府交纳验收。由于各州县都不能自己繁殖小马,必须靠马贩子从外地贩过来,于是奇货可居,马贩子常会趁机抬高马价。开州地势偏远,交通不便,买马比别的州县更为困难。为了解决这一长期存在的难题,开州的知县陈霁岩在琢磨了这一情况之后,心生一计,佯作不急,表示要等马贩子到齐之后才出堂看马。在看马前一天,他把负责解送马匹的差役叫到公堂,向他们详细地询问了市场的行情,然后又悄悄地对他们说:"虽然我现在心中非常急于买马,但明天看马之时,要装出一副不在乎的样子,这件事先让你们心中有数。"

差役们原本是怕交不了差而被上司惩罚,在听了陈知县的这一席话之后,犹如吃了一颗定心丸,赶快叩头谢恩。

看马的日子到了,管马的差役把马贩子齐集堂上,他们带来了各种各样的马匹，其中大部分都很雄健，但陈知州却是一概不要，他对马贩子说："马的高矮就怕比较，我宁可要矮一寸的马。我已经发文通知太仆寺（当时朝廷负责马政的官署），说这是自己繁殖的马驹。"

众差役于是齐声呼应道，说是再过三日到临濮的市场上去选购，一定能够得到知县要求的这种马。陈知县答应了，对谁也没有责备。

马贩子眼看成交无望，内心非常失望，为了保本，都争相把手上的马贱价脱手。结果，这年开州需要的马匹不到两天就全部买齐了，而且价钱都在20金以下一匹。而在周围的州县，为了争取早日完成任务好得到官府的保荐，地方官们都争相高价买马，有的马价竟然涨到30~50金一匹。

陈知县买马，心急面不急，以轻松自如的神态参加谈判，就等于把问题的包袱甩给了对手，这往往有助于你达到自己既定的谈判目标。

谈判桌是一个特殊的战场，那么，面对对手的进攻，也要采取特殊的防御措施。要做到这一点，可以从下面三方面加以注意：

最好不要为自己的事亲自去谈判，可以委托代理人。因为人们对自己的利益往往会更关心，常常在谈判桌上过分看重得失，而丧失了一种客观而从容的立场。

如果谈判进行得不如预料中那样顺利，那么你不妨做最坏的打算，使得心中一块石头先落地。用美国著名作家、演讲家戴尔·卡耐基的话说便是："大不了……""难道谈不成就活不成了吗？"如此一来，你便会豁达而乐观地去面对谈判桌上出现的难题；同时还会感觉精力充沛，精神轻松，面对命运的挑战而充满自信。

从多角度去看问题。有一个典故说：两个人看到半瓶啤酒，一个人说："唉，半瓶空了！"另一个人却说："太好了，还有半瓶！"前面是个悲观主义者，而后者则是一个典型的乐观主义者。

◆ 以柔克刚

老子在《道德经》里这样说道："世界上最柔弱的东西莫过于水，但是，一切坚强的东西都不能战胜它。"所以，天下最柔弱的东西，往往是纵横驰骋于天地间最坚强的东西。这就是我们在谈判桌上经常运用的以柔克刚技巧的理论基础。

谈判人员在使用这些技巧的时候,通常以貌似弱小无力的谈判协商与智谋,影响谈判对手的心理状态和立场观点,达到有时用强有力的"雄辩"也不能解决问题的目的。谈判者用谦卑的态度去圆满地处理各种人际关系,用温柔的情意去化解对方冰冷的心,用甜蜜的语言去消解对方的怒气。在文学作品中,常常把"情感的力量"比作是和煦的春风,它能使冰雪融化,枯木发芽,绿叶成荫。其原因就在于情感能使人在不理智的状态中清醒过来,唤醒人对真、善、美的追求,摆脱丑恶和虚伪,满足了对方的心理需求,从而感化对方,改变对方顽固的立场和态度,如春雨润物,在"细无声"中使万物勃发生机。

谈判桌上,对手的攻击一般有三种形态,强烈地主张自己的立场;攻击你的方案或想法;对你施以人身攻击。如何施展"柔道谈判技巧?"如何避闪对方的攻击,而使它转向问题的实质?

1. 不要攻击对手的立场

当对手提出他的立场时,

(1) 不必立刻表示赞同或拒绝;

(2) 将它看成是一种选择条件;

(3) 关注对方立场背后的利益;

(4) 寻找它所表达的原则;

(5) 构思可加以改良的方法。

下一个阶段,即是把对方的注意力引向建议案,并引导它进入你的改良方向。为达到这个目的,坦诚地和对方讨论,再设想一下,如果接受对方的主张,结果将是如何?

2. 虚心"纳谏"

在谈判过程中,我们常常会在相互的批评上耗费许多时间。聪明的做法不是一味地以批评对付批评,而是要设法改进对方的批评。例如问对方:"这个方案中,你不同意哪一点呢?"强迫对方接受或拒绝一项提案,并非良策;正确的做法是要让对方具体说出到底是哪里不好。

为了确实找出对方最基本的利益,我们应站在对方的立场,适度地修正自己的想法,并需要研究对方可能加以否定的各种情况或论据,再根据研究所得的结果,重新理出你的想法;这样就可以将妨碍协议的批评,变为达成协议的重要因素。

把批评改为建设性的提示征询,然后再征求对方的意见,问他如果站在你的立场时他该怎么办?

3. 提问后的缄默

以柔克刚谈判策略有两个要点:

第一,不要妄下断言,应改用询问的口气。若语气过于生硬或武断,对方很可能会反抗,但如果以询问的口吻来表示,则通常可获得回答。事实上,也只有通过询问,才能获知对方想说的到底是什么;此外,询问还可以表示积极的态度,使对方针对问题来作答;再次,询问不至于留下对方攻击的目标,也不会留给对方批评的余地。态度和缓的询问并不是批判,而是启发。

第二,沉默。沉默也是最佳的武器之一,应该好好地加以应用。假如对方的提案不够合理,或对你进行不理智的攻击时,你不妨静下心来,保持缄默。"以静制动"亦不失为一个理想的方法。

当你认真地加以询问,但对方却未做正面的回答时,你就可以静静地等待。因为你的沉默,对方会感到不安。尤其当你对谈判结果没有充分的自信时,更应该保持沉默。

沉默,也是一种"陈述"(无声的陈述),也往往给人一种谈判陷入僵局的感觉;对方为了打破僵局,结果不是回答了你的问题,便是不得不提出新的方案。当你在询问后,必须保持一段时间的沉默,万不可紧接着提出另一个问题,或者说出自己本身的意见而扰乱对方。某些时候,一言不发(沉默)反而是最巧妙的谈判方法。

《庄子》中有一则故事:

从前一位名叫纪渻子的斗鸡师，对调教斗鸡很有心得，是个斗鸡名人，名气很大。有一次，周宣王派人送来一只鸡，希望这位名人好好调教。

十天过去了，宣王问他：

"已经可以用了吗？"

他恭敬地答道：

"还不可以，它过度虚张声势，只会逞强。"

又过了十天，宣王又问。

"还不行，它对其他的鸡的声音和影子会突然摆起架势。"

又过了十天，宣王催促他。

"还不行，一接近其他的鸡，它就精神抖擞，使劲地瞪眼。"

又过了十天，宣王又来催促，纪渻子回答道：

"现在可以了，即使听到其他鸡的叫声，它也不会有任何反应，从远处看，简直就像一只木头做的鸡，其他的鸡只要看一眼就会逃走，没有一只鸡胆敢面对它。"

现在，人们多把"呆若木鸡"用来形容因恐惧或惊讶而发愣的样子，视为贬义，若从这则寓意深远的故事看，其实不然。按纪渻子训鸡的意图看，正是要使这只鸡达到"呆若木鸡"的"无我无敌"之最高境界。当谈判桌对面坐着一位"知无不言，言无不尽"的对手时，你并不会感到心理上有多大压力，但若面对的是一位沉默寡言的对手时，则另当别论了。谈判活动有时需要这种理智的"木鸡"，在谈判过程中有时需要这种类似"木鸡"的人，也可以说是一种性格需要。在谈判活动中也应因背景、条件、对象等的不同，调整自己的策略及姿态，或静或动，或言或少言或言。

4. 请一位"第三者"

通常，谈判者往往是在自己无法从立场式谈判，转向为原则一谈判的情况下，才请第三者介入的。下面是一对夫妻在新建屋时意见对立的例子：

妻子希望是有落地窗的二层楼建筑物，但丈夫却希望是有宽大车库与现代化书房的平房。为了调和大家的构想，双方开始互相讨论："客厅应该怎样布置？"或"你为什么喜欢那种样子？"在讨论中，双方都固执己见，坚持采用自己的设计草图。丈夫为了获得妻子的让步，结果同意将车库的深度减少一米，妻子也同意放弃在屋后增设阳台的构想。但是，双方仍然各自为自己的设计辩护，并且千方百计地责难对方。结果，夫妻之间的感情受到伤害，沟通更加困难，无论谁一旦稍作让步，便会极感委屈，因此，双方更坚持己见，不愿再作更多的退让。

这就是立场式谈判法最典型的一个例子，两位当事人之间的谈判，已弄成僵局，双方根本不想改变谈判的性质以求解决争议，所以，请第三者"列席指导"，便是一个理想的解决方法。

调停者比当事人更容易将事与人加以分离，而将议论的方向导向利益与选择条件。同时，调停者往往可以提供解决双方不同意见的公平标准，减少选择方案的数目。也可让当事人了解达成决议后双方可得的利益。第三者用来调停的这种方法即是最终方案调停法。

这对夫妻因为房屋的设计方案不同而无法达成协议，假如聘请立场超脱的建筑师重新设计，便可以同时兼顾丈夫与妻子的构想。我们必须了解，第三者并不一定能采取最明智的行动。某些第三者在双方委托人明确表明各自的立场后，会强迫双再三让步，甚至感情用事地让委托人放弃原来坚持的立场，而采用第三者提出的方案。

最终采取调停方案的建筑师，一般会采取较明智并且理想的行动。建筑师并不关心委托双方的立场，只是注重双方真正关心的事或利益。

例如，他并不会问妻子"落地窗要多大"，而只是问："你为什么喜欢落地窗呢？是想让早晨的阳光或是下午的阳光照进来吗？或者你只是为了欣赏外面的景色?还是为了能从外面看到里面?"

同样,她也询问丈夫:"你为什么想有个车库?是为了收藏东西吗?书房又将如何使用?纯粹是供看书用还是在里面观赏电视节目,或者只是为了招待朋友?什么时候使用?白天?周末?晚上?"如此逐一地问个明白。

建筑师只是向夫妻双方征询意见,并不是要求放弃各自的立场,他只想找一个较为完美、使双方皆能满意的设计方案,但至于是怎么样的主设计图,仍未完全确定。在最初的阶段中,只是尽可能多地了解夫妻双方的要求及利益。

然后,建筑师将夫妻双方的各种利益及需要一一列表:"早晨的阳光、暖炉、适合阅读的场所、工作间、存放跑步机与两部汽车的车库……",然后再让夫妻双方对所列的项目逐一评判,并寻求改进。虽然使双方让步极其困难,但让他们做评判却是轻而易举。

两三天之后,建筑师带来拟好的建筑草图,说道:

"这张草图,我自己觉得还不够满意,因此想听听二位的意见,并再作修改。"

丈夫看了之后说:"咦?盥洗室和卧房离得太远了吧?而且放书的位置也小了一点儿,还有,万一有客人来,却没有客房可睡,怎么办呢?"

同样的,他也要求妻子发表意见。

几天后,建筑师带来第二份设计草图,再次征询双方的意见。

"盥洗室与藏书的问题已经解决了,而且书房也可作为客房,你们的意见怎样?"

随着建筑师的巧妙的运作,设计图逐渐完成,而夫妻双方也不会再斤斤计较,而是确切地表明自己认为最重要的事项。同时,夫妻双方认为建筑师不仅没有抛弃他们的主张,反而将他们的希望完全表现了出来。这样一来,包括建筑师在内,任何人都不能因主观和自私的欲念而否认这张设计图。

建筑师在经济预算内构思,在最大限度上逐步地调和了双方的利益。

在这个过程中，需要彼此共同合作，所以，双方皆不需担心或性急地做出决定。当然，丈夫与妻子都用不着放弃自己所坚持的立场，何况目前他们皆处于与建筑师谈判的相同地位，随着设计的进行，依己之见加以批评，并协助建筑师的计划拟一个草图（方案）。

然后，第三、第四、第五个方案逐渐提出，并且经过了一番修改。最后，在大家都认为已无修改的必要时，建筑师说：

"这就是我们共同意见的设计图（最终方案），我一直尽力使二位的各种需求得以调和，我将你们的问题，以最标准的建筑技术，参考先例及最优秀的职业性判断加以解决，因而绘制出这份设计图，希望你们能够采用。"

这时，夫妻双方要做的决定，只有"采用"或"不采用"，同时，他们也已经完全了解下决定后将会获得什么。只要有一方回答"采用"，必须引诱他方也同意采用，最终方案，不仅使谈判的形式大大地转变，同时亦能认真考虑选择条件，并大幅地简化共同决定方案的过程。

在其他类型的谈判中，应该让谁来扮演建筑师的角色呢？有时，只要请第三者从中调停或仲裁便可以了。在谈判成员超过两者以上时，由关心达成协议、但对协议的内容利害关系不大的人担任调停角色比较恰当。

在谈判中，谈判者本人担当调停者的例子也不少。假设你是塑料工厂推销员，有塑料容器制造业者前来洽谈大量订货，对方期望能得到特制的塑料瓶，但是工厂方面，却担心由于应付其订货而须添购新设备，所以犹豫不决。这时候，你的任务不是解决双方有分歧的条件，而是使顾客与工厂间互相协调，推销员自然知道他不是因为合约的内容，而是达成协议，取得订单才能获得报酬。

例如，有位总经理极其关心是否能在不删减款额的情况下获得通过对某项目投资，如果你是那位总经理的助理，便可以告诉他，其实拨款额是1000万元或者1100万元并不是主要的问题，而应关心的是该项目投资款本身是否会被董事会通过。

以下举一个关于策略方面的例子：两位部属意见相左时，身为经理的你，不应着眼于采取哪一位的意见，而应重视如何做决定，才会使双方都同意并乐于从命。不管情况如何，虽然你是解决问题的当事人之一，但也能以调停者的立场去处理问题。此时，采取最终方案调停法，最能使你获得利益。简单地说，也就是自己调停自己的纠纷。

这种最终调停法，必须借助调停法，双方的谈判方能奏效。特别是在有多个当事人的谈判中，若无调停者，将难以解决谈判问题。例如，150个国家，提出的方案就有150个，而且谁也不肯让步。在这种情况下，想得出一个建设性方案似乎不太可能。因此，必须将方案程序简化，或是提出另一种方案，此时，就适宜采取最终方案的程序仲裁。

使用这种方法，实际上不需要全体人员的同意就能开始，只要事先拟好草案，再征求个人的意见即可。这是借助开始新的谈判方法（程序仲裁法），而改变原来谈判方案的方法。谈判各方当事人争执不下时，只要要有人提出新的谈判方式，即可改变形势，但是如果对方不希望与你直接谈，那么只需委托第三者向对方提出最终方案即可。

◆ 折中调和

汉宣帝时，渤海（今沧州地区）及附近各郡闹灾荒，百姓们没饭吃，纷纷造反，当地的郡守根本管制不了。宣帝打算派一个能干的人去治理渤海，丞相、御史都推荐龚遂，宣帝便任命他为渤海太守。当时龚遂70岁了，宣帝召见他，见他长得又瘦又矮，不像个能干的人，心中有些瞧不起他，问道："你有什么办法平息造反呀？"龚遂回答说："沿海地区地处边远，不沾教化，百姓们饥寒交迫，官吏们却不加抚恤。致使陛下的子民偷拿陛下的武器在小水池边耍弄着玩。陛下是让老臣去战胜他们呢，还是安抚他们呢？"宣帝听了龚遂几句话，觉得龚遂是个人才，便正色回答："寡人选任贤良，当然是安抚百姓了。"龚遂说："老臣听说，治理乱民如同把搅乱的绳子整理好一样，不可操之过急。臣希望丞相、御史且不要用那些法令和规范来约束臣，让臣得以按情况自己处理事情。"宣帝答应了他。

龚遂便走马上任，前往渤海郡。郡里官吏听说新任太守来了，派军队前去迎接，以保证安全，都让龚遂给赶了回去。龚遂马上传令各属县，撤销所有捉捕盗贼人员，凡手里拿着锄、镰等农具的人都是良民，任何人不得干扰，拿着兵器的人才是造反的盗贼。之后，龚遂自己不用任何人护卫来到郡府。造反的百姓听到了龚遂的号令，便各自解散，扔掉了兵器，又拿起农具种田去了。从此以后，渤海郡得以安定。

龚遂的"息事宁人"是有条件的，一是官府撤销所有捉捕盗贼人员，营造"宽和"的气氛；二是暗示"公众"只要放下兵器，拿起农具，官府将不予追究，这两个条件成熟，才能达到"息事宁人"的效果。龚遂的"息事宁人"在谋略实施上是有计划、步骤和技巧的，如"赶走来迎接、护卫的军队"，"马上传令撤回捕盗人员"，"宣布凡是拿着农具的都是良民"以及"不用任何人护卫来到郡府"。

这个案例正好说明，双方若是都退一步，就可以息事宁人，就都能海阔天空。

即双方分担差距，互相向对方靠拢，以解决谈判最后差距的做法。折中有一次折中和二次折中。也能以不同内容、但意义相当的条件参与折中。

具体做法为：当买卖双方的价格条件仅差10万美元时，为达成交易，双方同意折中解决，即各让5万美元。有时，某一方（买方）不同意这一次折中结果，又提出再折中要求，即5万与10万美元折中，即7.5万美元，再降7.5万美元成交。对此，卖方也有权再还一手，以5万美元与买方同意的7.5万美元折中，即以6.25万美元成交。在某些谈判中，折中还可以将价格与货物相抵，如一方同意降价2万美元，另一方同意减少2万美元的货物，以解决4万美元的差距。在合同条款的谈判中，双方将分歧点计数，称之为"记分法",如有10分,则各让5分,以解决分歧,结束谈判。

此策略应注意的地方是:

折中时机必须是双方均已做出了明显的让步之后,在最后的条件决定之时。

不宜率先提出折中,以免离成交点太远。

在提出折中或响应折中时,不宜声称"最后的折中",以保留"再折中""还一手"的权力。

折中时,应注意手上留"牌",即让步的余地。

处变不惊,伺机反击

谈判时,假如对手的经济宽裕、人际关系良好、参与谈判的成员众多、声势浩大,且具备各种优良条件,你又该怎么办?

当对方占上风而态度强硬时,反击他!

◆ 好好保护你自己

晋灵公是一位荒淫暴虐的君主,常以弹丸打人、斩杀仆人为乐。宰相赵盾屡屡进谏,劝他礼贤远佞,勤政亲民,他非但不听,反而把赵盾看成其恣意行乐的眼中钉,在奸佞屠岸贾的撺掇下,竟派人刺杀赵盾。幸亏行刺之人是个正义之士,不忍心杀赵盾乃自杀身亡。晋灵公和屠岸贾又设圈套,诱赵盾进宫看剑,借强加意欲行刺的罪名,赵盾在家臣提弥明的掩护下逃得性命。赵盾父子出城时碰上打猎归来的赵穿,赵穿是先王晋襄公的马,灵公的姊夫,与赵盾同族。赵穿知道事情的经过,请赵盾暂避一时,说宫里的事一切由他安排。

赵穿去见晋灵公,假惺惺地说:"我们赵家人有罪,请主公罢免我的官职,再治我的罪吧!"晋灵公以为赵穿真诚,就说是赵盾欺寡人,与你无关,好好供职吧!赵穿又投其所好,说当国君就应及时行乐,否则当国王有什么意思,当年齐桓公满宫的美女,除正宫娘娘外还有6个老婆;先君文公妃妾无数,60多岁还纳姬呢!您现在年富力强,何不多选些美女进宫?晋灵公被赵穿说得心里痒痒,问这件事让谁去办,赵穿接口道,办这种事没有比屠岸贾大夫更合适的人选了。灵公遂命屠岸贾到民间物色美女。

赵穿支开了屠岸贾,又对晋灵公说:"主公常去桃园游玩,为安全起见,我给您选些卫戍士兵吧!"灵公高兴地同意了。赵穿回家,精选了可靠的甲士200名,对他们进行了战斗动员和具体部署。赵穿回禀灵公,警卫部队选好了,请您在桃园检阅吧!灵公登台阅兵,见人人精勇,个个强壮,心中大喜,即留赵穿侍酒。酒刚喝到兴头上,赵穿使个暗号,200名甲士一声呐喊,晋灵公还没反应过来,就被甲士们刺死了。由于晋灵公在百姓中积怨甚多,所以他的被杀并没有引起大混乱。赵穿回来主持国政,不久,立晋文公的小儿子当了国王,即晋成公。

这个故事就是告诉你,强权并不可畏。关键是避其锋锐,击其要害,保护好自己。

某些时候,我们会为了赶搭某趟航班而不顾一切地开快车,心想非搭上这班飞机不可,但后来往往会发现,其实搭乘下一班飞机也无所谓。同样,在谈判时我们也常常会遇到这种情况。例如,当你全力以赴地进行某一项谈判时,心中强烈期望能顺利地获得成功,但又担心会遭到失败。在这种情形下,你所面临的最大危机便是因为操之过急而百般迁就对方。通常,人们会经不起对方说:"我们大家都赞成这个决定,来吧,就只剩你一人还没有同意,现在,只要你点个头,会议马上就可以结束了。"这种劝诱的口气极具说服力,结果会使你对原本应该拒绝的提案和协议,轻易地妥协了。

◆ 筑起你的"万里长城"

不能达成协议时的选择代替方案,虽然的确是能够使双方削减争执,并达成协议的理想方法,但为了切实地避免发生在不利于自己的内容协议上与对方达成妥协的情况，最好能事先设置一道最后防线（第一种好处）。事先设置防线，虽比不上理想方案，但却比达不成协议时的替代方案更具优势。当你准备提出防线下的更坏条件来达成妥协时，最好是先将情绪松弛下来（能缓则转），对谈判的一切情况重新考虑后再作决定（第二种好处）。设置防线与底价的另一种有效的作用，就是可借以限制谈判代理人的权限。例如，你可以告诉代理人："除非事先通知我，否则，决不能低于7.9万元出售房屋。"

设置防线的其他三种好处是：

（1）使你在谈判中保持心理的平稳，不致失措而自乱阵脚；

（2）使谈判结果好过自己的预期；

（3）使你在谈判场上拥有进可攻、退可守的战略基地，因而游刃有余。

◆ 看好你的底牌

通常人们认为，谈判的力量是以谈判者所拥有的财富、政治关系、体力、朋友及武力所形成的。而实际上，双方当事人所拥有的谈判力量取决于：①最佳替代方案的吸引力；②无所畏惧，"即使谈判破裂亦无所谓"的优势。

假设，在某市火车站的商店里，一位富有的观光客想以公平的价钱买一把小铜壶，店员虽然不算内行，却深知这种铜壶受欢迎的程度，心想，纵然不卖给这位顾客，也可以卖给其他顾客。而观光客虽然有钱、有地位，可是他很可能不知道这种铜壶的市场行情，同时，如果其他商店不卖这种物品，那么观光客在这种谈判场合中的力量就处于弱势；因为，观光客只能要么以极不合理的高价购买，要么放弃购买的念头。

在这种情况下，"财富"的条件，并不能强化他的谈判力量。如果让对方知晓他是位腰缠万贯的富翁，这位观光客反而更难以公道的价钱购买铜壶。其实，观光客若要把他的财富转化为谈判力量，他应该利用财富去调查铜壶的行情。

让我们再来想想看：一位求职者面对毫无把握的就业机会，他接受面试时的心情会是怎样？他将以什么样的态度来进行有关薪水的谈判？再来看看另一位拥有两个就业机会的求职者关于薪水谈判的态度；比较一下这两个人有何差距？这个差距就是由谈判力的不同造成的。

◆ "拳头"来，"原则"挡

当对方的谈判实力强大时，你却一头栽入一种实力的竞争，那么，即使你不上对方的当，也势必在备尝艰辛后空手而回。假如对方实力强或经济上占优势地位，那么，根据双方各自所提示的优点来进行谈判较为理想。只有把握住客观标准、事实、互益的原则，来构思最佳代替方案，谈判才不至于迷失或败阵。

在自身谈判实力强的情况时出击，应事先拟定协议不成时的代替方案，则容易进行问题本质的谈判，充分地开发并改善己方对于协议不成时的代替方案，将可以有效地强化己方的谈判力度。不论对方是否赞同你所拥有的一切信息、情况、时间、财力、人力，你都能运用自己的智慧，设计出一套独立于对方意愿之外，对你最为有利的代替方案。不惧怕随时中止谈判，这一点对谈判结果有很大的影响力。

总之，拟定协议不成时的替代方案，不仅可以决定自己可接受协议的最低限度，而且也能避免接受底线以下的协议。对付谈判高手最有效的策略，就是要事先拟定好自己的最佳代替方案。

学会运用"炒蛋"战术

通常若想解决问题，把事情简化要比使它复杂更聪明。可是"炒蛋"却刚好相反。有人以此为战略，故意把事情搅和在一起。这种搅和可能会形成僵局，促使对方必须更辛苦地工作，然后提出"最后通牒书"，迫使对方屈服，或者借此机会反悔已经答应的让步，有时候，甚至可以趁机试探对方在压力下保持机智的能力。虽然谈判通常应该以一种有秩序的方式进行，但是懂得"炒蛋"战术的人却知道这种没有秩序的状况反而对他有利。

搅和可能发生在谈判初期或末期。有一个谈判者，他喜欢很快就把事情搅和在一起。会谈才开始了没多久，他就要讨论改变新的送货日期、服务、品质标准、数量、价格、包装等要点，将事情弄得非常复杂。他之所以这样做，乃是为了要看对方是否已准备充分，是否愿意重新了解不熟悉的问题。有的谈判者特别喜欢在深夜时把事情搅和得很复杂，因为这时每个人都已精神不支，宁可同意任何看起来还合理的事情，而不愿意在凌晨两点钟的时候去伤这种脑筋。

搅和的人常常会利用人们困惑时所犯下的错误——突然间事情变得加以比较，甚至连成本也无法作比较了。当事情被搞得乱糟糟的时候，大部分的人就想撒手不管，特别是当他们疲惫不堪或者还有其他烦恼的时候。

对付搅和者的人必须具备自信心。以下这些步骤对你会有很大的帮助：

（1）要有勇气说"我不了解"。

（2）在你真正了解之前，你要坚持说"我不了解"。

（3）坚持事情必须逐项讨论。

（4）当会搅和的人和你讨论时，千万不要让他得逞，你可以用你自己的方法来讨论，并且要让他倾听你的理由。

（5）记得，他也很可能和你一样感到困惑不解。

（6）警觉到你可能会犯的错误。

防御搅和者的要诀，是在你尚未充分了解之前，不要和他讨论任何问题。耐心和勇气会帮助你对付善于搅和的人，把事情一件一件地弄清楚。

不要让他有浑水摸鱼的机会。

打动疲劳的人要容易得多

研究结果显示，被剥夺睡眠、食物或饮水的人，他的思维和行动能力十分薄弱。相同的道理，疲倦的人都比较容易被打动，犯下许多愚笨的错误。那些喜欢在晚上做生意的人都知道，在清晨三点所进行的交易，大都会有十分完美的结果。

经过白天长时间地会谈后，再以整晚的时间来讨论、重新计划或重新估计。惯于这样做的人都知道，这种方法只要实施一段时间之后，谈判者便会变得不讲理、沮丧而且容易犯错误。同时，也会使得他们的太太非常生气。

讨价还价是一项很艰难的工作，需要很清晰的头脑和大量的精力才能胜任。人们忍受压力的能力是不同的。经过长时间飞行后的紧张，再加上紧凑的谈判议程以及陌生的环境，这些不利的情况，对于谈判者都是一种考验。

谈判小组的领导者应负责检查日程安排，尽量使谈判在正常的工作时间内进行，也应该注意到小组的成员是否有定时和足够的休息时间。如果到异地谈判需要经过一段遥远的旅程，那么他们的妻子应该能够伴随他们，所需的费用也应由公司负担。不要心疼出差费和一流旅馆的住宿费，这些看来都只是小钱，却往往是成败的关键。

第四章　知己知彼，打好"攻心战"

在谈判桌上与对手短兵相接，是"勇"者胜，还是"智"者胜？答案是：智勇双全者胜。

攻心战术

谈判，讲究"知己知彼"，如果能摸透自己与对手的心理，攻其不备，投其所好，打好这场"攻心战"则没有不赢的道理。

不战而屈人之兵，方为上上策。

◆ 使对方满意

这是一种令对方在精神上感到满足的战术，为此，要做到礼貌、温雅，同时关心他提出的各种问题，并尽力给予解答。解答内容以有利于对方理解为准，哪怕他反复提问，也必须耐心重复同样的解答，并争取以事实证明，使你的解答更令人信服。

接待对方要周到，让他有被尊重的感觉，必要时可请出高级领导出面接见，以给其"面子"。但是，高级领导的讲话不宜过早提出具体的谈判条件，也不必急着做成交易，否则会适得其反。因为这不是给面子，而是施压力了。

领导的最好台词，是叙谈双方的友谊，分析对方做成该笔交易的意义，当然也可宏观评述双方立场的困难程度，最后表示愿随时给予帮助，做到这样便可以了。

莎士比亚曾经说过:"人们满意时,就会付出高价。"因此,制造对方的满意感,运用满意感的策略,可以软化对方进攻,同时加强己方谈判力度。

◆ 心理暗示法

所谓心理暗示法是指以含蓄、隐蔽的语言或形体动作、间接的方式,向谈判对手传达思想观点、意见态度、情感愿望等信息,以达到对方在理解和无对抗的状态下,自然地接受己方的影响,从而改变对方心理和行为的方法。暗示是一种被人们主观意愿肯定了的假说,不一定有根据,可是人们在主观上已经肯定了它的存在,就会使自己的心理尽量趋向于这种主观假说。例如,广告上经常介绍某种商品如何如何好,在你没有使用过之前,对于你来说它就是一种主观假说。但是,由于种种原因,你相信它好,还购买了这种商品,这就是你的心理已趋向了这种主观假说,证明你接受了这种暗示。

暗示是谈判时经常被使用的方法之一,它虽然没有劝说那么直接,但比劝说更容易被人接受。心理暗示对于谈判对手的影响,及其在谈判中的地位和作用不容忽视。

1. 心理暗示的作用

心理暗示在谈判中的作用归纳起来有如下几方面:

1)启迪思考

这里有个"孔子访老子"的寓言。说的是孔子去拜访老子,问候老子身体如何。孔子先问老子:"你的牙齿如何",接着又问"你的舌头如何",老子回答说"牙掉了,舌头很好。"孔子听完马上告辞。孔子的学生不解,孔子告诉他的学生:"老子已经给我上了一课,他告诉我柔能胜刚。"这个寓言告诉我们,孔子从老子那里获得暗示,也获得了启迪。在谈判过程中己方人员的相互暗示,或谈判对手之间的相互暗示,既是一种传递信息的方法,又是一种启迪。

2)含蓄地批评

在公开场合不点名地对某件事进行批评,对做了这件事的人就是一种暗示。在谈判时态度平和地对谈判对手的某些做法提出忠告,这既是一种暗示，也是对谈判对手的一种含蓄式批评。用这种方法可以起到既不伤和气，又达到了指出对方问题的批评教育的目的。因此这种方法效果好，容易被人接受，对搞好谈判双方的关系、创造良好的谈判气氛极为有利。

毛泽东同志就很善于运用这种方法教育人。有一次，他在给抗大学员上课时说，有的指挥员头脑不冷静，别人一鼓励就来劲，结果往往事与愿违，成了鲁莽家。有一个学员还没等毛泽东说完就站起来说："主席讲的是我，今后我一定要克服鲁莽毛病。"另一个学员也站起来说："不！主席讲的是我。"他们都认识到了从前鲁莽指挥的教训，从中既获得了暗示，也获得了教育。

另外，这种暗示还可以起到防止激化矛盾和冲突的作用。有这样两个暗示的小幽默、对我们谈判也很有启迪。第一则幽默：有一个顾客对冷饮店的老板耳语，我有个办法可以让你的饮料多卖三成，老板急问什么办法，顾客说只要你把要卖出去的每杯饮料倒满。第二则幽默：服务员把一碗汤面洒了顾客一身，连忙道歉"对不起"，顾客回答说："没关系，反正油水也不大。"这两则小幽默都批评了社会上的缺斤短两、以次充好的不良经营作风，这种批评不至于激发矛盾，但又意味深长。

3）缓和气氛

谈判气氛对谈判的成功与否至关重要。谈判时双方难免会发生矛盾、对立、紧张和冲突。此时，一方可以用暗示的方法表示了自己的让步，或用暗示的方法换一个话题，也许能缓和双方的矛盾、对立、紧张、冲突，打破僵局，使问题能够部分或全部地得到解决。

谈判时可用于缓和气氛的暗示方法有三种：

（1）让步暗示。在谈判的双方处于矛盾对立和冲突之中以致陷入僵局时，一方公开地向对方做出让步会感到丢面子，或认为这是一种失败，从而会造成心理上的极大不平衡。但如果一方在不损害己方根本利益的前提下，对非原则性的某些问题做出让步的暗示，这样做可以既不失面子，又显示出自己的高姿态,还缓解了紧张对峙的谈判气氛。为了继续谈判,一方对另一方的让步暗示应做出积极的反应和行动配合,自己的不冷静情绪也因此可以得到"降温"。让步最简单的做法是双方暂时停止争辩,等彼此间的紧张气氛缓和了、态度平静了再心平气和地讨论问题。

（2）威胁暗示。这也是谈判时经常运用的一种心理策略。威胁暗示就是指在谈判时采取一些方法,给对方造成心理压力,迫使他改变原来的作法。采用威胁暗示比直接威胁的效果要好得多。采取直接威胁的方法,可能会给谈判带来两种后果:一是可能会吓住对方,使对方经过权衡利弊,幡然醒悟,从而改变原来的作法,做出让步;二是使对方产生反感心理,结果加剧双方的对抗和冲突。而假如采取威胁暗示的方法,则可能缓解双方的冲突、对立,缓和谈判气氛。威胁暗示常常比直接威胁更具威慑力,因为威胁暗示的内容不具体,使对方摸不到底,造成心理上的压力就会更大。

（3）转换暗示。在谈判过程中,为了缓和一下双方的对峙情绪,一方可以暗示另一方换一个对象或换一种方式讨论问题即是转换暗示。在谈判中,假如谈判的一般成员之间发生了分歧、对立和冲突,就可以采用转换暗示的方法,告诉对方"这个问题跟我说没有用,需要跟我们经理说。"或者告诉他"采取这样的方法是解决不了问题的。"暗示对方转变一下谈话的对象和谈判的方式。

谈判者要想很好地运用暗示这一心理策略,使对方接受并对其产生积极的作用,就必须了解暗示的条件和暗示的技巧。

2. 暗示的条件

掌握暗示的条件是谈判者巧妙地使用暗示心理策略,充分发挥暗示效用的重要因素。要使暗示充分地发挥作用,必须具备两个基本条件。

（1）一方发出信息的含义（包括表层含义和深层含义）必须能够被对方所理解。假如不能被对方理解,暗示的作用就无从谈起。

（2）暗示信息的内涵要能够与被暗示对象的心理相容。假如暗示信息的内涵与被暗示对象的心理不相容,甚至互相抵触,被暗示的对象一般是会抵制这种暗示的。但如果暗示信息的内涵与被暗示对象的心理相容,那就会形成一种"暗合"。暗示的信息可以唤起被暗示对象某些内心深处的情绪、需要、理念等。因此，是否"相容"和"暗合"，是使被暗示对象有意或无意地接受暗示的前提。也只有在这种条件下，才能使被暗示者形成"无对抗心理"，自然而然地接受你的影响。

3. 暗示的技巧

谈判者要成功地运用暗示这一心理策略，还必须要掌握暗示的技巧。这样才能使有意暗示产生预期效果，避免无意暗示所造成的不良影响。

暗示是对被暗示对象的暗示，因此，暗示在一定程度上要受到被暗示对象的知识、经验、理解力和认同性的制约，所以，暗示技巧要在如何能使被暗示对象理解和认同上做文章，因而暗示的立足点就在于准确地把握被暗示对象的不同心理特点。同时，暗示还要遵循下面一些规律：

（1）遵循暗示的一定强度规律。暗示要有一定的强度，才能使被暗示的对象感知到。谈判的一方发出暗示信息的强度过弱，就容易被对方忽略；而暗示信息的强度过大过强的话，则又容易引起对方的反感，甚至会产生逆反心理，拒绝接受暗示的信息。所以，暗示的强度要合适。

暗示的强度既包括谈判者的身份、地位、扮演的角色、威信等方面，也包括暗示的方式和内容。我国有句谚语叫"人微言轻、人贵言重"，也就是说，没有地位、没有名气、没有威信的人，说话就不容易引起人们的重视，不容易发挥暗示的作用。而有权威、有地位、知名度高的人发出的信息，就容易引起人们的重视，对他人的暗示作用就大。谈判者的身份越显赫、地位越高、名气越大、扮演的角色越重要，对谈判对手的心理和行为的影响就越大。但要注意，暗示的方式方法要恰当，暗示的内容强度要合适，要讲究新颖。

（2）遵循暗示对比度规律。对比度强烈的暗示，才容易被人感知。例如，在商贸谈判中，卖方向买方说明自己的产品是经过国家商检局检测的优质产品，优质率达百分之多少，市场占有率达百分之多少。这样便与其他同类商品形成了鲜明对比，暗示买方这是值得信赖的好产品。买方对这样的暗示比较容易接受。而那些没有对比度、质量平常、形象显示不出来的暗示，则不能引起谈判对手的注意和重视，因而不容易被感知。

（3）遵循暗示协同性规律。暗示的内容要与被暗示对象感知到的信息相一致才能发挥作用。例如，在商贸谈判中，谈判的一方一个劲儿地宣扬自己的产品如何如何好，强烈暗示对方应该购买他们的产品。而另一方听到的却是顾客抱怨其产品的质量差，看到的是要求退货的情景。这就是暗示的内容和被暗示的对象接受的信息不一致，这样的暗示无法令对方接受。只有暗示的内容与被暗示对象所感知到的信息一致时，暗示才容易让人接受，发挥其应有的效应。

（4）遵循暗示与被暗示的思想、观念、情感、威望、态度一致性规律。暗示的内容只有与被暗示的对象的思想、观念、情感、愿望、态度等相暗合、相一致，才能有效地对其施加影响。苏联心理学家、催眠专家曾做过这样的实验，在催眠中让被试验者做各种复杂的课题，刚开始进展很顺利，但当催眠专家让被试验者去拿别人的钱包时，她拒绝了。当催眠专家继续命令她拿时，她不但没有服从，反而醒过来了。由此可见，当被试验者处于被催眠状态时，尚且能拒绝接受与她的思想、道德、观念等不相一致的信息，那么，清醒状态下的人们更是如此了。这个实验告诉我们，在谈判时，要使用暗示这一心理策略时，你所暗示的内容必须与被暗示的对象的思想、观念、信念、情感、愿望、态度等相一致，只有这样才能被对方接受，产生"暗合"效果，从而发挥出暗示的效用。

（5）遵循暗示内容要符合对方需要规律。当人们在情况紧急、孤立无援、最需要帮助的情况下，是最容易接受暗示的时候。一旦人们有了某种需要，在心理上就会产生紧张、焦虑、不安等现象，就要急于摆脱这种困境，来求得心理上的平衡，此时谈判的一方向其发出暗示的信息最容易被接受。暗示的内容应符合对方需要的规律告诉我们，谈判者故意暗示的特定目的，必须要和帮助谈判对手解决困难相结合，要善于在帮助对手的过程中，体现自己暗示的特定目的。

《庄子·齐物论》里有一则寓言：一个养猴子的老人用橡子喂猴子，

谈判胜负手

早晨给每只猴子三个,晚上各给四个,众猴子都不高兴。于是老人改变了一下:早晨给每只猴子四个,晚上各给三个,众猴子皆大欢喜。

然而,人类这一自然界最高等级的动物,也有寓言中猴子般的心理。

晚清时期,曾国藩率领湘军与太平军作战,连连失败,伤亡惨重。当他在奏折写下"臣屡战屡败,请求处分"等字,又为必将受到皇帝加罪而焦虑。一个幕僚看了奏章,沉吟片刻说:"有办法了。"只见他提起笔来,将"屡战屡败"改为"屡败屡战"。曾国藩连连称妙,拍案叫绝。照此呈报上去,皇帝看了奏折,果然认为曾国藩忠心可勉,赞扬了一番。

老人每天喂猴子的橡子仍为每只猴子七个,数量并没有增加,但猴子对"朝三暮四"和"朝四暮三"的理解却不一样。

假如皇帝看见的是"屡战屡败"几字,肯定认为曾国藩无能统军作战,自然要要加罪;对"屡败屡战"的理解就明显不同了,认为曾国藩是百折不挠,斗志顽强的良将忠臣,当然要给予嘉奖了。

"朝三暮四"换成"朝四暮三","屡战屡败"换成"屡败屡战",猴子理解的重点在前,认为四比三多,皇帝理解的重点在后,认为虽败犹战。猴子与皇帝都接受了同等要素而不同组合的心理暗示,形成了多与少、功与罪相互变换的心理效应。

"心理暗示技巧"在谈判活动中常被运用。比如,你代表公司与某公司就某项合作协议进行谈判,不妨先听取对方的意见,尽量先提出并探讨对方关心的问题,或者先诚恳地关心对方的某些局部利益等。让对方感觉到你是在替其着想,对合作具有相当诚意,然后再谈己方的利益。这样比一开始就围绕自身利益进行谈判的效果会好得多。

总之,谈判时必须遵循暗示的基本规律。只有掌握暗示的基本技巧,才能成功地运用暗示这一心理战术,进而有效地发挥暗示含蓄、间接地影响谈判对手心理和行为的作用。

◆ 谈判的心理感染法

所谓感染，是以一定的方式，使谈判对手产生与自己相同或相似的情感，并产生心理上的共鸣。感染实际上是谈判对手之间情感信息的相互传递和传染。心理感染是和心理劝导、心理暗示既相似，又不完全相同的影响谈判对手心理和行为的有效方法。

1. 心理感染的特征

1）心理感染是传递情感信息

谈判时，谈判双方一定会有情感信息的沟通和交流，谈判双方无论是积极的，还是消极的情感信息都会感染对方。假如谈判双方见面后，一方对另一方表现非常冷淡，目光不对视，相见不抬头，相近不握手，怀有戒备和不信任心理，这就等于向对方传递了一种消极情感信息，这种消极情感同时也会感染对方。如果相反，双方见面后其中一方向另一方热情握手，互致问候，主动让座，敬烟敬茶，态度友好诚恳，尊重对方，话题活跃，口气轻松，心境愉快，并且带有幽默感。这就向对方传递了一种积极情感信息，同样也会引起对方的共鸣。

2）感染是情感的共鸣

正如上文所说，谈判双方，一方的积极情感会引起另一方的积极情感，而一方的消极情感同样也会引起另一方的消极情感，双方会产生情感上的共鸣。就是说，主动发出情感信息的一方，与被感染的对象的情感具有相同或相似的性质，双方的情感一般是同一而不是对立的。一方的良好心境，会引起另一方的良好心境；一方的不良心境，同样也会引起另一方的不良心境。

3）感染是自愿地接受性

一方发出的情感信息，另一方是自愿接受的，来不得半点强制性。一方的情感不能强加给对方，而对方也是不由自主地接受感染，并自愿地进入情感角色的。感染是一种普遍有效的人际影响现象，谈判者如果能自觉、有意识、有目的地把它运用到谈判过程的始终，一定能提高谈判的效果。

感染是影响谈判者心理的有效方法，这种方法如果运用得当，它能成为谈判者的有力武器，可以提高谈判效果。但要想用好这一武器，谈判者必须搞清楚影响感染效果的因素。

2. 影响感染效果的因素

1）感染者本身素质

感染者素质的高低是影响感染效果的重要因素。"谈判者素质"的概念外延很广，它既包括谈判者的知识、才能、品德，也包括谈判者的权力、地位、威望的了解。假如谈判者的知识渊博、才能出众、品德高尚，人们就会对他产生信任感和崇拜心理。如果谈判者是某一方面很权威的专家，处在一定的地位，有相当的权力，并善于果断地行使权力，那么他的言行就容易感染和影响对方。由于感染是"以情动情""以情传情"的心理现象，因此借自己的渊博知识、出众的才能和高尚的品德及其权力、地位、威望等，令对方产生信任感和崇敬心理，这种情感又能推动其他情绪、情感的产生，进而产生连带效应。

2）感染者和被感染者的关系

谈判双方之间的关系包括谈判双方的认知关系和情感关系。认知关系是指参加谈判的其中一方对另一方的人和事带有评价意义的理解和说明。假如一方对另一方的人格和行为做出积极的评价，他们的人格力量和行为便会强烈地感染对方；如果做出消极的评价，就会失去其感染力。情感关系则是指谈判双方的相互情感体验。如果谈判双方互相都能产生一种深刻而友好的情感，即是一种积极的情感体验，相互间容易受到积极的感染；而假如谈判双方相互间感情淡漠，或情绪严重对立，一方发出的情感信息，另一方就会拒绝接受。

3）被感染者本身的因素

我们这里把被动接受感染的谈判一方视为被感染者。影响感染效果的因素也包含来自被感染者本身的因素。被感染者的性格特征对感染效果也会有影响，被感染者的性格特征不同，接受感染的效果就会不同。具备情绪、情感型性格特征的谈判者，他们的心理和行为易受情绪的左右和干扰，所以他们容易被感染；而理智型性格的谈判者，遇事冷静，惯于用理智去判断是非，所以，他不太容易被感染。性格内向的谈判者易受消极情绪的感染；而性格外向的谈判者则不管是消极或积极的情绪都容易受到感染。

此外，从谈判者的角色特征看，一般说来女性谈判者比男性更容易受到感染；年轻谈判者比中、老年谈判者更容易受到感染。

从谈判小组特征看，假如谈判小组凝聚力高，民主气氛好，团结一致，情绪高涨，并且有坚定的信念，则不但不容易接受谈判对手的感染和影响，反而会影响和感染谈判对手；与此相反，假如谈判小组缺乏内聚力，比较松散，缺乏民主气氛，成员情绪低落，信念不坚定，则较易受到谈判对手的感染和影响。

从谈判双方的心理差异来看，如果谈判双方有着共同的兴趣（如都对同一个谈判议题感兴趣）、相同的态度（都想通过双方的努力达成某种协议）、共同的目标（通过谈判实现各自的利益，满足各自的需要）等，就容易接受共同积极情绪的感染和影响。相反，假如谈判双方在态度、目标、需要、利益等方面都存在着对立矛盾，特别是双方存在着严重的价值取向冲突时，就不易受到对方的感染和影响。

由此可见，攻心战术在谈判中发挥的效果，其中既有谈判者本身的因素，也有谈判对手的问题，还会受到谈判对手双方关系的影响。要想提高这一心理战术的运用效果，就要提高感染者本身的素质，同时还要认清被感染对象的不同人格特征，并不断协调双方的关系。只有这样，才能有效地发挥这种心理战术的作用。

弹性谈判，减少冲突

在商务谈判中，不管你多么仔细了解对方的利益所在，不管你契合双方利益的方式多么巧妙，也不管你多么重视与对方的关系，你仍然很难摆脱双方利益发生冲突的这一事实。

◆ 关心立场背后的利益

多数情况下，谈判双方的利益是互相矛盾的，因而其立场也往往是对立的。谈判人员坚持某种立场的目的，就是为了保护自己的某种利益不受损失，或者是为了争取得到更多的利益。

既然如此，那为何形形色色的谈判都能取得圆满成功？1978年，以色列与埃及在戴维营的谈判能突破多年来的僵局很好地说明了这个问题，它说明重视立场背后利益的重要性。

美国前总统卡特为了调停以埃冲突，成立了一个特别小组，专门负责研究和制定适合于卡特总统采用的调停方法和措施，即着重调和双方的利益，而不是调和双方的立场。这种做法之所以有效有如下两个原因：

首先，任何一种利益通常都有多种满足的方式。例如，以色列宣布要占有西奈半岛的某些地方；但是，当双方超越对方的立场，去寻找使其一方坚持这种立场的目的时，往往就能找到既符合此方的利益，又符合彼方利益的替代性立场。当时在西奈半岛划定非军事区，就是一种替代性立场。

其次，在双方对立立场的背后，彼此存在着共同利益和对立性利益。而双方的共同利益往往大于对立性利益。

例如，某房客与房东的关系。按租约规定，室内原有设备如不是故意损坏的，应由房东负责修理、更换。有一天，房客发现屋子里的电暖气坏了，房间里很冷，于是便去找房东要求更换，但房东推说没有钱买新的更换。拖了一段时间，房东仍不肯让步。迫于无奈，房客找到房东说："我今天来通知你，我下个星期将搬出你这儿，你必须在下周一前，把我所预交的三年租金如数退还。如果你下周一前不退钱，我将采取其他方式迫使你退。"房东心想，预收的租金已经用在盖楼房上面了，退不了租金就可能被告到法庭上去。最终房东做了让步，更换了电暖气，使问题得到解决。

这一问题之所以能得到解决，是由于在他们对立的立场背后，既存在着冲突性利益，又存在着共同的利益。双方的共同利益是：

（1）双方都希望稳定。房东希望有一个长久房客，房客希望有一个长久住所。

（2）双方都希望房子能得到良好的维护。房客希望住条件好的房子，房东希望提高房子的价值和保持好的名声。

（3）双方都希望与对方搞好关系。

他们之间的冲突性利益则体现在：

（1）房客因为太冷，要求房东修理或更换电暖气；房东则不愿意负担修理或更换费用。

（2）房客要房东退回预交的租金；房东已把钱挪作他用，不能马上拿出这笔钱。

（3）房客声称要"采取其他方式"迫使房东退钱；房东则不愿把事情闹大。

双方在权衡了这些共同利益和冲突性利益之后，更换电暖气的问题就容易解决了。由此可见，重要的是衡量双方的利益，而不是在立场上相互争执。当然，在谈判中如何做到这点，并不是件容易的事情。立场也许是具体而明确的，但隐藏在立场后面的利益，却可能并不那么明朗具体，甚至可能是极不一致的。不过大多数在立场上讨价还价的人，在表明自己的立场的同时，都会给出为何坚持这种立场的解释，这也许能对我们越过立场审视其利益有一定的帮助。假如你希望对方能考虑你的利益，你也必须向他们做出解释。如果两位谈判者都强烈追求自己的利益，常常可以激发自己的创造性思维，从而探讨出对彼此有利的解决方案。

人们在谈判中为什么总是死死坚持自己的立场？其原因有两个方面：第一是由于人们常常围绕单一的内容进行谈判。例如，领土的分割，汽车的售价，租约的期限或销售佣金的数额等。第二是由于人们有时会遇到的非此即彼的选择。例如，在离婚谈判中，房子归谁？孩子归谁？这种选择要么对你有利，要么于对方有利。因而，某一方可能只把眼光盯在是输或是赢上面了，即使己方赢了也会因担心对方愤愤不平而心里不安。

但有一种方法能把一块"大饼"分割得让双方都满意。这种方法就是在分割"大饼"之前，先把"大饼"做大，即提出相互都受益的选择方案。由一个人切饼，另一个人先挑了，就是做分配"大饼"的好办法。埃以西奈半岛的谈判就很好地说明了这个问题。正是有了把西奈半岛非军事化这样一个创造性的方案，才得以打破10多年的谈判僵局。可以说，在谈判双方彼此表明的立场之间，存在着多种对彼此有益的选择方案。但谈判者却很少能够意识到这一点。

在大多数谈判中，有4个方面的因素阻碍了大量可选择方案的产生：

1. 不成熟的判断

即不经过深思熟虑，就贸然断定某种办法可行还是不可行。尤其是当你处于谈判的压力之下时，担心提出某种方案会影响到双方关系，从而影响到实际收益，或者担心会暴露出某些影响你谈判立场的信息。这种"批判意识"可能并不切合实际，还会妨碍提出创造性方案能力的发挥。

2. 只寻求一种答案

有些谈判者并没认识到"构思可选择方案"是谈判组成的一部分。他们认为自己的工作仅是设法缩短双方立场上的差距，而不是增加各种可能的选择方案。有时还会想我们好不容易才达到目前协议的程度，因此，非到万不得已，不得节外生枝。他们担心构思多种选择方案，会打乱目前状况和拖长谈判时间。实际上，一开始就只想得到唯一的最佳答案，往往使得一个更佳的决定过程发生"短路"，因而丢失许多可能的选择方案。

3. 固定的分配模式

即双方把谈判看成是分一个固定的饼，你拿得多，我就拿得少，把分配模式固定化了，这是创造性解决问题的第三个障碍。如果从寻找对彼此都有利的解决方法入手，就可以发展成互利关系，满足双方的利益。例如，可以通过确认双方的共同利益，利用彼此在利益上、认识上、对问题的预测上、在对时间于谈判作用不同的讨价上以及在对谈判风险的估计上等不同方面的差异，而达成"各得其所"的协议。

4. 认为"他们自己的问题他们自己解决"

要充分认识到，为了完成符合自身利益的协议，必须同时提出符合对方利益的解决方案，是非常重要的。一旦双方中任何一方由于某一问题引发出情绪反应，都会使他无法理智地思考能满足对方利益的解决方案，只是认为我们自己的事就够烦了的，他们的问题应该由他们自己去解决。此外，还存在一种常见的心理障碍，认为去思考如何满足对方的利益，似乎是一种不忠诚于自己的行为。这种眼光短浅的自我关切，常常导致谈判前只顾坚守自己的立场，只想达成对己方有利的协议，这是提出可选择方案的最后一个障碍。

为了提出创造性的选择方案，不仅需要纠正上述不正确的思想认识，而且还要注意做到以下两点：

第一，构思多种选择方案。要在关键时刻拿出意见和办法来，必须事先做多种构思，或尽可能多地收集各种解决问题的创造性意见。条件不同，方式也可有所不同。首先要做到自己有多种构思，这时可以根据双方的主客观情况认真地进行分析，因为没有对方在场，所以不必顾虑自己的想法多么愚蠢或多么离谱。由于每个人的创新能力都会受到自身工作环境和知识结构的限制，所以假如能做到"共同构思"效果会更好。

在谈判中与你的对手共同构思，遇到的情况可能会十分复杂。因为这时你可能会说出与己方的利益背道而驰的话；或可能泄露秘密；也可能使对方弄错了你的本意。所以，要把这个过程与谈判过程明确划清界限。为了不使对方把你的设想视为要他做出承诺，你可以一次至少提两个方案，而其中一个是与你的本意相悖的方案。

第二，选择出可行方案。在已提出各种选择方案的基础上，判断多种方案的优劣，筛选出可行性方案。这里介绍一种依据构思方案过程进行筛选的方法。

构思选择方案有4种连贯的思考形态。第一种思考是考虑特殊的问题。如，目前谈判中存在什么问题，有哪些你不希望出现的事实？第二种思考是描述性分析，即从一般的角度去分析现实情况，把问题进行归纳分类，并试图找出它们的原因。第三种思考则是考虑采取什么样的行动。经过分析判断之后，从理论角度去探求解决办法，研究各种行动构想。第四种思考是研究特定的而又可行的行动方案。将以上四种思考形态动态化，就变成一种构思过程中的四个步骤，如图4-1所示。

```
步骤1        步骤2
问题    →    分析
 ↑            ↓
步骤4   ←    步骤3
行动方案      研究
```

图4-1 构思过程示意

如果能保证每个步骤都能顺利进行，则运用这种方式拟定的特定行为方案，就是可行性方案。在得出了某一可行性方案之后，据此可以按路线进一步推出获得这一方案的理论依据，然而再利用这一理论依据推出其他的选择方案。当然也可以先从步骤4构思行动方案开始，然后再探求隐藏在背后的理论根据。

方案是否可行，最终要接受实践的检验，即要看对方是否同意接受这一方案。所以，构思可行的选择方案，不能只狭隘地关注自身的利益，同时也要关切对方的利益和要求。

◆ 客观标准是解决利益冲突的好途径

我国住房制度改革前，在住房分配调整方案的讨论中，谁都想扩大自己的住房面积，因而争论总是十分激烈。老职工希望把本企业工龄等作为因素考虑进去，新调入职工则认为，在哪个单位都是为四化建设做贡献，把本企业工龄当作一个分房条件是不合理的。如果照这样争论下去，无论争论多久，问题也不会得到解决。房子就那么多，而双方又都坚持自己的立场，只希望对方让步，若按少数服从多数意见的话，新调入职工心中始终会愤愤不平，不利于开展工作。

可见，不管你多么了解对方的利益所在，不管你契合双方利益的方法多么巧妙，也不管你多么重视与对方的关系，你仍然摆脱不了双方利益冲突的这一事实。

其实解决双方利益矛盾的较好途径，是坚持使用客观标准。这种方式可以促使双方根据原则，而不是根据压力进行谈判，即把注意力集中在价值上,而不是双方的耐力上。在住房分配问题上流行的分配方案,不仅考虑工龄因素,同时也考虑本企业工龄因素,只不过工龄和本企业工龄的权重(重视程度)不同而已。这样就照顾到了双方的需求,根据双方贡献的大小(价值),而不是根据多数压倒少数的原则来进行的,从而使问题可以得到圆满解决。

坚持使用客观标准的好处还有一个例子。在一次国际海洋法会议中,印度代表第三世界国家提出一个建议,要求进行深海勘探矿源的公司,每开发一个勘探区就要缴初期费用6000美元,美国坚决反对这项建议,认为不应该有什么初期费用。双方坚持各自的立场不放,于是,这件事成为了一场意志力的较量。后来有位代表发现了麻省理工学院(MIT)的一套关于深海采矿的经济学模式。这一后来被各方均认为具有客观性的模式,其各种收费建议案对勘探的影响提供了一种客观评价方式。当印度代表询问他的建议将造成何种影响时,该模式显示印度建议的收费额将对采矿公司造成相当大的影响,即公司缴费之后才能取得采矿收入,因而将无法正常运营。印度代表深有感触,因而宣布重新考虑自己的立场;另一方面,MIT模式也给美国代表上了一课,因他们的参考资料大都是采矿公司提供的,具有片面性。该模式表明,适当的初期收费在经济上是可行的。结果美国也改变了己方的立场。MIT模式增加了双方达成协议的机会,它既能吸引采矿公司进行勘探,又能为世界各国开辟财源。正是由于有了这样一个"客观"模式,因而能较公正地评价各种建议所可能造成的后果,从而达成各方都认为公平的初步协议,并加强了谈判各方之间的关系。

从上述例子中可以看出,所谓客观标准,应该具有公平性,有效性和科学性三个特点。具体说,它应该符合以下三个条件:

(1)应该独立于各方主观意志之外,这样对标准的看法方可以不受情绪变动的影响。

(2)具有合法性和切合实际。例如,在国土疆界的争端中,往往都是根据某些显著的自然特征,例如以河流作为界线,这样做比规定距离河岸200米处作为界线更符合实际。

(3)客观标准在理论上至少适用于双方,像MIT经济学模式那样。你可以通过评测它实际应用的情形,来了解它是不是公平和独立于各方主观意志之外的。

◆ 关注对手的利益

最简单的方法,就是使自己站在对方的立场,审视对方的主张与立场,然后反问自己:"为什么"。例如,你的房东要和你签订5年的租约,可是,为什么房租要每年调整一次呢?理由是容易猜到的,就是为了弥补因物价上涨所造成的货币贬值。

当然你也可以直接问房东那样做的原因,不过,你要明显地让房东了解你的目的,并非同意他的立场,而是为了主动了解他的需要、渴望或担心。你可以直接问:"先生,你想和我订立5年以上的租约,最根本的原因到底是什么呢?"

◆ 探寻对手的意图

要探索对方的利益,最有效的方法就是先界定对方对你的要求所了解的程序,然后,再扪心自问:为什么对方不同意?你的要求对对方的利益有怎样的影响?在你想改变对方的想法时,就应以推测对手目前的心境或想法为出发点。

在推测对手目前的想法时,首先要问自己:"我到底想要影响他哪一项决定?"然后要掌握对方认为你现在想要求他做的哪一项决定。如果你对此毫无思想准备,对方就不能明白你的要求。或许,就是因为这个原因,对方才无法做出你所期望的决定。其次,要从对手的角度去分析对方赞成或反对你要求的决定;把这些决定排列记录下来,对你将很有助益。

以下是探寻对于意图应考虑的一些问题。

对自身利益的影响:

(1)丧失或得到政治上的支持?

(2)同事会批评或称赞我?

对团体利益的影响：

（1）目前的影响如何？长期的影响又如何？

（2）经济上（政治上、法律上、军事上等）的影响？

（3）对于外界支持者和舆论的影响如何？

（4）会成为好的或坏的先例？

（5）做出这样的决定之后，会阻碍实施更好的策略吗？

（6）行动和自己的主张是否一致，是正确的判断吗？

（7）需不需要现在就下结论？

在考虑上面各种问题的过程中，很难保证毫无错误或毫无缺点。事实上，决策者不可能将正反两面的相关问题做周全的推测与评估。上面的问题，是为我们所做的选择和判断进行评估与追踪考察所用，并非在做数学演算，所以很难达到完全精确无误。

◆ 寻找双方利益的共同点

为调和双方的各种利益，应该在它们即将出现，或具备实现条件的时候，积极寻找并促成实现，这样做不仅可以使己方获利，而且还可以使对方因此获利，这就是人们所说得"双赢"结局。在寻找利益的共同点时，可能会产生比原先预计要好得多的效果。

平定西汉末年混乱局面的刘秀，因战事进展不顺颇为悲观，对身边的邓禹说："天下如此辽阔，如今我只平定了其中的一小部分，要等到哪一天才能完全平定呢？"邓禹说："的确，如今天下群雄纷起，战乱不已，前途难测。但是万民都盼望明君出现，自古以来兴亡在仁德的厚薄，而不在土地的大小，请不要心存悲观，只要抱着王者之德就可以了。"

半个月之后，刘秀击败称为铜马的对方军队，对这些投降的将领，刘秀不但以德相待，并且封为诸侯。但是降将反不敢相信，心中充满疑惑和排斥感。刘秀得知此一情况后，就让降将各自回营，统率旧属，他一个人时常单骑往来巡视军营。此时降将若想杀刘秀则是一件轻而易举的事，但众将都为此感动，异口同声说："刘秀赤诚待人，真是一位度量宽宏，德行高超的贤者。怀疑这个人真应该感到惭愧，万死不足惜。"

从此以后，这些降将都成为刘秀忠诚的部属，刘秀因此兵强马壮。

刘秀军队继续向前推进，大军到中山一带时，众将提出以天子的尊号拥戴刘秀，但刘秀不肯接受。军队进击到南平棘时，部下又推崇刘秀为天子，刘秀仍然不肯接受。这时名将寇恂也和众将一起同声进言："将士们抛弃亲情、骨肉、土地，跟随君主奔走，不外乎希望君主能掌握天下，将士各遂其志。如果君主一再逆众望，那么将士都要离散了。"连温顺敦厚的冯异也附和寇恂："希望君主能从众议。"

这时有一位叫强华的儒生从长安奔来，手中拿着"刘秀是真天子"的预测语。刘秀趁势顺应众意称帝，成为东汉的第一位皇帝，即汉光武帝。

皇帝在中国历史上是最高权力的象征，是统治者集团最高利益的体现。天下大乱之时，也就是各种利益进行再分配之机，依附于各集团的人们，都希望其所投靠的集团获胜，希望集团的领袖登上皇帝的宝座，自己也能受封领赏，福及子孙。当然，他们在投靠附依之时，也要择木而栖，这就要求集团首领具备吸引天下俊杰的"德才"，所谓"得人心者得天下"就在于此。刘秀对降将降卒的姿态，正是以德换心、以诚心换取众心的攻心术。

从谈判的角度看，刘秀代表组织及主体，降将降卒则是客体，主客体之间既有内部各自利益，又有外部共同利益。以诚心相待，扩大了刘秀的可信度、美誉度，产生了以主体为核心的凝聚力，达到一致拥戴且非为皇帝不可的地步。刘秀真的愿意放弃自己的利益不想当皇帝吗？那只不过是一种"诚"的谋略罢了。

◆ 利益的巧妙描述

假如你有严重的胃溃疡，但却告诉医生你只有轻微的胃痛，也许你就会得不到及时的治疗。有关切身的利益，应该正当而明确地使对方了解，这既是你的权利，也是你的义务。

原则之一，就是将利益描述具体化。能够具体而详细地表明实情，不但会使你的描述得到别人的信任，而且还会使对方产生一种压力。

如一居委会的主任与一个在邻边工地施工的工头说："上个星期，你们的卡车连续三次差点撞到小孩；星期二早上8点半左右，你们那辆装水泥的卡车像风一样朝北方急驶，如果当时不是李先生的儿子机灵，就会撞倒他。"

这种说法很强硬地指出对方不正当的态度，但是同时没有忽视对方的利益。只要你的语气不影射对方的利益是不合理的，你大可以强调自己关切的事情的严重性。当你在提出自己的利益时，可以向对方表示："请随时惠予指教。"这句话充分表现出你心胸豁达，如果对方并没有提出纠正或修改方案，那就等于他已默认了你对事情的叙述。

要让对方对你的利益产生印象，就必须建立这些利益的正当性，你必须让对方了解你的目的并非在攻击他的为人，同时，也应让对方了解你所面临的问题，请他加以留意。如果能使对方站在和你同一个立场，他就会产生和你相同的感觉，例如，"你有小孩子吗？如果在你住的小区里，而常常有开得飞快的卡车在急驶，你有什么感觉？"

◆ "要求"在后，"问题"先行

假如你对工头这样说："在48小时以内，你务必将施工现场围拦起来；工程一旦开始，当卡车通过小区时，必须把时速限制在30公里以下，因为……"

当你说到这里时，很可能对方就不愿意继续听你说下去，因为他觉得你的说辞是"冲"他而来的；而且，他正在心中盘算着要怎样反驳你，因为他认为你的口吻和提议本身都是"冲"人而来。结果，你的主张将被拒绝接受。

要让对方听你说明理由，并让他了解你的主张时，首先应表达自己的关心及其根据，把结论和提案缓一缓然后再谈。因此，先对建设公司说明工程对儿童的影响是非常危险的，而且噪声可能太吵，会影响邻居的安宁，并引起众怒。这样一来，对方就会认真地听你的提案，至少，为了解你的要求到底是什么，他也会认真地倾听。所以，你如果先说明理由，然后再提出要求的话，他就能了解你的理由。

◆ 前瞻未来

我们常常不愿意去了解对方的言行，而情愿只是单纯地、直接地做出反应。以谈判和讨论为例，其目的往往并非想去了解对方，因此，表面看来，双方像是在某种问题上的意见不同，为求协调而争论不休。实际上，讨论可能仅仅只是一种形式，甚至是一种消遣；谈判的双方，只是以驳倒对方为目的，或是努力收集那些自己不想改变主张的证据；双方都不想达成协议，而且也不愿放弃或改变自己的意见。

假如我们问当事者何以争论不休，他们的答案往往只能说出原因，而无法提出目的。一旦有了争论，无论是夫妻之间、劳资之间，或同事之间，往往不求长远利益，只是对对方的言行采取反应。例如，"我才不吃他这一套！他以为这样做，我就会顺从，那就大错特错了，走着瞧吧！"

这种情形可以有两种解释：一种就是回溯过去，总结原因，认为今后的行动是由以前某种原因决定的；另一种就是瞻望未来，确定目的，认为今后的行动都是由自由意志所决定的。为决定如何行动，我们暂且不做自由意志论或决定论等哲学角度上的争论，认定以自由意志来行动，或认为虽然是根据自由意志来行动，但事实早已被决定了。无论哪一种想法，我们都必须作决定。也就是说我们既可以回溯过去，又可以眺望未来。

与其回溯过去，倒不如瞻望未来，因为这样较能满足自己或双方的利益。讨论上一期的成本过高、上周无授权的行动，或者前天的业绩比预期的差；还不如讨论将来的计划更有建设性。不要要求对方对他过去的言行做出解释，而应问"明天应该怎么做"方是正确的态度。

◆ 固守利益，弹性待人

在谈论自己的利益时，可以采用强硬的态度。谈判者在说明自己的立场时，也可以持强硬的态度。固执坚持立场是不明智的，但固守利益却是明智的。在谈判时，对自己的利益应当发挥攻击性；因为，对方可能只考虑他自己利益，对于可能达成协议的范围，往往以过于乐观的态度期待着。

最好的解决方法，就是在使对方损失减至最低限度的情况下，己方却能得到最大的利益。双方将自己的利益明确地表达出来，或强调各自的主张，常常可以激发新的创意，进而产生使彼此均得到利益和好处的解决方案。

建筑公司因为担心通货膨胀，也许会把关心的重点放在加快建设速度、降低成本、如期完工的价值与利益上。而你必须耐心地说服他们，坦诚地表达感情，使公司恢复既重视公司利益，也重视小孩子生命安全的平衡感。不要由于急于解决问题，而放弃将问题做正确的解释的努力。例如：

"我相信你绝不会认为我儿子的生命，比你工地的围栏便宜。当考虑到您自己孩子的安全时，我知道您就不会这么说了。张先生，我认为您不是一个冷酷的人。让我们一起来重视这个问题，好吗？"

但是，此时你必须留意对方，若认为他受到人身攻击，就会作自我保护，而不想再听你的主张。所以，你必须把当事者的人为因素和问题分开来讨论。不要进行人身攻击，应当针对问题；对问题严阵以待的同时，要保持支持对方的态度；就是以尊敬对方的态度去倾听对方的见解，并且礼貌地对对方所花的时间和精力表示感激。另外，还需强调满足对方的基本需要是你关心的事，而你所攻击的并非他个人，而是问题本身。

一种有效的方法，是用攻击问题的积极态度，来支持对方的人性的一面。乍看之下，攻击和支持的组合似乎是矛盾的；而且在心理学上说来，也的确是矛盾的；可是，这种矛盾，对问题的解决确实有所帮助。著名的心理学理论称之为"认知性不协调理论"，表示人都不喜欢有矛盾，且都有采取排除矛盾的行动意念。例如，居委会主任一面攻击在附近急驶的卡车的问题，同时积极支持对方公司的代表者，使对方心理产生认知的不协调；为了消除此种不协调，对方的代表不会把自己和问题分开转而协助你。

对问题采取强硬的立场，能够有效增强解决问题的压力。另一方面，从人性面支持对方个人，意味着改善双方的友好关系，增加达成协议或决议的可能。支持与攻击结合起来，才能够迈向谈判成功之路；若只选择其中一种，则很难会有结果。

为了自己的利益而采取强硬的态度，并非表示忽视了对方的见解与利益。只有将强硬的谈判态度和认真倾听对方提案的两种态度组合起来，才能够使你的谈判取得成功。

准备多个方案，尽量"双赢"

有两兄弟在为争夺一个苹果而吵架。最后，他们的妈妈出面，用刀分开，每人一半，他们才安静下来。也许你认为这种裁决很正确。但事实是5岁的弟弟吃了果肉，扔了苹果核；而8岁的哥哥扔了果肉，将果核种在院子里。

是什么原因，使多数的谈判都是各分半个苹果；而非一方得到全部果肉，一方得到所有果核？

如果你拟出了多种选择方案，这种"双输"的局面就迎刃而解了。

◆ 不要在一棵树上吊死

在谈判中，无法得到其他不同的选择方案的一个原因，就是当事人认为事态的本质是二选一，也就是认为争论的结果不是赢，就是输。谈判，常常被误认为是一场"固定金额"非输即赢的赛局。如果对方把车子的价格提高了100元，一方就认为自己吃亏了100元。并存在这样一种误解，面对所有的答案，已经毫无通融的余地，只有牺牲自己方能满足对方，何必再想其他的方案。实际上，有许多人就是这么执迷不悟的。

◆ 眼里不要只有自己

妨碍找出符合现实的方案的另一种障碍，就是当事人只关心自己眼前的利益。事实上，要使自己获得利益，必须要有让对方也得到利益的方案才可行。话虽如此，常人只惯用情绪与从自身利益出发来处理问题，无法去考虑适合双方利益的好方案，并采取客观的态度。

而且，心理上也倾向于拒绝承认对方想法的正当性。也就是说，不去思考使对方得到满足的方案。短视的、自我的、本位的态度，使得谈判者常常站在偏颇的立场，至多只能单方面、片面地解决问题。

◆ 构思是构思，决定是决定

随意做判断会影响思路的开阔性，因此，对创造性行为和批评性行为必须加以区分；也就是说，要把构想解决方案的过程和决定选择的过程分开。形象地说，构思是先决作业，决定为后动作业。但二者虽分开作业，程序上仍有连贯性。有了连贯性，才能得到满意的谈判结果。

谈判者要提出多种解决方案，并不是件容易的事，这表示你必须使自己头脑中不断产生新的构想才行。因此，同事或朋友之间，共同研究探讨或进行磋商会有很大的益处。经过这种训练之后，就能够有效地将构思和决定加以区分。

相互间进行磋商的目的，是为了解决当前的问题，尽量提出更多的构想。基本原则是禁止对初步构想予以批评或评价。进行磋商时，只能提出构想，不能批评好坏，或给予适不适合现实等评判。这样就会使构想引发更新构想，如同引燃一连串鞭炮似的，一切更切合实际的构想会逐渐迸发。

互相磋商时，不必担心自己的构想会被他人视为无聊荒唐的看法。与众不同的构想，只会使你更受欢迎；由于没有竞争的对手，因而也不必担心秘密情报会泄露，发言也不会受到约束。

相互磋商并没有限定方法；原则是因人而异，因事而变，灵活地按照自己的需求和条件去进行。

◆ 与对手一起"脑力风暴"

这种方式比和同伴进行磋商困难。和对方敞开思路，随意遐想，泄露自己的秘密情报，或是辛苦想出来的方案，可能遭到对方误解；但是，双方也容易产生兼顾彼此利益的好构想，也会产生共同解决问题的欲望，并且也增加了了解彼此利益的机会。

与对方进行集体无物无车的非正式探讨时，为保护己方的利益，应当把商讨过程与谈判过程界定清楚并加以分开。参加者多半已习惯于为了达成协议的目的而开会，所以，在进行磋商之前，应首先声明这种非正式商讨的目的。

为了防止自己的创意被误解为承诺，应当养成同时提出两种以上构想的习惯。例如，"如果你付我20万元现金，或是……我可以无条件把房屋送给你。"提出这种显然自己也无法接受的方案，对方当然也只会视为可能的提案，而不是正式的决议案。

记住，不论双方是否一起进行集体磋商，都必须把构思选择方案的行为与提出结论的行为分开。讨论选择的方案和坚持的立场迥然不同，双方的立场可能会相互冲突，但是讨论选择方案却往往会带来更多可供选择的方案。另外，所使用的语言也不尽相同，选择方案只是提案，并不是一种决议案，所以它并不被固定化。例如，

"这也是一种方案，此外，还有什么方案呢？"

"我们再考虑看看，如果我们同意这个方案，结果会怎么样呢？"

"我们以这种方式进行好吗？"

"如果选择这种方案，是否会有任何不便？"

给你一个谈判前的建议，在做出决定之前尽可能多想几个解决方案。

◆ 透过专家的眼睛

要构想出多种解决方案的另一方法，就是从各行业和不同专家的立场、角度去探讨问题。

为解决孩子的监护权问题，可假想自己是教育家、银行家、精神病科医师、民事律师、食品营养专家、医生、女性解放运动者、保姆等，以这些专家的立场去探讨问题。

在谈判的时候，可以以银行家、发明家、工会主席、房地产投机者、股票经纪人、经济学者、会计师或社会工作者的眼光，去构思各种可供选择的方案。

站在各种专家的立场去探讨、解决问题，必须仔细斟酌各类专家的分析与判断，以及提示的解决方案与普通原则。然后再从中构想符合实际的可行方案。

◆ 退而求其次

如果难以达成期待的协议，可以先提出低标准或低层次的方案，以增

加能够达成协议的方案数目。假如在实质、内容方面无法协商，那么也许在程序、手续方面可以协商。例如，受损皮鞋的运费到底要由哪一方负责呢？鞋厂与批发商之间无法达成一致，但是若通过第三者，或许这一个问题便可获得解决了。

同样，合同若无法维持下去，或许双方可以同意签订临时性的协议书。重要的问题（第一层次）无法达成协议，次要的问题（第二层次）或许不难取得协调。也就是说，对于意见不一致很难达成协议之处，至少双方当事者都明白争议的焦点是什么。有时是因为双方都无法真正掌握问题的关键与争执的主旨，所以谈判才会无法进展。表4-1所列举的对应词汇，表示要求标准与层次不同各种协议。

表4-1

高标准协议	低标准协议
1. 实质、内容方面的	1. 程序、手续方面的
2. 永久性的	2. 暂时性的
3. 全面的	3. 部分的
4. 最终的	4. 原则的
5. 绝对的	5. 附带条件的
6. 有约束力的	6. 无约束力的
7. 最优先的（第一层次）	7. 其次的（第二层次）

◆ "双赢"方案

积极解决问题的障碍之一，就是误以为彼此所要求的利益是固定的，认为对方所得愈少，你得到的就愈多。然而，实际情形并非如此。因为，如果谈判结果不理想的话，将来双方的情况比现在更糟。

除了都想避免"各自损失"的共同心理外，大多数情况下，彼此都希望"各有所获"，并能维护共同利益的存在。有时必须采取维护双方友好关系的方案，有时却必须采取维护双方各自利益关系的方案，有时必须采取双方互利的新方案，只有这样才能使双方当事人都感到满足。

记住：谈判，不纯粹是零比零的结局，有时它会以感情与关系为主导，而有时它则以利益把关。

坚守自己的原则

一项正当性的标准,并不会否定另一方的正当性标准。因此,虽然我们提出必须以客观标准为基础进行协商,但并不意味只以单方面提出的标准做基础。

◆ 敞开理性之门

假设某份建设工程的承包合约书条文规定了打地基要用钢筋水泥,但却未注明深度,承包商主张用二尺深,但你却认为高品质的住宅地基应当有五尺深才合乎标准。所以,如果承包商说:"我们已经同意屋顶采用钢梁,你们也应该让步,同意地基做浅一点儿吧!"这种情况下,有常识的发包人是绝不会让步的。但此时,你不应该采取立场式或讨价还价的方式来进行谈判,而是要援引客观的标准来谨慎处理。

因此,你可以这样回答:"也许是我错了,可能其他建筑有二尺的地基,但是不管二尺或五尺,我只希望你们建造的地基能支撑的这栋漂亮建筑物,它的防震力能合乎国家的规定或建筑安全标准吗?难道就没有适用的法定标准?这个地区其他建筑的地基通常有多深?耐震性如何?我们一起来找出解决问题的标准好吗?"

签订公正的合约和建造有坚固地基的建筑物同样困难。如果客观的建筑标准能使建筑商和发包人的谈判顺利进行,那么,商业谈判、法律的谈判和国际的谈判,也可以用客观的标准来进行。在贸易谈判时,卖主不要过于坚持自己的金额,可以按照市场价格、成本价格、竞争价格等客观标准来决定要价。更明白一点地说,不要屈服于压力或销售者强硬的要求,而应以客观、固定的原则来寻求解决问题的方法。不要受当事人的感情或势力所影响与支配，应当注意问题本身的性质与客观的标准。为达到这一目的，应尽量接受合理的标准；把注意力放在问题的实质上，而不是彼此的耐力上；敞开理性之门，关闭感情或威胁之窗。

◆ 巧妙的"分蛋糕法"

为了产生一项独立的、不受主观意志力左右的谈判结果，你既可以运用公平的标准去处理实质的问题，又可以使用公平的程序去化解双方利益的对立。有一个不至于引起纷争的典型方法，就是让甲方持刀把蛋糕切成两份，然后由乙方优先选取。

这个简单的程序，曾被运用于复杂的海洋法会议的谈判中。如何分配深海开采区？这个问题曾使谈判一度陷入僵局。在协议方案的条款中，同意开采区的一半由私人企业开采，而剩余的一半则由联合国所属的开采团开采。由于富裕国家的私人企业具备了选择良好采掘区的技术和专业知识，所以，穷困国家无不担心联合国的采掘团也许只能得到令他们吃亏的采掘区。

此时采取的解决方案，就是由私人企业提出两个开采区，然后让联合国开采团优先选择，剩下的自然就是私人企业的开采区。结果，争议就以这种单纯的程序顺利解决了。不但双方均受其利，也发挥了私人企业的科学技术优势。

"一个人切蛋糕，另一人先选择的方式，"假如加以推演，它的变化程序就是当事人在决定担任何种角色（持刀或选择）之前，首先对彼此均认为公平的提案或安排进行谈判。比如，有关离婚的谈判，可以在决定小孩的监护权之前，先商议探视权，这样，双方就能够去认真思考公平、合理的探视权。

当你考虑这种程序性的解决方案时，也可以尝试寻求其他解决分歧的办法，例如，轮流、抽签、或由第三者仲裁。

在遗产无法分配的情况下，轮流保管不失为一种变通的处理方式。日后，如果继承人之间乐意的话，仍可以互相交替保管；又或者，把分配视为暂时性的，试行一段时间再做最后决定。以抽签或掷硬币的方法来决定，也是一个公道的方法，虽然结果未免公平，但此方法的本质是均等的，因为至少每个人的机会是均等的。

在共同决定时，可以让第三者扮演仲裁与关键性的角色，这也是被经常采用的程序性解决方法。有关这类的方法很多，例如，为了某个特定问题，双方可以请专家发表意见或做决定，或者也可以请仲裁者做裁决，或者交由裁判，做出具有约束力或权威性的裁定；把解决不了的问题，委托给有权限的仲裁人，却也不失为上策。

职业球队在解决待遇问题，而呈现出对立之时，可以采用"最终最佳的仲裁"来解决争执，也就是让这种方式产生一种自然压力，迫使双方当事者提出尽可能妥善的方案。美国有些州在公务员发生纠纷时，就使用这种调停方式，确实比一般的方法更成功。但是，不想和解的某一方，有时也会因此而让仲裁者在两种极端的解决方案中，做出令人不悦的选择。

◆ 小心原则谈判法的误区

在准备了几个客观标准后，要使谈判成为共同寻求最终协议的关键，就是要具有大度的胸襟和弹性的态度。大多数人在谈判开始时，为巩固自己的立场，会援引先例或其他客观的标准，可是，这种引用标准的方法，可能会使谈判陷入立场的泥淖中。

更严重的错误是，谈判刚开始，便公开表示自己的立场是原则性的问题，不可能有所改变，并拒绝考虑对方的提议，盛气凌人的口头禅是："这是原则问题"，因而使得谈判转变为观念之争，意识形态之战；进而使具体层面的差异偏向为原则上的分歧，不但不能使谈判双方自由发言，反而冷却了谈判的活力。

在此必须强调的是，一流的原则谈判法绝不是上述的这种方式。虽然，我们提出必须以客观标准为基础进行协商，但并不意味只以单方面提出的标准作基础。一项正当性的标准，并不会否定另一方的正当性标准。公平的观念因人而异，对手认为公平，你却不一定认为公平，所以，谈判的当事人应该像法官一样去处理问题。即使你的想法偏向一方（也就是倾向自己这方），仍应当倾听另一方提出的其他标准或不同标准的理由。

假如双方都提出不同的标准，那就必须以客观作为取舍的标准。比如，可以用过去惯用的一种标准，或一种较为普遍的标准作为参考。实质问题的解决，不能依靠双方意志力之争，同时，要选择哪一种标准作决定，也不应受到意志力的影响。

有些问题会具有引起不同结果的两种标准，但双方都认为这两种标准具有正确性。此时，根据这两种不同的客观标准所提出的折中方案也是正确的，因以这种标准所产生的协议案，仍然没有受到意志力的左右。

但是，若是将双方提案（客观标准）的优点都讨论完毕之后，仍然无法赞同对方提出的标准是最优秀时，可以建议对提案进行评鉴。首先，由双方协商后请来一位公正的第三者，然后把所有的标准列举出来，由这位第三者从中选出一种最公正、最恰当的标准。因为客观的标准是正确的，而且正确的标准也必须是多数人所支持的，所以，请第三者来选订一种标准的做法也是极为公正的。但是，请第三者并不是来解决实质争执的，而是请他提出该采用何种标准的建议的。

"寻找合适的标准、原则以解决争端"和"只是借着标准、原则来支持立场"，两者之间的差距有时虽然很微妙，但也是很严格的。原则型谈判者会仔细倾听对方，对有关问题实质的理性阐述，并且坦诚地依据客观标准寻求解决的方案。只有这样，才能够使原则谈判法具有说服力，而且效果显著。

◆ 压力面前不变色

在本节开始举的例子中，假如建设承包商表示愿意为你的侄子在他的公司中安插职位，借此希望你放弃对地基深度的坚持，此时你会如何处理呢？你也许会说："我侄子的就职问题，与建楼的地基深度及安全问题没有任何关系。"但是，假若承包商威胁："那么我除了提高工程费用之外，没有别的法子了！"这时，你可以回答："关于这个问题，可以按照程序来解决，我先调查其他承包商在承包这项工程时要求多少钱？"或者回答："请你告诉我建筑的成本价，我们根据这个价格来计算合理的利润好不好？"假如承包商说："这点上你尽可以信赖我！"那么你就回答："这不是信不信赖的问题，我们的问题是要保证房屋的安全，究竟地基的深度要多少才够安全呢？"

这类的压力有多种形态，如：贿赂、威胁、以信赖感为借口欺骗对方、拒绝让步等。应付这种压力的对策就是让对方说明理由，提出你认为合适的客观标准，而且坚持如不根据这一标准就无法让步。

这就是不屈服于压力，只依据原则和客观标准的谈判方式。

那么，哪一方会比较占优势呢？其实，哪一种场合对哪一边较有利也很难断言，因为，原则谈判法除了坚持意志力即客观标准之外，同时还具有客观标准的正确性，以及合乎逻辑的说服力，对付没有任何根据却要求你让步的对手，比根据客观标准来逼你的对手，要来得容易。如果对方没有正当理由，在他未提出公正的提案之前，采取拒不让步的谈判态度，无论与公、与私都是较为有利的。

一般来说，程序上的谈判，还对正确客观的谈判者较有利。也就是说，你随时可以将"立场的争执"，引导或改变为"客观标准"的寻求。从各种角度看来原则性谈判，确实比立场性的谈判更为优越。

坚持依据事实和客观标准从事谈判的人，若想增强说服力，最佳的方法不是施加压力，而是要动用"探照灯"，引导提案所根据的事实、客观标准和原则，向着"双方互益"的灯塔迈进。

容易因立场性争执而屈服于对方压力的人，更应当进行原则性的谈判，才不至于迷失自己的方向，也才能够保持客观公正的态度。原则与标准，不仅是阻拦意志屈服于压力的强有力的武器，同时还是谈判时出击的刀剑，更是"正义就是力量"的最佳注解。

如果对方寸步不让，也不肯提出具有说服力的标准支持其主张，这时，舵手若仍不改变航线，那么，谈判之舟必将触礁。这种情形，就好比过去到国营商店购物一样，你同意商店的标价就买，不同意就走——只有两条路。在谈判桌上，不要随意放弃协议。要仔细分析当时的局面是否忽略了能支持对方主张的客观标准，如果能找到此种标准，则应以此为基础来订立协议；比就此放弃机会更有利时，就应该订立协议。屈服于无理的主张，要付出过高的代价；但是若能找出客观的标准，那就不是屈服于对方。

如果对方全然没有让步的意思，而你也没有找到同意对方的依据，此时，不妨在找到最好的代替方案前，先预估如果同意对方不合理的主张，你能从中得到什么，失去什么？并权衡得失后，弄清让步所能获得的实质利益，与离开谈判桌后被称为原则性谈判者的美誉，将这两种得失放在天平上，看看哪一边重要再作决定。

在谈判过程中，从"探索对方在什么条件上愿意做"到"如果决定问题的客观标准"，并不表示双方已达成协议，标准也不能保证产生有利的结果。但是，这种做法至少不需要付出立场式、讨价还价、无休止争执的过高代价，从而可给谈判务实上提出积极而有效的策略与方式。

对时间的掌握要得当

一旦开始谈判，谈判人员就希望能地顺利和对方达成协议，完成交易。但事实并非想象中那么美好，谈判人员常常陷入泥泞的的沼泽地。

◆ 不要被资料的"海洋"所淹没

对方很可能提供给你多而不切实际的资料，使你被一大堆琐碎的资料所包围，以致忽略掉重要的资料，而无法掌握真正的问题所在。曾经有一位卖主两手捧满了文件来说明他的立场。当他说"我刚巧随身带了这些资料来"的时候，对方每个人无不摇头苦笑。显然，由于有了这么多的资料，反而无法细察其中任何一项资料。

面对着过多的资料，你就会像去赴盛宴，这个吃一点儿，那个吃一点儿，可能还没有吃到最主要的一道菜，肚子就已经很饱了。

所以千万不要被满筐的文件和冗长的回答给唬住了，太多的资料几乎和没有资料是一样的糟糕。在滔滔不绝的话匣子后面，可能隐藏着"故意说错的话，个人的决定以及互相矛盾的资料"。所以你要有勇气要求对方做更进一步的说明，并且尽力去调查所有重要的问题，千万不要被琐碎的资料给淹没了。

这个策略特别提醒你"神龙见首不见尾"所带给你的坏处。

◆ 做一只满腹狐疑的狐狸

谈判桌上扑朔迷离，往往令人莫辨真假。一个优秀的谈判者必须随时保持怀疑一切的态度，在评估对方所说的话时，总是注意到下面4个原则：

（1）永远不要将任何事情视为理所当然。

（2）对每一件事情都要经过调查分析。

（3）用自己的头脑认真分析，要让每件事情都很合理；不合理时，就要保持怀疑的态度。

（4）要清楚地区分事实和事实的阐述，不要被对方所愚弄。

◆ 对方的欲望是难以满足的

当卖主让步的时候，买主会有什么样的反应呢？买主只会注意让步的本身；即使那是一个很大的让步，买主仍会觉得不够，而向卖主提出更多的要求。这就好像一个连锁反应——我们所说或所做都会影响到别人的言行举止，而别人所说或所做的也会反过来影响我们……如此一直循环下去。

所以卖主在每次让步之前，都必须预先想好它可能带来的后果，及买方所可能有的反应。卖方必须先问自己：如果我做了这个让步，如果他再有更多的要求时，我该如何应付呢？这个小小的问题将会帮助你从第三者的立场来决定是否应该让步。

◆ 时间陷阱

有许多微妙的方法可以传达时间紧迫的信息。飞机起飞的时刻、度假的日期、固定的假日、可能的组织改组或者欢送退休人员的宴会等，都可能促使犹豫不决的对方接受协议。

刘先生曾因此而中了保险公司的圈套。保险公司先是答应给他一笔很慷慨的赔偿费，同时，该公司的理赔员也告诉刘先生，他要出国，要求他在下个星期五把所有的资料都带到保险公司去，在他们稍做检查后，就马上开支票给他，就可以了结这宗案件。于是，刘先生很辛苦地准备，终于在星期五下午把一切事情都准备妥当。到了保险公司，理赔人员满面笑容地接见他。当对方把资料接过去后，却很抱歉地说他还得向上级请示一下。等他请示回来后，却对刘先生说，公司只能偿付一半的赔偿费。于是，刘先生顿时感到不知所措，为了要赶上星期五的期限，他在时间紧迫的状况下做出对自己不利的谈判情势。其实那个理赔员根本就没有出国的打算。这只不过是一个利用时间的策略——用来冷却被告的赔偿要求。借着一个高价的虚假提议及一个虚假的时间限制，保险公司便赢得了这场谈判。

无论商议任何一件事情，都有适合和不适合的时候。政府发放公债、股市狂飙、发薪日、五一长假、十一长假及年终奖金发放的日子里，都是房地产买卖的旺季。公司财务报表公开时，企业的改组和时刻表的更动，都可以增加或减少自己的议价力量。伟大的决定常常是因为对时间的掌握得当所做出的。

最后适时的出价，尤其能够增加买主对它的信赖。倘若太早提出来，即使是很好的价钱，也难以取信于买主。凡是经过几天讨论之后，再提出来的价格就很容易被买主接受了，在略做让步之后，便突然更换掉谈判者，则可能暗示未来的让步没有多大希望了；这种突然的举措，将使谈判在最后几分钟内突然紧张起来。

所以，时间的选择至关重要，绝不可轻视。

随机应变，步步为营

谈判就好比敌我对阵的战场。谈判过程中所出现的问题千变万化，是谈判各方所无法完全事先预测并把握的。那么怎么办？——边打边谈！

◆ "影子"谈判——间接谈判

每次商谈都有两种交换意见的方式，一种是在谈判时直接提出来讨论；另一种则是在场外，以间接的方法获取想要知道的信息。

谈判胜负手

间接交流是基于实际需要而存在的,一个谈判者可能一方面必须装出很不愿妥协的高姿态给己方的人看,而另一方面又必须尽量压低姿态,在对方认为合理的情况下和对方交易,以达成协定。不管是买主还是卖主都会有这种双重压力的困扰,这也就是谈判双方有时会建立起间接谈判关系的原因。

每一项议题并不一定都要在会议桌上提出来。因此,彼此建立起来的间接关系,有时反而能在最少摩擦的情况下使消息传递给对方。假如对方拒绝这个非正式的条件时,双方都会心知肚明,同时也不会有失掉面子的顾虑;倘若这个条件在谈判时被正式拒绝,则很可能会在对方颜面尽失的情况下引起对方的指责,进而导致双方感情的破裂。

所以,间接的沟通方式,可以帮助谈判者在不碍情面的情形下,悄悄地放弃原先的目标。

而某些需要更改的目的,也可以通过这种半正式或非正式的沟通加以修正。以下所列的方式可用来补充正式会谈的不足。

(1)有礼貌地结束每一次的谈话。

(2)在正式谈判之外,另外再找地方秘密讨论。

(3)以价格变动为由来探测对方的意见,或者故意放出谣言。

(4)请第三者做中间人或见证人。

(5)组成委员会来研究、报告和分析。

(6)透过报纸、刊物或广播的媒介。

◆ 巧布迷阵,请君入瓮

美国开凿巴拿马运河的初期谈判,其谈判谋略是典型的"巧布迷阵,请君入瓮",而且谈判双方都是如此。

谈判的一方是美国,另一方是法国巴拿马运河公司。谈判的焦点是美国应该付给这家法国公司多少钱,才能取得开凿巴拿马运河的权利。这家法国公司虽然已开凿失败,但它在巴拿马运河却拥有一笔数量可观的资产,其中包括:3万英亩土地、巴拿马铁路、2000幢建筑物、大量的机械设备、医院;等等。法国人估价1亿多美元。他们开始报价1.4亿美元,而美国人的开价仅仅2000万美元，二者相距甚远，经过双方磋商，分别让步到1亿美元和3000万美元，但谈判到此就停了下来。

美国人的战略是声称另找一块地方挖运河，他们选中了尼加拉瓜，美国众议院宣布考虑支援开凿尼加拉瓜运河。法国人摸透了对方急于想要一条运河，来沟通两大洋的迫切心理，而且也料到美国会用尼加拉瓜运河来与巴拿马竞争，于是也要了一个花招，暗示法国亦同时与英国和俄国人谈判，以争取英俄的贷款继续的开凿巴拿马运河。

双方相持不下。

不久，法国人获得了一份美国有关委员会给总统的秘密报告，报告中虽然肯定了巴拿马运河的优越性，然而提出购买的费用过高，不如实施尼加拉瓜方案。这份情报让法国人的信心动摇了，他们忧心忡忡地另作评估。正所谓"福无双至，祸不单行"。不久，法国内部又爆发了一场危机，巴黎公司的总经理因故辞职不干，股东大会乱作一团，股东们都提出尽快将开凿权卖给美国人，什么价钱都可以接受！于是一夜之间，法国的报价骤跌至4000万美元，落入了美国实际可接受的范围。

从以上谈判案例我们可以看出，谈判者谋略的出发点在于巧布迷阵，借以给对手指示某种虚假的动向或暗示的信息，使之具有一定的诱惑力。其目的就在于搜索到对方更多有价值的信息，从而掌握谈判的主动权，达到"请君入瓮"的目的。

在商务谈判中，谈判者也常常运用这种巧布迷阵的策略，放置各种烟幕弹，干扰设置迷阵，贵在一个"巧"字，谈判者应善于借助一个恰当的形式或局面来制造声势，并能顺理成章，不露痕迹。如果一个谈判者善于将对手引入自己设置的迷宫，这种谈判的主动权就掌握在自己的手中。

能够不露痕迹表达你意愿的最佳方法，便是故意在走廊或谈判桌上遗失你的备忘录、便条或文件，或者把它们放在对方容易找到的字纸篓里。外交消息就是常常用调换手提箱的方法来完成的，而军事上的秘密计划也常常是在战场上死去的军官身上发现的。

由间接途径得来的消息，有时会比正式公开的资料更可信赖。所以掉了的备忘录、便条和被偷走的文件，通常都会被对方逐条地仔细研究，可是在谈判桌上公开递过去的相同资料，他可能连瞧都不瞧一眼。

有一个生意人，常常遗留某些"重要"资料让对方去"发现"，因而赚了不少钱。他曾经做过一笔很大的生意，是承包某公司机器方面的制造，他一得标便马上以较低的价格分包给其他几家竞标者。每当一个竞标者来拜访他时，都会很意外地发现一张手写的报价单。所以，所有投标者都以为若是想得到这笔生意，就必须报出更低的价格，却不知这张报价单乃是买主故意放在那儿的，他会托词离开房间几分钟让卖主在无意中看见。这些看到报价单的竞标者为了要得到这笔生意，都不得不把价钱压得比这张报价单上的价格还要低些。

有位谈判者也使用类似的战略，他故意将某些想让对方知道的事情用很大的字写出来，那些字足以让坐在桌子对面的人即使倒着看也看得很清楚。起初，对方还感到相当得意，最后，意识到他的动机后才开始怀疑起来。另外，还有许多买主有时会让卖主从桌子对面偷看到他们的资料。

所以不要信任太容易得来的资料，对方并不是傻子。有的资料是故意将你引入歧途的，使你产生错误想法与做法以正中其下怀；有的则是有意试探卖主是否会卖出，或者买主是否会购买。所以如果发现到对方不慎遗失的文件时，千万要提高警觉，凡事很少是在不付出代价的情况下取胜的，特别是些有价值的资料。

◆ 说服有术

以下的建议都是根据最近心理学上的研究而来的，和任何研究一样，实验结果的理论和实际的情形不可能完全相同。所以，还要依靠良好谈判能力来弥补与实际理论之间的差异。

（1）谈判开始时，要先讨论容易解决的问题，然后再讨论容易引起争论的问题。

（2）如果能把正在争论的问题，与已经解决的问题一并讨论，就较有希望达成协定。

（3）双方彼此的期望与双方谈判的结果有着密不可分的关系，不妨伺机递消息给对方，以影响对方的意见，并进而影响谈判的结果。

（4）假如同时有两个信息要传递给对方，其中一个对方会很高兴，另外一个则较会引起对方的不悦，那么就该先让他高兴。

（5）强调双方处境的相同，要比强调彼此处境的差异，更能使对方了解和接受。

（6）强调协议中有利于对方的条件，这样才能使谈判较容易取得成功。

（7）先透露一个使对方好奇而感兴趣的信息，然后再设法满足他的需要。这种信息千万不能带有威胁性，否则对方就不会接受了。

（8）说出一个问题的两面，比单单说出某一面更有效。

（9）等赞成和反对的意见都能充分讨论后，再提出你的意见。

（10）通常听的一方比较记得对方所说的头尾部分，中间部分则比较不容易记清楚。

（11）结尾要比开头更能给听者深刻的印象，特别是当他们并不了解所讨论的问题时。

（12）与其让对方做结论，不如先由自己清楚地陈述出来。

（13）重复地说明一个信息，更能促使对方了解和接受。

◆ 没有"让步"，"承诺"也可

很多生意是经由口头上的承诺而达成的。"假如你这样做的话，我就会那样回报"；有的承诺甚至不必说出来就能为双方所了解。当你承诺某种好处给对方时，你就可以记在他的账上了。

一项承诺就是一项"让步"。有的承诺丝毫不花代价，有的承诺只有承诺人愿意履行时才有用。假如你无法得到对方的让步，就设法争取一个承诺吧！

合约本身就是一项具有约束力的文件，对方若做成某些事情，你将会付钱给对方。但是，签订合约只是规定双方的责任和权利而已，不足以保证对方的履行责任。纵然你与对方事先约定好，但对方也有反悔的可能。这时，合约所能给你的就只有诉讼的权利了，而实际上诉讼又可能无法进行，因为那时说不定对方已经溜之大吉了。

当合约无法充分保证对方履行责任时，就必须采取其他的措施。例如：要求对方预存一笔保证金或保证票。其他用来保证履行的方法还有，安插一个人去监督对方的董事会，或是彼此互买对方公司的股票，等等。

对方可能会履行承诺，但也可能不会。若要确定对方履行合约的诚意，则必须事先做好资信调查和管理，要让对方知道不履行承诺是不可能的。一份仔细拟订的合约，也可以作为管理的基础。有些承诺即使没有写下字据或没有法律的支持，也可以迫使对方履行，就像从银行借到的贷款，就一定得在规定的期限内归还的一样。

承诺往往会被打折扣。有一些建筑承包商就用这种做法"发家致富"的。原来他派了许多工程监理监督工程的进度。在工程进行时，再把部分工程分给小承包商去做。这些小承包商往往会多做一些额外的工作，希望以后能和当地监理商量，多拿到一些货款，但最后这些监理都不认账了。原来这个承包商不断地调动监理，那些小承包商经常突然面对一个全然陌生的监理，而这个新监工根本就不知道前任监理和小承包商之间的默契，于是拒绝支付这些货款。由于承诺打了折扣，使得这些小承包商损失不小，然而知道时已经太晚了。因此，目前已严格限制建筑承包商转包工程的做法，就是为了防止出现不规范的承包和不负责任的承诺。

不过一般说来承诺仍是有效的，假如你得不到对方让步，不妨先得到一些他的承诺，因为大部分的人都会试着去履行他们所说过的话。

◆ 声东击西

声东击西的战略在谈判中经常可见，谈判的目的并非都是为了完成交易，有的人只是利用谈判来先发制人或者阻挠、延缓对方的行动。例如，买主先主动地和卖主讲好，请卖主为他们保留产品而不卖给别人，可是后来卖主却又以更好的价钱卖掉了。如果卖主的心中早已有这种打算时，会故意不谈妥价钱，因为他相信价格会涨。外交上的谈判也常常没有什么目的，只是想掩饰一项有意的侵略行为，或转换对方的注意力，以便争取时间进行动员与后勤的准备。

"声东击西"的谈判是讨价还价过程中的一部分，虽然很不道德，但也不能过分指责。因为谈判本身就是智力的角逐。使用这种策略的原因一般是：

（1）一种障眼法，另外再到别处活动。

（2）为以后真正的会谈做铺路工作。

（3）表面上为别人铺路。

（4）保留产品或者存货。

（5）暂时搁置，以便探知更多的资料。

（6）延缓对方所要采取的行动。

（7）一方面另寻其他方法；另一方面进行谈判，谈判是为了争取时间。

（8）暂时拖延，等待第三者的介入，以利自己。

（9）即使根本没有妥协的意思时，也摆出愿意妥协的姿态。

（10）造成冲突局面，再请仲裁人来公断。

（11）转换对方的注意力。

◆ 借助仲裁

商务谈判不常用到仲裁者，但事实上应该有个仲裁者。几个世纪以来，仲裁者（在外交上通常是斡旋者）调解过无数似乎不可能解决的国际纠纷，因此，当然也可运用到商务谈判上。

下面是当买卖双方都无能为力时，仲裁者所能够帮助双方解决的事情。

（1）他们能建议实际的解决方法。

（2）他们能出面邀请已经闹成僵局的双方再次展开会谈。

(3)他们能刺激双方提出更有益的创造性建议。

(4)他们能不带情绪地倾听双方面的意见。

(5)他们能建议用妥协的方法,达成交易。而这是谈判双方中任何一方都不愿意提出的,因为这会影响到自己议价的力量。

(6)他们更容易向任何一方建议新观点,这比其中一方的建议更容易被对方接受。

(7)他们能促使买主和卖主反问自己:"我希望对方做怎样的决定呢?我必须如何去做才能促成他做出那样的决定?"

仲裁者可以是公司内的人,或者公司以外的人,最好的仲裁者通常是和谈判双方都没有直接关系的第三者,他必须有足够的社会经验、丰富的学识和高尚的品格,只有这样才能赢得双方的尊重。公司内的人假如没有直接参与交易,也可以承担仲裁者的任务,至于公司外的律师、教师和顾问,则比较能胜任这方面的工作。

假如僵持的谈判双方无法解决彼此之间的分歧,最好采用仲裁的方法。许多工商业及贸易的争论就是如此解决的,仲裁者在工会谈判中经常被运用,并且运用得愈来愈广泛了。

仲裁者的服务非常有价值。一个仲裁者能够找出顾全双方面子的方法,不只是使谈判者满意,也使双方的公司满意。在仲裁者的面前,争执中的双方无论采取怎么强硬的态度,都没有什么关系,而他们所表现出的强硬立场,还可以满足公司对他的期望,另外仲裁者也能促使新观念的顺利传递,使双方能够重新坐在一起合作以解决问题。最重要的一点是仲裁所需的费用,总比僵局或者交易破裂所造成的损失要少得多。

照理说仲裁者应该公平地帮助谈判双方,他要分清楚自己的感情和事实,及希望和现实之间的区别,他就像过滤器,要传达双方的意见。此外,仲裁者要给双方传递资料和信息,还应该强调某些重点。所有这些事情都应正当并且公正地执行,可是事实上怀有偏见的仲裁者却也不少。

每一个人几乎都有某种程度的偏见,也有自己的观点,每个人对于事情都有自己一定的看法。对于事实、方法、目标和价值,也都会以自己的价值观和经验来加以诠释，例如，对翻译者所做的试验中可以证实，即使他们不是有心的，但在翻译时仍然会歪曲原文的意义。

在仲裁的过程中，偏见的产生也有可能有其他原因。仲裁者假如和其中一方是朋友，或者刚好有相同的看法时，无形中可能对另外一方就会有偏见；另外，也可能出于对商业利益或政治因素的考虑，使仲裁者偏袒其中一方。在仲裁过程中，通常偏见都不会很显著的，你必须注意到这一点。

挑选仲裁者时，要记住以下几点：

（1）了解这个仲裁者。记住，所有的人都会有某种程度的偏见，因此务必小心地挑选。

（2）注意仲裁者已经形成的偏见。

（3）注意有的仲裁者可能会被贿赂，或被其他重大的利益所左右，而不利于己方。

（4）假如你有任何理由足以怀疑仲裁者的公正时，就另外再挑选一个。

仲裁虽然有不少多好处，但有时也会有严重的缺点。例如，

（1）有时仲裁者无法了解双方真正争执的问题。

（2）仲裁者的想法可能已经过时，不符合现实的需要。

（3）仲裁者可能由于不同的原因，潜意识地形成某种偏见。

（4）仲裁者可能被某一方的言辞所影响。

（5）仲裁者在解决某项争执时，可能使得问题更加复杂。

仲裁者有时也会被谈判者所利用，买主会想到利用他的好处，故意辛苦地和卖主讨价还价，从15万元降到11万元，然后他们就要求仲裁者来调解。这时卖主已经处在很不利的位置了。因为第一，他和他的公司开始认为11万元是一个比较理想的价钱；第二，仲裁者这时会想到以低于11万元的价钱使双方达成协议，因为仲裁者看到卖主也同意把价格降低到11万了。结果这个时候买主、卖主和仲裁者所想的价格都是11万元，而不是原先卖主所要求的15万元了。在这种情况下，利用仲裁的买主会因此而获得不少好处。

仲裁是谈判中的一项合法工具。当你希望双方达成一个平等，而不是

取决于权威的协定时，可以要求仲裁。对于没有先例的重要事件，仲裁也是很适合的方法。许多商贸谈判时的某些争执都很适宜运用仲裁的方式来解决，不过需要注意的是，它并不是包治百病的灵丹妙药，它也可能是对方故意设计来对付你的圈套。

◆ 抛砖引玉，投石问路

抛砖引玉，投石问路是一种策略。运用这种策略的买主可以从卖主那儿得到通常不易获得的资料。知道成本、价格愈多的买主，就愈能做出好的选择。假设一个买主要购买2000件衣服供应全国的销售网。于是他要求卖主分别就200、2000、10000和25000件的销售量来估价，一旦卖主的估价单送来，敏锐的买主就能从估价单中得到许多资料了。他可以估计出卖主的生产成本、设备费用的分摊情况，生产能力及价格政策。因此买主能够得到比购买2000件衣服更好的价格。因为通常很少有卖主愿意失去比200件还要多10倍的生意。

买主要求卖主对于他并不需要的数量加以估价，这是投石问路的策略，也是取得资料的好方法。人们在购买东西时，经常运用"投石问路"的策略。下面所列举的例子通常都能问出很有价值的资料，引导出新的策略。

（1）假如我们的订货数量加倍，价格是否可以打八折呢？

（2）假如我们和你签订一年的契约呢？

（3）假如我们将保证金减少或增加呢？

（4）假如我们自己供给材料呢？

（5）假如我们自己供给工具呢？

（6）假如我们要买好几种产品，不只购买一种呢？

（7）假如我们让你在淡季接下这笔订单呢？

（8）假如我们自己提供技术援助呢？

（9）假如我们买下你全部的产品呢？

（10）假如我们要改变契约的形态呢？

（11）假如我们改变一下规格呢？

（12）假如我们要分期付款呢？

任何一块"石头"都能使买主更进一步了解卖主的商业习惯和动机。

投石问路这个策略似乎有点苛刻,它逼使卖主和他的公司进退两难。每块"石头"都使卖主在他公司的工程、生产和企划人眼中变得更令人讨厌——因为他面对着许多买主提出的、看来似乎无害的问题,想要拒绝回答是很不容易的,所以许多卖主宁愿降低他的价格,也不愿意接受这种疲劳轰炸似的询问。

聪明的卖主在买主投出石头,要求"假如"的资料时,要仔细考虑后再答复。下面介绍的是帮助卖主如何给买主更好的回答的建议。

(1)找出买主真正想要购买的意图,因为他不可能做那么多选择,并购买那么多产品,卖主不妨询问自己的生产人员,他们会告诉你有关这方面的知识。

(2)永远不要对"假如"的要求立即估价——因为这是危险的诱饵。

(3)如果买主投出一个"石头",最好立刻要求对方以订货作为条件。

(4)并不是每个问题都值得回答。你可以要求对方提出"保证",这乃是整个交易的一部分,倘若没有公平交易的法律或者其他人的同意,对方无法不提出保证。

(5)有的问题必须花很长的一段时间来回答,也许比限制截止的日期还要长。

(6)反问买主是否准备马上订货。当他了解这点以后,也许就会接受大概的估价。

一个精明的卖主,可以将买主所投出的"石头"变成一个很好的机会。针对买主这种想知道更多资料的欲望,他可以趁机向买主建议一次签订三年的契约最有利,也可以采取所谓的"请你考虑"的策略;如B级品、数量更多的订货、购买备用零件、改变规格或者去年的款式等。"投石问路"和"请你考虑"可以促使买卖双方达成更好的交易。

第五章 控制主动权，占据"地利"

在谈判中，谁控制了主动权，谁就掌握了谈判的有利地位。

主导谈话，顺势说服

会不会说话和能不能说服别人，从说话的技巧为看，有着很大的差距。说话是提供给对方资讯；说服别人则是要解决意见分歧。这是"控制"的问题，也是如何达成共识的问题。

如果是你控制着对话局面，你就能顺利推进说服的过程。你在什么时机、什么地方展开攻势，将取决于对手如何反应。

你在什么时候建议什么事情、问什么问题，也将取决于对方的反应。

◆ 建议的力量

在沟通的时候，隐藏性的建议如果不被对方理解，就称不上是什么建议。但是，如果有人"发现"你话中有话，找出你话里的建议，再反过头来建议你的话，他的心里就会不自觉地升起一股占据主导的自豪感。再退一步说，使用隐藏性的建议，不会让别人觉得你什么都知道，或是已经把答案都想好了，任你摆布让他感到十分被动，这样至少不会破坏你苦心经营的和谐气氛。

以下是关于隐藏性的建议的三个例子：

（1）如果我是你的话，我也不知道该怎么办。我有一个顾客曾经碰到过类似的情况，结果他……（你提供的"顾客"实际上是一个隐藏性的建议……）

（2）我前两天读到一篇文章，那个作者建议说，你可以……（有没有这一篇文章不要紧，"作者"怎么说就是你的隐藏性建议）。

（3）有的人说，在这种市场中，最聪明的做法就是……（你等于是在建议他，可以使用别人曾经试过的方法）。

如何在谈话中引进新的点子是一门艺术。不经意地把对方引向你的隐藏性建议，谈话将如行云流水般地顺畅；但是，如果你赤裸裸地提出建议，对方的戒心和防卫心态可能会很重，抗拒也在所难免。

◆ 运用引导与祈使式的问句

有的时候，听者可以用问题来控制对话。

下面是一位制片经理和服装设计师之间的一段对话。请注意他们对话里面主动权的变化情形。经理借用服装设计师话题，使用引导和祈使式的问句，吸引谈话的焦点，左右服装设计师的想法。

经理：我想我没弄错你的意思。你是说，因为你没有办法弄到橘色的波纹绸，而且裁缝的时间表已经排满了，所以，戏服没有办法在15号之前交货。

经理的问话其实只有一个焦点——波纹绸什么时候弄得到，裁缝什么时候有空，这决定了戏服何时交货。

经理：你其实是在告诉我，如果我能在星期一之前，帮你弄到橘色的波纹绸，然后裁缝又肯加班的话，戏服在15号之前就可以做好。

第二个问题其实就已经把服装设计师，引向制片经理设想好的解决方案了。经理有办法在星期一之前把橘色的波纹绸布送到服装设计师的工作室，裁缝只好加班了。

◆ 安排的策略

一篇谈话中的哪一个部分最容易被人记住？是开头、中间，还是结尾?

人们会记得简单和有意义的事情,也就是能按下他们启动记忆按钮的部分。听众印象深刻的是头尾的部分,至于中间,他们一般没有记忆。相对而言,开头又比结尾记得清楚。所以,你在做报告的时候,要按照这个道理,安排好先后顺序。

◆ 说服性倾听

若想当一个能说服对方的人,你首先要学会恰到好处地赞赏对方,并竖起耳朵倾听他的每一句话,从而加强双方达成共识的着力点,也不妨趁势增加点新意和正面的说服力。

附和对方可以使你觉得你跟他是同一立场的人,而不是势不两立的仇敌。一定要想尽办法了解对方的立场,如果能顺着对方的思路,适当修正让它符合你的设想,那你的说服工作就大功告成了。比如,

说者:嘿,我现在忙得不得了,实在不知道什么时候能交出你要的那批货。

听者:我知道你手上有很多订单,现在没法告诉我交货的时间。劳动节就快到了,等过节之后,恐怕还不能交货吧?

把劳动节提出来,是想替对方解围,刻意地强化他忙不过来的说法。你并没坚持己见,反而用体谅的语气,增加你和他之间的协调感。先塑造和解的气氛,然后站在比较稳当的地位,伺机指出他逻辑不通、前后矛盾的地方。

说服性倾听的要诀,是偶尔找到适当的机会,打断对方的话头,提醒对方,你其实非常在意他说的每一个字。打断对方的这种做法要节制使用,目的是让对方再次澄清他的论点;或是暗示他,尽管你不尽同意,还是想了解他的想法是什么。

要掌握好说服性倾听的诀窍,关键是要细究其意、斟字酌句地掌握其间的差别。

说服性倾听是重复对方的用语，或是从对方的角度，重新组织他的想法，协助你理清他到底要干什么。

某电视台主持人邀请了一位著名的发型设计师做节目，请他谈谈女人为什么喜欢和她们的发型师东家长、西家短地讲各类新闻。这是因为发型师经常会对他的女客户表现得特别关切，所以，她们才会向他倾吐心中的秘密。女人可以透过发型师细心的梳整打理，感受到发型师的细心和体贴。见到镜子里的自己更加美丽，女人的话匣子很容易就会打开。

某著名医学院一位极为有名的医学教授建议他的学生说，在照顾病人的时候，最好坐在他们的床头认真听他们说话，倾听之余，还可以拍拍他们。如果是站着，或是坐在床尾的话，病人会觉得医生不关心他，好像随时要离开的样子，不愿意花点儿时间听他说话。

再如中央电视台某著名主持人在主持节目的时候，都是只坐在椅子的前端，上身前倾，用这种肢体语言来与人交谈，容易增加双方的亲近感。说服性倾听就是要竖起耳朵来听。这是一种主动的听取。不管你是发型师、医生、电视主持人，只要你是行家，就会知道在你的言行举止中，一定要流露出关切对方的神情。这是你一定要做到的一点，因为你很想知道对方的想法和感觉。

所以你一定要记住：大声说话是习惯，侧耳倾听是艺术。

◆ 打断的艺术

侧耳倾听虽然是原则，但是，也不是没有例外，有的时候，你得打断对方的谈话，当然你应该把握好机会，比如，在冗长又没个尽头的会议中，或者在话题越扯越远的当日，你可以抓住机会打断谈话。

你直截了当地跟对方说：“请抓住重点好不好？”对方立即会直觉反应说："好，我讲重点。"

电视节目主持人都能较好把握这一点，他们先附和对方讲话，再伺机打断对方滔滔不绝的谈话兴头。很客气地应一声"是的"，或是"那当然"，这是礼貌地打断对方独白的很好武器。请记住，只有在打断对方东拉西扯的时候，或是急于呈现己方观点的时候，才可以运用打断别人话头这一招，目的是让对方的谈话简明扼要，有的放矢。

如果你急于说明自己的立场，却又不想让对方觉得你是为了自己的蝇头小利，而恶意打断他的谈话时，就要在对方的字句之间，找寻空当插话。插话的时候最好用"对／而且"这种模式，不要用"但是"开头。"对的，这批货送到的时间会稍微晚一点儿，但是我们是有理由的，因为我们发展出一套更严格的质量管理程序。这需要时间。"

如果这招不管用，那么你可以在和谐的气氛中，轻松地用"对不起"一笔带过。

◆ 话少说为好

这是一个很简单的经济学原理，如果话说得太多，超过需求，说这段话的价值就贬值了。

你话说得越少，大家就记得越清楚。你的想法传达得越精确，你就越可能得到一个肯定的答案。如果你提出长篇冗长的计划，别人需要花很多时间和精力才弄得懂，那么因为误会而被拒绝的机会也随之增加。

想想你一生中最感激的老师，你为什么会对他们的印象特别深刻？是因为他们能抓住你的注意力，即你陈述自己想法的时候，老师能够很准确地击中你的心扉。那些受过训练，知道如何准确传达讯息的高级主管，他们在遣词用句的时候，常用主动句，用鲜明的词汇，恰到好处地停顿，从而使他的讲话吸引人并意味深长。

他们都知道用最简单的方法，把理念和处境说清楚，他们知道这种表达方式最有力。

他们更知道在高中语法课能得到优良成绩的造句和文体，并不适合在谈判中运用，这时候需要言简意赅的简练字句。

他们知道，说服的目的不是对方说什么，而是对方听进了什么。

他们更知道，如果没能在头几分钟就击中对方的要害，他们就失去了最佳机会。以后的一切都无须再废话了。

◆ 话什么时候该说

你什么时候该讲话？什么时候应该住嘴呢？

你要说服的人终于松口，做出关键性的承诺，你当然就可以不用再说了。

不要把话颠过来倒过去地说。

不要转移话题。

不要用不同的句子讲相同的话意。

人们常常会错误地认为，我们的话说得越多，影响力就越大。其实并不是这样，有时会此时无声胜有声。在对方还没有回应之前，你就喋喋不休地推销你的计划，这样给别人的感觉好像你很心虚。

如果对方向你提问，你回答的时候要言简意赅，击中要害。

◆ 随机应变

在谈判的过程中，如果一定要改变对方的行动，就要给予对方有利的条件，使对方采取倾向同意己方意见的行动。

要使对方的行动产生变化，必须先改变对方的心理状态，也就是必须先改变对方先入为主的观念、需要和愿望，从而让对方赞成你的意见。

这时，对方一定会显现对你所提意见的连锁反应，因此，首先要有系统地分析对方这一连串的反应及原因。接着，才以能够吸引对方的意见并刺激对方。这个阶段称为"对条件的反应"。

在向对方提出的意见中，要提示对方所能获得的利益，可成为一种刺激。同时，也可以指出那些对方虽已发觉，但依然无法圆满解决的问题及困难，使对方对你的见解产生兴趣。

这样一来，便能够引诱对方做出反应。这种积极的谈判方法，包含了针对你的意见刺激对方做出反应的过程。另一方面，对方也可能会促使你对他的意见产生反应。

这时，你可以采取如下两种对策中的一种：

（1）如果对方对你的提议表示好感，你就要积极地给予对方鼓励和报答。

（2）假如对方不支持你的意见，你就要采取反驳或撤退的行动。因为这是给对方的行动下结论，所以，可称之为"根据条件而定的对策"。

其实在谈判的过程中，彼此的关系并非单行道，也就是说，你可能影响对方，同时对方也可能影响你。因此，谈判的结果就要通过观察对方的行动来掌握了，当然，你的行动也会影响对方将来的行动。换句话来说，在进行谈判时，通常都是根据理论进行的，可是，双方进行谈判时的相互作用，通常都比较有人情味，所以解决问题与否，往往会由双方之间所存在的共鸣程度来决定。

不过，谈判未能成功时，为了恢复自信，多数人都会自我安慰一番，譬如说："我本来就不想和那样的人做交易。"或者干脆说："对手实在太傻了。"这都是谈判失败时一般人的反应。

适时赞美，令对方放松警戒

戴高帽法，指的是以切合实际，或者是不切实际的好话颂扬对方，以比较合适的，或某种角度认为是不太合适的物品赠送对方，使对方产生一种友善甚至是受恩宠的好感，进而放松思想警戒，软化对方的谈判立场，从而使自己目标得以实现的做法。通常的做法有：

给对方主谈人戴"高帽子"。可抓住对方的年龄特征，如年老，则讲"老当益壮"，"久经沙场"；若年轻，则讲"年轻有为"，"反应灵活"，"精明强干"，"前途无量"。这些话或许有切题之处，但作为言者，目的是为了感化对方，减缓对方进攻的势头。

个别活动。如单独会见主谈人，邀其赴家宴、拉家常、谈令人爱好，把严肃的谈判空气"生活化"，使讨价还价的气氛更轻松缓和。"宴请"对方主谈人，在品名茗，尝佳肴中体现"好客"或"义气"；在干杯中塑造"知己"。

第五章 控制主动权，占据"地利"

《史记》记载，公元前239年，燕国太子丹在秦国当人质，秦国对他很不好，太子丹对此怀恨在心，偷偷逃回燕国，于是秦国派大军向燕国兴师问罪。太子丹势单力薄，难以与秦兵对阵，为报国仇私恨，打算招纳敢死勇士去刺杀秦王。

他以恩惠打动了勇士荆轲，又对一位逃到燕国的秦国叛将樊於期以礼相待，奉为上宾。二人对太子丹感激涕零，发誓要为太子丹报仇雪恨。

荆轲力敌万钧，勇猛异常，但秦国宫廷戒备森严，五步一岗，十步一哨，且有精兵护卫，接近秦王难以上青天。他对樊於期说："论我的力气和武功，刺杀秦王不难，难在无法接近秦王。听说秦王对你逃到燕国恼羞成怒，正以千金悬赏你的脑袋，如果我能拿你的头，冒充杀你的勇士，找秦王领赏，就能取得秦王的信任，并可乘机杀掉他。"樊於期听罢，毫不犹豫，拔剑自刎。

荆轲带着樊於期的人头和督元地方的地图去见秦王，这两件东西都是秦王非常想要得到的东西，但他最终未能杀掉秦王，反被秦王擒杀，为后人留下了"风萧萧兮易水寒，壮士一去兮不复还"的悲壮诗句和"图穷匕见"的故事。

樊於期之所以能"献头"，荆轲之所以能舍命刺杀秦王，都是为了回报太子丹的礼遇之恩，诚所谓"士为知己者死"也。"投桃报李""滴水之恩，涌泉相报"，足以说明"恩惠"对人心感化的巨大作用。

《史记·货殖列传》记载，西汉时期从事转运贸易的商人师史发大财到"7000万"，成为拥有运输车辆以百计的大商人。

师史是今河南洛阳人，据传当时洛阳人很吝啬，师史尤其厉害，但他对于帮自己跑买卖的伙计却非常大方，舍得花钱。洛阳的穷人因没有本钱，无法独立做生意，只好到有钱人家当学徒，师史就利用同乡或宗族的关系去笼络这些人，经常询问他们有什么困难，适时施以小恩小惠，满足伙计们经济的、心理的需求，消除与伙计之间的障碍，他还经常鼓励伙计们以长期在外经营为荣。这一切强化了伙计对雇主的向心力和内驱力，说明"恩"对人的心理效应。谈判中,有时也会以同学、同乡、朋友的朋友等关系去靠近对方、软化对方。

无疑,戴高帽法可以软化对方态度,在谈判中应善于运用,不过也有注意之处。首先,要抓准有决定权的对象;其次,使用的分寸要得当,否则会弄巧成拙,令人厌恶。

巧用激将法达目的

在谈判过程中,事态的发展往往取决于主谈人。因此,双方常常围绕主谈人或主谈人的重要助手,出现激烈的争辩,以实现己方的目的。

以话语刺激对方的主谈人或其重要对手,使其感到若仍坚持自己的观点和立场,会直接损害自己的形象、自尊心、荣誉,从而动摇或改变所持的态度和条件。通常我们把这种做法称之为激将法。

例如,某方说:"贵方究竟谁是主谈人?我要求能决定问题的人与我谈判。"此话贬低了面前的主谈人,使他(尤其是年轻资浅的谈判者)急于表现自己的决定权或去争取决定权。也有用棋盘上"将军"的说法:"既然您已有决定权,为什么不立刻回答我方合理的要求,反倒要回国或向上级请示呢?"以此迫使对方正视自己的要求。此外,还有间接刺激对方主谈人的做法,即通过主谈的主要助手来刺激主谈人。例如,主谈人不吃直接的激将,但他的律师被说动了,同是该论题,该理由,但以律师的角度,一时无言以辩,只能接受。此时,主谈人再一次被激时,就难以抵抗了。这种激将类似"将军",不吃也得吃,躲是躲不过去的。激将的常用做法大多为:"能力大小""权力高低""信誉好坏"等与自尊心直接相关的话。

民间相传一则诸葛亮胜师的故事。据说诸葛亮早年在水镜先生处读书,经几年用心传授,水镜先生决定举行出师考试,考题别出心裁;从现在起到午时三刻止,弟子中谁能得到老师允许走出水镜庄,谁就算及格,可以出师了。

十几个弟子中有人突然从外面进来呼叫:"大水涨到水镜庄了!"另有人惊慌失措喊道:"庄后失火!"水镜先生一动不动,尽管闭目养神。徐庶略有心计,写了一封假信,对水镜先生哭着说道:"今天早晨家里有人送信来,说我母亲病重,我情愿不参加考试,请允许我立即回家探望。"水镜先生微微一笑,说:"午时三刻以后请自便。"庞统的计谋更胜一筹。上前禀道:"要我得到老师允许从庄里出去,我显然无能为力。如果让我站在庄外,设法得到老师允许走进庄来,我倒是有办法的。"水镜先生说道;"庞士元休得要这些小聪明,给我一旁站下。"此时诸葛亮却伏在书桌上睡熟了,鼾声大作。水镜先生大皱眉头,觉得不成体统,要是往日早就将他赶出去了,今天只好忍耐。

眼看午时三刻就要到了。诸葛亮打个哈欠,啧有烦言。水镜先生厉声问道:"你在说些什么?有话当面说来!"诸葛亮也忍不住粗声粗气地顶嘴道:"你不考'四书五经',却出这种古怪题目。窗友们煞费心机,全是徒劳无功,因为在任何情况下,午时三刻以前你不可能叫任何人出去。原来我们以为你学富五车,从今天这种考题看来,幼稚可笑。我不以做你的弟子为荣,而以做你的弟子为耻。你还我三年学费,今后我们视同陌路。我再找有真才实学者为师。"

水镜先生是天下名士,谁不尊敬?想不到如今受到学生侮辱,气得浑身打战,连唤庞统、徐庶:"快将诸葛亮赶出去!"诸葛亮拗着不走,庞统、徐庶死拉硬拖,才将他架出庄去。一出水镜庄,诸葛亮哈哈大笑,庞统、徐庶这才恍然大悟,也跟着笑得前仰后合。诸葛亮却转身匆忙跑进庄去,跪在水镜先生面前道:"冲撞恩师,罪该万死!"水镜先生一愣,猛然省悟,转怒为喜,扶起诸葛亮,说:"你可以出师了。"诸葛亮恳求道:"徐、庞统也是老师叫他们出去的,理应出师,请老师恩准。"水镜先生勉强答应。

谈判胜负手

无论这个传说是真是伪，即使是水镜先生这样学富五车，计谋高深的名师，也难免存在人性的弱点及战胜自我的问题。诸葛亮计高一筹，正是抓住了水镜先生的这一弱点，挑动对方情绪，使对方以情绪而放弃了理智，从而达到控制、左右对方，为我所用的目的。在谈判活动中，一方面己方应努力战胜自我，超越自我，不为对方所控制，始终以理性的姿态对待问题，处理问题；另一方面要能掌握对方人性的弱点（虚荣心、逆反心、同情心、侥幸心等），采取控制对方情绪的措施，达到谈判的目的。

值得注意的是，使用此计时首先，要善于运用话题，而不是态度。既要让你所说的话切中对方心理和个性，又要切合所追求的谈判目标。其次，激将语应掌握分寸，不应过分牵扯说话人本身，以防激怒对手并迁怒于你。

用"如果"代替"不行"

当你问经常参加谈判的人，他认为在谈判中最有用的两个字是什么时，大多数人的回答是："不行"。

虽然这个答案不能说是完全错误，但也不是正确的答案。

正确的答案应该是："如果"。

为什么要这么说呢？

在最具权威的工具书《牛津辞典》中，对"让步"一词的定义是："给予、退让或投降"之意。

谈判与投降完全是风马牛不相及的两回事。要是只能投降，那就没有谈判的必要，对方只需拿起鞭子赶你走就行了。另一方面来说，要是你只知道单方面屡屡做出让步，向对方投降，也就根本不配被委以谈判的重任。

怎么才能知道自己已处于谈判之中了呢？

有时开始时往往看不分明，直到谈判即将结束，你才发觉原来已身处谈判之中（也只有到这时，你才会为自己不自觉地过早做出了"善意让步"而后悔莫及）。同样，有时你会过早地放弃对谈判的希望（这常常发生在不能冷静地加以对待，而对之感到畏缩的时候）。

你迟早总能发现，自己是否能下决心为达成一笔好交易而进行谈判。在开始谈判的时候，你也许会进行某些试探性的询问以判断对方的力量。这时千万不要被对方看似强大的气势所吓倒。那些虚张声势的场面不足以证明他有力量，而你就一定比他弱。

如果你能区别谈判与做决定之间的差别，就可以运用这种知识来判断是否已经具备了谈判的条件。总体来说，可对谈判作如下的定义：它是"一种相互行为，参加双方都有权对最后结果表示拒绝"。

如果一方不主动行使这种"否决"权利（包括中断谈判或改与他人作生意等），那就只有任人宰割的份了。谈判的任何一方都必须同意双方一致达成的协议，每一方也可以从对方的同意中获得一定的利益（但双方所得利益的多少，并不一定完全相等）。换句话说，也就是双方通过谈判，做出了"联合决定"或叫共同的决定。假如你对对方提出的关于应做出何种共同决定的建议持不同看法，但又想不出替代建议时，可以对其建议表示拒绝。这是因为：

谈判意味着参加的双方对共同做出的决定应该完全出于自愿的。假如是违心地被迫同意，那就不能叫谈判！

关于谈判的这种观点是什么意思呢？

首先，谈判双方有时对于谈判结果中哪些可作为共同决定会有不同看法。这是很自然的，因为双方都期望这个决定能对自己更为有利。谁若是不抱这种希望的话，他也就不必去参加谈判了。因为，如果让他去做生意，他肯定会把本钱赔得精光。

卖方希望成交价尽可能高，买方希望成交价尽可能低。

付款方希望能尽量延长付款期，不希望立刻就付。

订单最好是大宗而单一的，不希望是零星的，而规格和数量却是不尽如人意。

作为买方希望少用现金结算，作为卖方则希望多收现款。

买方希望卖不完的商品可以退，卖方则希望尽量不退货。

卖方希望能额外收取发送笨重货物的费用。

如此等等。

但交易中并不只是对方所失，就是己方所得那么简单。如果谈判得法，一方就有可能做到得大于失。要是把总利益装进一只篮子，这方所得可能是个大头。

有时双方因交换了某些东西，而使你方获得更多收益，但这并不能理解为你方所得即是对方所失。比方对方自愿在价格上做出让步，以换取你方的自愿提前付款，这只能说是各得所求，无所谓哪一方占了便宜。

从另一个角度看，你在这一点上的所"失"，是以在另一点上的有所"得"为补偿的，这就是常说的"所失必有所得"的原则。所谓谈判得法，就是要确保在最后总的收益中，能确保得到自己应得的那一份。

其次，关于谈判中对己方更有利的结果（即不考虑对方利益的选择），并不总是能够得到。因为对方如果觉得吃亏太大，就有权不同意。反之亦然，对方同样也不能期望总能得到对自己更为有利的结果。

因此，双方应致力于从各种可能选择中，找到一个能充分满足双方的利益与期望值，而不致引起最终否决的结果。如果做不到这一点，那就只能终止谈判，另外再找其他合作伙伴，而不必指望有人能做出仲裁。

谈判的意义，至少有一部分在于认真探求，而不至于引起否决的结果，或不造成否决可行的方法。有些共同决定或解决问题的建议对双方都很有利，有些不是很有利，还有些则可能双方都根本不会考虑。

最后的结果取决于多种因素。付出大量的时间与精力后，也许还是会不欢而散，形成僵局。如果把谈判看作是投降（无论采取何种形式，其中也包括善意的单方面让步），则其结果必然大大有利于对方，而不利于己方。拙劣的谈判者不一定谈不成交易，但谈成的只能是大上其当的交易。

但既然不允许投降，又该如何使谈判进行呢？要知道固执己见，寸步不让是谈不成交易的。"不许投降"不等于"誓死不退"。

无谓投降当然不可以，但这里指的是己方单方面做出让步。

所谓"谈判"就是双方在做交易。

只有把谈判看成是相互交换的过程，才会明白为什么得不到回报就绝不可让步的道理。作为谈判者，己方每向对方迈进一步，都务必要让对方也朝你前进一步。

要是能让对方多踏上一步当然更好！那么，谈判是否只是一桩有取有予的事情呢？

也不尽然！

所谓"有取有予"只是个粗线条概念。只有做到所予不超出自己的能力，而所取不低于自己需要时，才是可以接受的。谈判中没有必须对等让步的"规定"（这样的规定万不可信！），也没有只因对方作了让步，就必须以让步来回报的道理。

谈判中最重要而又最单纯的原则是，没有白给的东西，绝对没有！

它是所有谈判者必须遵行的信条。如果对方不按这条原则做，用不着你管。他爱白给是他的事，你尽可不客气地"笑纳"，并没有义务去关心他的死活。

如果遇到的谈判对手是位爱作单方面让步的人，那真是你的福气！最后的对付办法就是不为所动。你该怎么坚持还怎么坚持。他若是要求你让步的话，你就要他再做些让步，让得越多越好。

人们总认为在谈判中，双方"必须"对等行事，都牺牲一点儿谈判开始时的立场。但如此看待"谈判"实为错误。

如果一方降低要求，另一方没有必要也同等降低。比如，对方一下子就把价格降低了20%，你怎能知道他原先的开价不是在"漫天要价"呢？

"公平交易就是不打劫"，这句话不能说不对，但公平交易绝不是交换的东西必须对等。事实上，世界上的交易从来就没有完全对等的。

某人从小摊上花3元钱买了一支冰激凌。这个人和摊贩之间就根本不存在对等交易的问题。冰激凌不等于3元钱，如果说是等于，那此人何不干脆去吃硬币。

你用钱交换了对方的冰激凌，这是公平交易。如果不公平就不会买了。在自由社会里，没有人强迫你吃冰激凌。在此项交易中，你需要的是冰激凌而不是那3元钱。你手中有钱但没有冰激凌，摊贩也一样，他要的是钱而不是冰激凌，冰激凌他有的是。

其主要驱动力是利润。摊贩希望的是能把钱柜装满，把冰激凌卖光。所以，虽然并不完全对等，但交易却绝对公平。

假如双方都认为最好的谈判之道必须是不获回报绝不让步（当然，对方如愿无偿奉送你大可坦然接受），那怎样才能避免形成僵局呢？

此时，那个极为有用的"两字禅"就可登场发挥作用了。

在谈判过程中什么都可以忘记，唯一不可忘记的是这条最最重要的指导原则，在提出任何建议或做出任何让步时，务必在前面加上个"如果"两个字。

"如果"你把要价减少20%，我就可以签订单；

"如果"你承担责任，我可以立刻把货物放行；

"如果"你放弃现场检验，我可以如期交货；

"如果"你答应付快递费，计划今晚就能送到；

"如果"你马上下订单，我可以同意你的出价；

"如果"……

用上"如果"这两个字，就可以令对方相信你的提议诚实无欺。加上条件从句后，对方无法不相信你的提议绝不是在单方面让步。正如人们说的，这两件事是捆在一起的。

要养成每次提议前面都冠以"如果"从句的习惯，这能给对方传递如下信息：

"如果"部分是你的要价。

随后部分是他付出代价后所能得到的回报。

在谈判中如此行事也有助于教育谈判对方。

"实、勤、诚"的进攻三字诀

以温和有礼的语言，勤勉守信的行动，使对方感到实在不好意思置你的态度于不顾，而再坚持原立场，从而达到预期谈判效果的做法，叫感恩法。

通常的具体做法有：①以"无知"为自己的形象，竭力向对手"学习"，只要对方说的回答了自己的问题，就表示感谢，甚至照办。②态度谦恭，一一听取对方提问，并努力回答，让对方感到自己"实诚"。③准备资料十分尽力，有的当场写，隔夜交；说过的事，一定按时办好，决不拖延。即使是某些按常规看来难度较大的事，也表现出竭尽全力去做的样子，若不能实现，也必有个清楚的交代，使对方感到你的"诚"意。在实、勤、诚的三重攻势下，对方立场必然会产生微妙变化。

但使用此策略时，也应注意己方暗含的目标，即声明的事实所代表的水平与谈判需要实现的目标水平的差距，因为这个差距也是机动的余地，没有差距的存在，感恩法将会失去意义。为此，运用的资料均应以这个差距为前提，加以筛选和编造。当然，从某种意义上讲，该差距是谈判者的工作目标，是在使用感恩法中，自己为了谈判利益的一种保留，也是动用"诚与实"的手法时的"不得已"的保留。

第六章　化解谈判僵局

许多谈判人员都害怕谈判过程中出现僵局。然而一帆风顺的谈判实在太少。

面对谈判过程中如"死马"一样的僵局，谈判人员如果能积极面对、尽力化解，或许打破僵局在谈判桌上轻松自如，运筹帷幄。

不要回避僵局

福克兰是美国鲍尔温交通公司的总裁，在他年轻的时候，由于他成功地处理了公司的一项搬迁业务而青云直上。当时，他是该公司机车工厂的一名低层职员，在他的建议下，公司在费城收购了一块地皮，准备用来建造一座办公大楼，因此这块地皮上原来居住的100多户居民，都得因此而举家搬迁。

但是居民中有一位爱尔兰老妇人，却率先与机车工厂进行顽固抗争。在她的带领下，许多人都拒绝搬走，而且这些人都团结一致，决心与机车工厂周旋到底。

福克兰对公司说："如果我们采取法律手段来解决这个问题，会费时、费钱。并且我们不能用强硬的手段去驱逐他们，这样我们将会增加许多仇人，即使大楼建成，我们也将不得安宁。这件事还是交给我去处理吧。"

福克兰找到这位爱尔兰老妇人时，她正坐在房前的石阶上。福克兰故意在老妇人面前忧郁地走来走去，以引起老妇人的注意。果然，老妇人开口说话了："年轻人，你有什么烦恼？"

福克兰走上前去，他没有直接回答老妇人的问题，而是说："您坐在这里无所事事，真是太可惜了。我知道您具有非凡的领导才干，实在可以成就一番大事业。听说现址将建造一座新大楼，您何不劝劝您的老邻居们，让他们找一个安静的地方永久居住下去，这样，大家都会记住您的好处。"福克兰这几句看似轻描淡写的话，却深深地打动了老妇人的心。不久，她就变成了全费城最忙碌的人。她到处寻觅住房，指挥邻居们搬迁，把一切办得稳稳妥妥的。而交通公司在搬迁过程中，仅付出了原来预算的一半代价。

在谈判进入交锋阶段、协商阶段等实质性磋商的时候，常常由于某些人为或突发原因，使得谈判双方相持不下，从而产生了一种进退维谷的僵持局面。在这种情况下，如果谈判人员不善于找寻产生僵持局面的原因和解决的方案，一味地听任其发展下去，就很可能导致谈判的破裂。

事实上，谈判之所以陷入僵局，并不完全是因为谈判双方存在着不可化解的矛盾，也就是说，谈判本身并不属于那种没有可行性的谈判。通常情况下，没有可行性的谈判有以下三个特点。

1. 不具备客观条件

有些谈判由于客观上不具备履约条件，或虽具备客观条件但不可能达到目的，随着谈判的深入，这个问题就越发明朗化，从而直接导致了谈判的破裂。

2. 不具备谈判的协定空间

在谈判中，协定空间并不是一开始就非常明朗的，它是一个双方逐步探索的过程。在经过激烈的争论之后，谈判双方可能会发现，他们提出的条件根本没有达成一致的可能，因而使谈判陷入僵局，并最终导致破裂是在所难免的。

3. 没有商谈的价值

这种情况常常是由于事前的盲目和冲动，在没有做好调查和可行性研究的前提下,匆匆地举行谈判。双方经过一番唇枪舌剑之后,才精疲力竭地发现他们所进行的谈判实属耗时费神,毫无价值,于是,悬崖勒马,果断地停止了谈判。

只要没有出现以上的任何一种情况。谈判的僵局则看似山重水复疑无路,但只要找出问题所在,也是能够柳暗花明又一村的。事实上,许多谈判之所以陷入僵局,常常是基于谈判双方在立场、感情、原则上存在着一些分歧,而这些分歧通过谈判者的努力,打通心理通道,逾越人为障碍,是能够取得谈判成功的。

这就如同上述的谈判事例中,福克兰以巧妙的赞扬,获得了顽固的爱尔兰老妇的内心认同感,并激发了她心灵深处的一种主人翁意识,从而主动地配合了企业的搬迁工作。

常言道:"东方不亮西方亮,黑了南方有北方。"谈判中并不是自始至终都是一帆风顺的,出现僵局也是情理之中的事,关键在于谈判者本身要有健康成熟的心态,才能从容地面对问题和矛盾,用自己的诚恳去征服对手的心,而这种诚恳的态度,不仅是克服僵局的有效手段,也是今后谈判的基础和继续合作的条件。

分析僵局,对症下药

透视谈判僵局的类型,不但有助于我们在谈判过程中尽最大可能地回避,还有助于我们对症下药地破解僵局。

◆ 沟通障碍性僵局

人与人之间的沟通,同两列火车相向而行的状况相反,两列相向而行的火车在不同的轨道上运行,就不可能发生碰撞,对于列车来讲这是最安全的安排。但对于人与人之间的沟通来说,双方如果都是各行其是,自说自话,就不能有思想交锋,就不可能有沟通。列车在同一轨道上相对行驶会导致列车相撞的悲剧,但以人们相互交流的目的来衡量,只有碰撞才是值得庆幸的事,只有碰撞才能有沟通,碰撞了才可能知道这条轨道不通。

对商务谈判而言,有时谈判进行了很长时间却无甚进展,甚至双方争论了半天,搞得很不愉快,却使谈判陷入了僵局,然而双方冷静地回顾了争论的各个方面,结果却发现彼此争论的根本不是一回事,此种谈判僵局就是因沟通障碍引起的。

沟通障碍,是指谈判双方在交流彼此情况、观点、洽商合作意向、交易的条件等等的过程中,可能遇到的由于主观与客观的原因所造成的理解障碍。

第一种沟通障碍,是因为双方文化背景差异,一方语言中的某些特别表述,难以用另一种语言表述而造成的误解。

某跨国公司总裁访问一家中国著名的制造企业,商讨合作发展事宜。中方总经理很自豪地向客人介绍说:"我公司是中国二级企业……"这时,译员很自然地用"Second – Class Enterprise"来表述。不料,该跨国公司总裁闻此,原来很高的兴致突然冷淡下来,敷衍了几句立即起身告辞。在归途中,他抱怨道:"我怎么能与一个中国的二流企业合作?"可见,一个小小的沟通障碍,会直接影响到合作的可能与否。美国商人谈及同日本人打交道的经历时说:"日本人在会谈过程中不停地'Hi''Hi',原本以为日本人完全赞同我的观点,后来才知道日本人只不过表示听懂了我的意思而已,除此之外,别无他意。"

第二种沟通障碍,是一方虽已知道却未能深入理解另一方所提供的信息内容。这是由于接受信息者对信息的理解,会受其职业习惯、教育的程度以及为某些领域专业知识的制约。有时表面看来,接受信息者似乎完全理解了,但实际上这种理解却常常是主观、片面的,甚至往往与信息内容的实质情况完全相反。这种情况是有关沟通障碍案例中最为常见的。

如一次关于成套设备引进的谈判中,某市的谈判班子对外方所提供的资料做了研究，认为外方提供的报价是附带维修配件的，于是，按此思路与外方进行了一系列的洽谈，然而在草拟合同时，却发现对方所说的附带维修配件，其实是指一些附属设备的配件，而主机配件并没有包括在内，需要另行订购。这样，我方指责对方出尔反尔，而对方认为我们是故意作梗。事后中方仔细核对原文，发现所提及的"附带维修配件"只是在涉及附属设备时出现过。而中方误以为对所有设备提供备件。其实，这种僵局是由于沟通障碍所造成的，是我方未能正确理解对方的意见，做了错误的判断而造成的。

第三种沟通障碍，是一方虽已理解，但却不愿接受这种理解。因为他是否能够接受现实，往往受其心理因素的影响，包括对对方的态度、同对方以往打交道的经历，以及个人的成见等。

我国曾获得一笔世界银行某国际金融组织贷款，用以建筑一条二级公路。按理说，这对于我国现有的筑路工艺技术和管理水平来说，是一件比较简单的事情。但是，负责这个项目的某国际金融组织官员，却坚持要求我方聘请外国专家参与管理，这就意味着我方要大大增加在这个项目上的开支，于是，我方表示不能同意。我方在谈判中向该官员详细介绍了我们的筑路水平，并提供了有关资料，这位官员虽然提不出疑义，但因为以往缺乏对中国的了解，或是受偏见的支配，他不愿意放弃原来的要求，这时谈判似乎已经陷入了僵局。为此，我方就特地请他去看了我国自行设计建造的几条高水准公路，并由有关专家作了详细的说明与介绍。正所谓百闻不如一见，心存疑虑的国际金融组织官员这才总算彻底信服了。

由于谈判主要是靠面对面地"讲"与"听"来进行的，即使一方完全听清了另一方的讲话，作了正确的理解，而且也能接受这种理解，但并不意味着就能完全把握对方所要表达的思想。孔子讲过，"书不尽言，言不尽意"。可见，有时沟通障碍还因为表达者本身的表达能力有限造成。

在不少国际商务谈判中，由于翻译人员介于其中，双方的信息在传递过程中，都要被多转换一次，这种转换必然要受到翻译人员的语言水平、专业知识、理解能力，以及表达能力等因素的影响。依据传播学理论，这些影响因素就造成了对传播过程中的信息起干扰作用的"噪音"。噪声干扰使一方最终接受的信息，与另一方最初发出的信息之间形成了一定的差异性，这方面的案例很多，不胜枚举。

信息沟通一般不仅要求真实、准确，而且还有及时、迅速的要求。涉外谈判中的翻译人员主要从事现场口译工作，即要将一方发言立即用另一种语言传递给另一方，这就增加了信息准确传递的难度。有一个妇孺皆知的游戏：在教室里，教师将同一句话写在若干张纸条上，交给第一排学生，让他们看过后立即悄声传递给后排同学，以此类推，看哪一列传话最快，同时最后一名学生所得信息与纸条上的原话又最吻合。可结果通常是最后一排学生中谁也不能提供完整的答案，有的甚至与原话大相径庭，闹出了笑话。使用母语传递信息尚且如此，对外谈判中以非母语来迅速传递信息，就更难免信息失真了。

信息传递过程中的失真，会使谈判双方产生误解而出现争执，并由此使谈判陷入僵局。除了口头传递会导致信息失真以外，对文字材料的不同理解，也是双方沟通中产生误解的原因之一，这同涉外谈判中口头翻译的情况类似。所以，谈判双方对确定以何种文本的合同为准，合同条款如何措辞都会非常谨慎，双方都想避免由于对合同的不同理解，而构成对自身的不利影响。尽管人们重视合同的语言问题，但由此产生理解上的差距和误解仍然时有发生，并会在合同的执行中陷入僵局，只得使谈判人员重新回到谈判桌前，这些都是因为沟通障碍所造成的。

◆ 强迫性僵局

强迫，对于谈判来讲是具有破坏性的，因为强迫意味着不平等、不合理，意味着恃强欺弱，这是与谈判的平等原则相悖的，是与"谈判不是一场竞技赛"，"成功谈判最终造就出两个胜利者"的指导思想相悖的。

我们已经专门讨论了在商务谈判中，任何一方恃强凌弱，都会带来风险的问题。当谈判一方觉得风险责任和风险收益不均衡时，在谈判形态上就会出现僵持不下的局面，因为接受那种无谓的风险，或损益期望失衡的风险，就意味着接受不公平，意味着屈服强权，这也是任何理智的谈判者都会予以抵制的。强迫造成的谈判僵局是一种屡见不鲜的常见病。

在商务交往中，有些外商会要求我方向派往我国的外方工作人员支付过高报酬，或要求低价包销由其转让技术所生产的市场旺销产品，或强求购买他们已经被淘汰的设备等，否则，就以取消贷款、停止许可证贸易等条件相威胁。相反，我国的一些企业有时也会因为担心吃亏，而采取过分的立场，强迫那些渴望合作的外商接受他们难以接受的条件，这种做法看起来立场十分坚定，但并不符合我国根本利益，是一种幼稚的做法。比如，中方P公司强迫国外W公司承担技术转让的连带责任，造成谈判陷入僵局的情况。又如上海某项扩建改造工程中，要求外方将其设备、材料存放在上海的施工现场，希望以此来保证工程的进度，然而这在外方看来却是强迫他们承担设备、材料损失的风险，为此相应提高了工程造价，造成双方在项目价格上相持不下的僵局。这些都是在商务合作中常犯的担心失误、过分小心的毛病。

不管什么情况，谈判中由某一方采取了强迫手段，而使谈判陷入僵局的事实是经常发生的。何况在国际商务谈判中，除了经济利益的考虑外，谈判者还有维护国家、企业及自身尊严的需要。所以，他们越是受到逼迫，就越是不会退让，谈判僵局就更加难以避免，僵局就越难以被打破。

◆ 素质过低性僵局

在谈判桌上，谈判人员素质始终是谈判能否成功的重要因素，尤其是当双方合作的客观条件良好、共同利益比较一致时，谈判人员素质高低往往起决定性的作用。

除谈判人员因素质本身需对某些风险负责外，事实上谈判人员的无知、好自我表现、怕担责任等不仅会给谈判和交易带来风险，而且也是构成谈判僵局的重要原因。在总体上看，有些风险是否产生以及损失大小，也在一定程度上取决于谈判人员的素质，如果对这种风险的预知存在严重差异，双方在谈判中对于利益的考虑和划分就会不一致，于是谈判就极易陷入对峙状况。

在深入分析因立场性争执、强迫手段、沟通障碍引起谈判僵局的原因中，我们已经发现谈判人员素质缺陷的影响。除此之外，不适宜地采用隐瞒真相、拖延时间、最后通牒等手段也是导致谈判过程受阻、对方感情受损的经常性原因。这些失误大多在于谈判人员素质方面的问题。

因此，无论是谈判人作风方面的，还是知识经验、策略技巧方面的不足或失误，都极有可能造成谈判僵局乃至败局。这也就是反复强调谈判人员素质重要性的原因所在。

◆ 合理要求性僵局

当你走进一家汽车商店，看见一辆标价25万元的红色敞篷轿车，你可能情不自禁地想买下来。但你手上只有21万元，并且你最多也只愿付这个数，且不愿以银行按揭的形式付款。于是你和店主开始讨价还价，你调动一切手段想证明你非常渴望得到这辆车，并且运用各种技巧让店主相信你的出价是合理的。你达到了被理解的目的，可是店主只愿打5%的折扣，并告诉你这是他最优惠的条件了。这时谈判已陷入僵局，其实谁也没有过错，从各自角度看，双方坚持的成交条件也是合理的。如果双方都想从这桩交易中获得所期望的好处，而不肯作进一步的让步时，那么这桩交易就等于没希望成功了。究其原因，就是双方合理要求差距太大。看来，你无法用21万元得到那辆红色敞篷汽车。

许多商务谈判与此相似，即使双方都表现出十分友好、坦诚与积极的态度，但是如果双方对各自所期望的收益存在很大差距，那么谈判就会由此搁浅。当这种差距难以弥合时，合作必然走向流产。

比如，某橡胶业的跨国公司自恃拥有世界上最先进的工艺技术，它在全世界各地设立合资企业，均要求占有50%以上的股份，并声称否则就不转让技术。近百年来，它的这项方针一直没有改变。20世纪90年代初，它很有兴趣来华投资，并选择我国某主要轮胎公司作为合作对象，打算在中国设立合资企业。但当中方根据自己在国内市场的地位，提出中方必须占50%以上股份时，该跨国公司宁愿放弃中国这个最好的合作伙伴，而不愿改变一贯的方针。当然，这种合理要求的差异也不一定就不可以通过谈判来弥合。另一家世界电气领域的跨国公司，它与中国企业谈判建立合资企业时，原本也坚持这种控股政策，后来通过反复沟通，不断增进彼此了解，双方认识趋于一致，即要致力于长期合作，着眼于长远利益。于是，外方最终同意在合资企业中只拥有30%的股权，而不影响其先进技术向合资企业的转让。

当然谈判就此暂停乃至最终破裂，都不是绝对的坏事。谈判暂停，可以让双方都有机会重新审慎地回顾各自谈判的出发点，既能维护各自的合理利益又能注意挖掘双方的共同利益。如果双方都逐渐认识到弥补现在的差距是值得的，并愿采取相应的措施，包括做出必要的进一步妥协，那么谈判结果也就会更真实地符合谈判原本的目的。即使出现了谈判破裂，也可以避免非理性的合作，有时这种合作不能同时给两方都带来利益上的满足。有些谈判似乎形成了一胜一负的结局，实际上失败的一方通常会以各种方式来弥补自己的损失，甚至以各种隐蔽方式挖另一方墙脚，结果导致双方两败俱伤，得不偿失。

所以谈判破裂也并不总是以不欢而散而告终的。双方通过谈判，即使没有成交，但彼此之间加深了友谊，增进了信任，并为日后的有效合作打下了良好的基础，这看来也并非坏事。可以说，在双方条件相距甚远的情况下，由一场未达成协议的谈判也可能带来意外收获。只要冷静地、审慎地看待谈判结果，就会发现达成协议并非就是谈判的唯一目标，在许多情况下，即使谈判没有成功，也会为谈判者带来收获，当然这肯定不是直接的收获，而是间接的收获。从这一点来看，经过长时间的谈判，最终未能达成协议不一定就是坏事，有时倒是有意义的好事。

破解僵局的诀窍

僵局就像瘟神一样令谈判人员避之唯恐不及。但事实证明，僵局是无法躲避的。当它出现在谈判桌上时，谈判人员唯一选择是迎难而上，破解僵局。

只有这样，谈判才可能出现"柳暗花明又一村"的新气象。

◆ 原则至上法

在某些谈判中，尽管主要方面两方有共同利益，但在一些具体问题上两方存在利益冲突，而又都不肯让步。这种争执对于谈判全局而言，可能是无足轻重的，但处理不当，由此造成导火线，就会将整个合作事宜陷入泥潭。由于谈判双方可能固执己见，因此找不到一项超越双方利益的方案，就难于打破这种僵局。这时，设法建立一项客观的准则——让双方均认为是公平的，既不损害任何一方面子，又易于实行的办事原则、程序或衡量事物的标准——通常是一种一解百解的枢纽型策略。

比如，兄弟俩为分一个苹果而争吵，双方都想得到稍大的那一半。于是做父亲的出来调停了，你们都别吵，我有个建议，你们中一个人切苹果，让另一个人先挑，这样分好吗？父亲提出了一个简单的程序性建议，兄弟俩马上就停止了争吵，而且会变得相互谦让起来。

这样的例子在政治、经济事务纠葛的实际处理中也屡见不鲜。比如1945年7月，中国政府派法官梅汝璈参加了设在日本东京的远东国际军事法庭对第二次世界大战战犯的审判工作。法庭庭长经盟军最高统帅麦克阿瑟指定，由澳大利亚法官韦伯担任。庭长坐在审判席中央的首席是不言而喻的。因为美国在结束战争中的特殊作用，让美国法官坐庭长右首的第二把交椅也似成定局，那么谁应该坐庭长左侧的第三把交椅呢？各国法官争论激烈。

梅法官意识到自己是代表中国而来，所以为了国家利益，也要设法争取坐上第三把交椅。于是，他当众宣布："若论个人座次，我本不在意，但既然我们均代表各自国家，则我尚需请示本国政府"。若果真如此，除澳、美以外其他九国法官都要请示本国政府，势必造成时间耽搁。倘若九国政府意见不一要再度协商，则不知何时能定好座次开庭。

正当各国法官不知所措之际，梅法官又提议道，以日本投降时各受降国签字顺序，来排列法庭座次最为合理。对此超脱各自利益的客观标准，大家一时也提不出什么异议。

然而开庭前一天预演时，庭长韦伯突然宣布法官入场顺序是美、英、中、苏……梅法官意识到如果预演时默认遵行，那么次日开庭座次就因袭而定，无法更改了。于是，他当即脱下黑色法袍、拒绝登台。他提议："既然我对法庭座次的建议在同人中无甚异议，我请求立即对我的建议表决。否则，我只有不参加预演，回国向政府辞职"。

庭长韦伯在梅法官又一客观原则——进行表决以前提不出更好的想法，只得召集众法官表决，结果大家都同意按照在日本投降书上受降国的签字顺序进行座次的安排。而这个签字的顺序是美、中、苏、加……于是就按这个次序排定了法官入场顺序与座次。梅汝璈被安排在第三个入场，并坐在庭长左边的第三把座椅上。

事实上，法官座次与在投降书上的签字顺序并没有必然联系。但当谈判各方众说纷纭，各执己见时，能提出一个超越当事人争执点的客观原则，就有可能被认为是公正的、现实的，且易于为大家所接受。虽然，这一原则不一定是最合理的，甚至带有某种偏向性，但是由于没有更好的替代方案，因而难以被驳倒。因此在谈判中，善于运用这一策略就有可能有效地突破僵局，并不失时机地维护自己的利益。

◆ 心平气和法

要始终把学习二字放在谈判之中。谈判者在谈判中最好以学习的态度进入谈判,向对手学习,补充自己。学习包括了解信息、了解对手,理解信息和理解对手。

作为谈判者,勤学善学不是泛泛而指。首先,它反映在对谈判中的已知信息与未知信息的了解热情,以及对谈判对手已知与未知的各种信息的了解态度。

通常,谈判者容易对已知信息失去了解热情,有时甚至为部分的已知信息麻醉,因而对未了解的信息也失去了解的热情,以为"没有什么新玩意儿"。这种态度十分有害,也不客观。这是因为,即使了解到的是已知的信息,它仍然有作用,它可帮助你证实已知信息的准确性,还可以通过再次证实,加深对已知信息的认识,有时甚至是带飞跃性的认识。这就是重复认识的效果。

对未知信息的了解更应如饥似渴。不论是有关谈判的内容,还是谈判对手本身,未知信息都是知己知彼的基础。而未知的信息也是多层次的,要做到真正掌握未知信息,必须要有不断挖掘、毫不满足的精神。浅尝辄止的人是绝不可能真正了解信息和对手的,甚至会成为谈判僵局的根源。

具体了解姿态的典型表现方式有:"我不太熟悉贵方商品,望多介绍。""我对贵方需求不太有把握,仅按我方的设想做的方案,我愿学习贵方思想。""我们不太了解贵方的习惯。若有冒犯之处请多谅解。""我的外语水平有限,万一译错了,或是翻得贵方听不懂,请别客气,尽管指出来,我好重复。""我听错了吗?那请贵方重复一下刚才您说的意思"等等。这都是学习、了解的态度。

谈判者可以通过各种渠道搜集有关谈判内容和对手过去和现在的信息,尤其是谈判中了解的新的、活的信息。然而,怎么认识这些信息和如何评价谈判对手更为重要,这是对信息理解的结果。体现学习的理解结果要实现两个突破,就是信息性质认识的突破和自我情绪的突破。

信息性质认识的突破,是指谈判者对旧的与新的,静态与动态的信息的本质,即消极与积极后果的认识,这是从表面到本质认识的突破。比如,礼仪问题,对手没有正式着装,了解到其因匆忙所致或随意所为,这是表面认识。如追究其过，应不应该？此事在谈判中应占多大分量？经过分析并做出结论，这一认识才是本质认识的突破。

自我情绪的突破，是指认识的反馈，自我情绪的效果。即当有了突破性的认识后，就应有正确的思想情绪，从而为化解僵局创造思想基础。无意识形成僵局的争执大多着重在情绪上，而不是针对交易条件，要破解这个僵局，先要调节自我情绪。当理解了信息和对方后，心境自会平静下来。心平了，气自和。气和，则僵局破。

◆ 及时沟通法

及时沟通，是指在关键时刻——不懂时、误解时、发生冲突时以及有外界干预时，谈判双方便立即交换信息与所持态度。在无意识形成的僵局中，及时沟通起的作用十分重要。沟通是弥补信息缺陷的最好办法，是从无意转换为能动的有效措施。

当无意僵局发生时，应立即沟通信息。"立即"是指"不错过时机"。时机多为"当时"的概念，即若上午或下午谈判发生无意僵局，则应争取在当天或在事发之后立即处理，绝不拖到次日或更久。即时处理副作用最小，不让无意僵局因时机错过而难以澄清。

不管因为谁而形成无意僵局，都应积极投入处理。肇事者可以减少误会，弥补过失，而被激者可以借机考验对方并为自己创造形象影响力。若是请第三者干预，这种主动性更是自救必须的条件。

谈判双方在无意僵局面前要相互交换有关信息，以增加了解，促进谈判。交流就是指双向的信息流动。信息单向流动不可能达到消除无意僵局的目的。所以，交流是谈判双方的共同要求。

比如，因为未整齐着装而引起谈判中断时，主动中断的一方可以说："贵方衣冠不整，对我方是一种不敬。今天我们无法谈判。若贵方真正想与我方谈，那就请贵方整理好了衣着再约。"明确说明不满的原因。

听者若无意不敬，一定会说："对不起，我不是故意对您不敬。我接受你的批评。我同意改期再谈"。这也是交流了"不是有意不敬"的信息，并马上约定新的会谈时间，不让僵局后果蔓延。

当然，这种细微的心理对抗的后果，被刺激的一方一般不会直说，而是会人为缩短会谈时间，或不认真投入谈判来回敬对手。其实，采取这种不"交流"的做法，其效果并不佳，对谈判双方均有代价。因为你缩短时间，不投入谈判，结果是自己时间、人力的消耗，而不会因泄气而得到更多。但交流的结果必然是既达到批评对方的效果，又会使对方更好地投入谈判，从而促进谈判的效果。这样才可以变坏事为好事，提高谈判效率。

◆ 角色移位法

所谓角色移位，简单地说就是要设身处地，从对方角度来观察问题。这是谈判双方实现有效沟通的重要途径。当我们多一些从对方角度来思考问题，或设法引导对方站到我方的立场上来思考问题，就能多一些彼此的了解。这对消除误解与分歧，找到更多的共同点，构筑双方都能接受的方案，具有积极的推动作用。

特别是在涉外谈判时，常常有这种情况，有时谈判陷入僵局，我们先审视己方所提的条件是否合理，是否有利于双方合作关系的长期发展，然后再从对方的角度看看他们所提的条件是否有道理。如果善于用对方思考问题的方式进行分析，就会获得更多突破僵局的思路。有时，这种换位思考是很有效的，一方面可以使自己保持心平气和，可以在谈判过程中以通情达理的口吻表达我们的观点；另一方面可以从对方的角度提出解决僵局的方案，这些方案有时的确是对方所忽视的，所以一旦提出，就很容易为对方所接受，使谈判顺利地进行下去。

比如近10多年，一些新兴的工业国家迅速崛起，我国同这些国家的商务交往越来越多。在同这些国家的厂商打交道中，我们会发现对方有时会提出一些过分的要求，如要求我们购买他们的虽非常先进但我们看来却不太经济的设备，这与我方的要求相距甚远。当碰到这种谈判僵局时，我们就可以设法引导他们设身处地地从我们的角度多考虑："我们投在这个项目上的资金是有限的，因为我们国家目前的状况同你们国家在经济起飞时的那段时期的情形是相似的。你们国家当初要发展，也是非常希望获取高投入产出比的。为什么今天我们要把一分钱掰作两瓣用时,你们就不能理解了呢?"这样的提问容易使对方产生一种认同感,因而把合作条件恢复到合理的水准上来。

◆ 据理力争法

当谈判陷入僵局时,并不只有客客气气地商议,平平和和地谅解才是解决问题的唯一方式。有时对于对方提出的不合理要求,特别是在一些原则问题上所表现出蛮横无理时,要做出明确而又坚决的反应。

A国政府曾为上海提供一笔捐款作为某个工业项目的可行性研究的资助,于是,我方按照赠款的条件选择A国某管理咨询公司为合作伙伴。在1989年春夏之际,该公司的专家全部离华,随后又迟迟不返,我方催促了几次也不来。该公司在离华之前已经做了大量的前期工作,此时非但不派人来继续工作,而且还一再催促我方马上付款,同时请A国官员出面通融,但都被我方拒绝了。我方的答复为:贵国政府基于错误的判断,曾经建议其商人在一段时间内最好不要来华,而不是命令贵公司一直不要来华。其实,贵国许多公司的专家并没离华,即使离华的也早就回来了。既然现在合同依然有效,双方就应该按合同办事,对于任何违约行为与要求,我们是不可能认同和予以满足的。

但这家管理咨询公司的总经理得到消息后,却仍理屈词穷地声称:"倘若你们现在不付款,那么我公司将永远不再来沪,一切后果由你方负责"。对外方这种无理要求,我方当然不能示弱,于是义正词严地答复:"贵公司当然有权做出这样的选择。但根据合同,你方的专家必须马上来沪,最好明天就来,而且只有来了以后并工作一段时间,并表现出继续合作的诚意,我方才能付款"。

不久,对方无可奈何地派出三名专家来沪重新开始工作,并且工作得很努力,过了10天,这家公司负责该项目的副总经理又打电传过来,希望我方付款给该公司,此时我方才按合同的规定付了款。

遇到像这样对方明显理屈的情况，我们一定要据理力争。任何其他替代性方案都将意味着无原则的退让，因为这样做只能助纣为虐，增加对方日后的"胃口"，从自身来讲，却要承受难以弥补的损害。而同对方展开必要的斗争，让他们知道自己的观点站不住脚，就可能使他们清醒地权衡得失，做出相应让步。

当然，面对对手的无理要求与无理指责，采取一些机智的办法对付，通常比鲁莽的正面交锋更有效，同样具有针锋相对的作用，而自己可以留有余地，将对手置于尴尬境地。比如，有一次多边国际商务谈判中，某大国的首席谈判代表在发言中非常傲慢，颐指气使，"你们必须……"，"你们不能……"，"我奉劝你们……"，开口闭口都是命令的口吻，等他发言完毕，轮到我国代表发言时，我国代表不紧不慢地说："中国有句俗话说'不要教老奶奶怎么煮鸡蛋'"。这句中国俗话着实让那位外国谈判代表回味了好久，嚣张的态度就随之缓和下来了。

◆ 关注利益法

谈判者是为了自身的利益坐到一起来的，但是在实际谈判中，谈判人员往往把更多的注意力集中在各自所持的立场上，当双方的立场出现矛盾甚至对立时，僵局就不可避免了。虽然谈判者的立场是根据自己的认识与谈判做出的，但形成这种立场的关键却是利益。有趣的是，在双方处于僵持状态时，谈判者似乎并不愿再去考虑双方潜在的利益到底是什么，而是一味地希望通过坚持自己的立场以赢得谈判。这种偏离谈判的出发点，错误地把谈判看作是"胜负战"的做法，其结果只会加剧僵局自身。若重新把注意力集中在立场背后的利益上，就可能给谈判带来新希望。

一家超市，计划在市郊建立一个购物中心，而选中的土地使用权归新阳村所有。超市愿意出价200万元买下使用权，但新阳村却坚持要300万元。经过几轮谈判，超市的出价上升到220万元，新阳村的还价降低到280万元，双方再也不肯让步了，谈判由此陷入了僵局。看来，新阳村坚持的是维护村民利益的立场，由于农民以土地为本，失去了这片耕地的使用权，他们就没有什么选择，只是想多要一些钱来办一家机械厂，另谋出路。而超市站在维护企业利益的立场上，由于超市是分店，让步到220万已经是多次请示总部后才定下的，他们想在购买土地使用权上省下一些钱，用于扩大商场规模。然而冷静地审视双方的利益，则可发现双方对立的立场背后存在的共同利益，失去土地的农民要办一家机械厂谈何容易，而超市要扩大商场规模，就要招聘一大批售货员，依靠购物中心来吸纳大量农村劳动力，即可解决农民谋生问题，又可解决补充售货员的困难，成为双方共同的利益所在。由此，双方就有了共同的目标，很快就找到了突破僵局的方案。方案之一，按220万元成交，但超市建成后必须为新阳村每户提供一个就业的名额；方案之二，新阳村以地皮价220万元入股，待超市建成后，划出一部分让农民自己经商，以解决生活出路问题。由于双方的需要均可得到满足，谈判很顺利地打破了僵局，进入两个方案的比较与选择中去，不久协议很容易地达成了。

所以在谈判中，在对立立场背后所存在的共同性利益，常常大于冲突性利益，认识和发现到这个方面，就为突破谈判僵局带来了新的契机。

◆ 借用外力法

在政治事务中，特别是在国家间、地区间冲突中，由第三者出面做中间人进行斡旋，往往会获得意想不到的结果。

谈判也完全可以运用这一方法来帮助双方有效地消除谈判中的分歧，特别是当谈判双方进入立场严重对峙、谁也不愿让步的状态之际，找到一位中间人来帮助调解，有时就会很快使双方立场出现松动。

当谈判双方严重对峙并陷入僵局时，双方信息沟通就会发生严重障碍，互不信任，互相存在偏见甚至敌意，此时由第三者出面斡旋，可以为双方保全面子，使双方感到公平，信息交流可以变得畅通起来。中间人在充分听取双方解释、申辩的基础上，能很快找到双方冲突的焦点，分析其背后所隐含的利益性分歧，据此寻求弥合这种分歧的途径。谈判中的双方之所以自己不能这样做，主要还是由于"不识庐山真面目，只缘身在此山中"。

与政治事务冲突不同，谈判中的中间人主要是由谈判者自己挑选的。不论是哪一方，所确定的斡旋者应该是对方所熟识，为双方所接受的角色，否则就很难发挥其应有作用。因此这就成为谈判一方为打破僵局而主动采取的措施。在选择中间人时不仅要考虑其能否体现公正性，并且还要考虑其是否具有权威性。这种权威性是使双方逐步受中间人影响，最终转变强硬立场的重要力量。而主动地运用这一策略的谈判者就是希望通过中间人的作用，将自己的意志转化为中间人的意志来达到自己的目的。

在实际谈判过程中，中间人可以是独立于谈判双方的第三者，也可以是与双方都有利益者，甚至可以选择一位对方集团中具有实际影响力的关键人物作为突破口，借以劝服对方撤走设置在谈判桌上的防线，这往往也成为一种非常有效而又简捷明快的做法。

◆ 寻找替代法

有一句俗话，"条条大路通罗马"，用在谈判上也是恰如其分的。谈判中一般存在着多种可以满足双方利益的方案，而谈判人员经常只是简单地采用某一方案，但当这种方案不能为双方同时接受时，僵局就会形成。

在埃以和谈中，以色列最初宣布要占领西奈半岛的某些地方，显然这种方案是不能为埃及所接受的。当双方越过对应的立场来寻求坚持这种立场的利益时，往往就会找到既能符合这一方利益，又符合另一方利益的替代性方案，即在西奈半岛划定非军事区。于是，埃以和约得以签订。

在获取土地使用权的谈判中，双方原来坚持的立场都是合理的，而当双方越过所坚持的立场，而去寻找潜在的共同性利益时，就能找到许多符合双方利益的方案，僵局就可以突破。谈判不可能总是一帆风顺的，双方磕磕碰碰是很正常的事，这时，谁能创造性地提出可供选择的方案——当然这种替代方案一定要既能有效地维护自身利益，又能兼顾对方利益——谁就掌握了谈判中的主动权。不要试图在谈判开始就明确什么是唯一的最佳方案，这往往阻止了许多其他可作选择的方案的产生。相反，在谈判准备时期，如果能构思对彼此有利的更多方案，往往会使谈判如顺水行舟，一旦遇有障碍，只要及时调拨船头，就能顺畅无误地到达目的地。

◆ 利用矛盾法

一个谈判者要善于抓住谈判对手阵营中的矛盾，把矛盾作为打破僵局的突破口。有时僵局倒不是双方协调不够，恰恰是对方自身内部矛盾的后果。这时"以子之矛，攻子之盾"，就会使对方陷入进退两难的尴尬境地。利用对方内部的矛盾进行巧妙的谈判与斗争，使对方不得不付出造成谈判僵局的代价。打破僵局的责任要由对方来负，就会促使对方寻找突破口，这样无形之中，僵局就会被逐步地"消化"掉。

如我国曾从E国获得了2000万美元的政府贷款，合同签订后发生了一些国际纠纷，两国的贸易额开始下降，贷款协议迟迟没有生效，延误了时间，这给一个获得几百万美元合同的E国公司造成了一些损失。于是，该公司就要求把合同价格提高4%，否则他们将会取消合作生产计划。这个项目对我们来说相当重要，而我们又已经将有限的资金作了各种分配安排。如果答应了这个公司的要求，口子一开，其他几家厂商就会趁机要挟，后果将不堪设想。

形势一下变得非常严峻。经过冷静分析，我方认为只有将矛盾引向E国内部才能争取在谈判中的主动权。因此我方明确表示不能接受对方要求，一方面做工作："对于贵公司的意外损失，我们深感同情，对于贵公司所提出的价格要求我们表示理解。然而整个过程是由于贵国政府对中国形势产生的错误估计，而做出的错误决策所造成的，由此使我们在贵国的许多合作伙伴蒙受了一些不必要的损失。看来，这个责任只能由贵国政府承担。"这家公司认为我们讲得有理，于是，就联合了这个项目的其他几家厂商一起向本国政府施加影响。由于我们成功地转换了对方的视线，将矛盾焦点引向对方内部，结果E国政府不得不做出一系列灵活的表示。于是E国的几个公司也都继续如约合作，僵局也就被突破了。

◆ 抓住要害法

打蛇打七寸，方能给蛇以致命一击；反之，不得要领，乱打一气，就会被蛇紧紧地缠住，结果会消耗更多的时间、精力与体力，甚至赔上自己的性命。

把这一思想运用到谈判中来，就是会善于拨开笼罩在关键问题上的迷雾，找出问题症结所在，抓住要害进行突破；否则，无休止地在表面问题上争执，既会伤了双方和气，又会使问题变得更加复杂，如果不小心，还会被对方抓住破绽，使自己陷入极其被动的境地。

有一次，某人驾驶汽车经过一个停车场，突然从停车场内飞驶出来一辆摩托车，因为避让不及，那位摩托车手被撞后弹出很远。警察赶到时，现场没有目击者，责任在谁，一下很难辨明。恰巧一位物理老师路经此地，他让警察测量了撞车位置与那位摩托车摔倒的位置之间的距离，询问了摩托车手的体重，然后掏出计算器揿了几下，告诉警察，依据运动物体抛物线轨迹的原理，这辆摩托车当时的时速至少在45公里以上，而交通规则规定停车场区域的车速不能高于25公里。结果，汽车驾驶者不但不负责任，反而从保险公司得到了赔偿。

这种情况在商务谈判中同样适用，在谈判中应善于抓住本质的问题，抓住对方的破绽，这是突破僵局的一种策略。问题是会不会抓住要害，这就要靠深刻的分析与犀利的判断，以及果断及时的出击。当然这些并不是天生俱来的，要靠生活的积累及实践的磨炼。但是，如果注意了这一点，日久天长必有收获。

◆ 借题发挥法

借题发挥有时被人们看作是一种无事生非、有伤感情的做法。但是对于谈判对方某些人的不合作态度，或试图恃强凌弱的做法，不用借题发挥的方法做出反击，是很难使他们有所收敛的。相反，可能还会招致对方变本加厉的进攻，从而使我们在谈判中进一步陷入被动。事实上，在一些特定的形势下，抓住对方的漏洞，借题发挥，小题大做，就会给对方一个措手不及，这对于突破谈判僵局会起到意想不到的效果。

倘若对方不是故意为难我们，而我方又不便直截了当地提出来，则以此旁敲侧击一下，也可让对方知错就改，主动合作。

◆ 临阵换将法

临阵换将是在谈判中用来打破僵局的一种常用做法。倘若僵局是由谈判人员失职或素质欠缺造成的，如随便许诺、随意违约、好表现自己、对专业问题缺乏认识等，此时不调换这些人就不能维护自身利益，不调换他们就不能打破僵局，甚至有可能损害同对方的友好合作。然而有时在谈判陷入僵局时，调换谈判人员倒并非出于他们的失职，却可以是一种自我否定的策略，用调换人员来表示以前我方提出的某些条件不能作数，原来谈判人员的主张欠妥，因此在这种情况下调换人员也常蕴含了向对方致歉的意思。

临阵换将，把自己一方对僵局的责任归咎于原来的谈判人员，不管他们是否确实应当担负这种责任，还是莫名其妙地充当了替罪羊的角色，这种策略可为自己主动回到谈判桌前找到了一个借口，缓和了谈判场上对峙的气氛。非但如此，这种策略还含有准备与对手握手言和的暗示，成为我方调整、改变谈判条件的一种标志，同时这也是向对方发出新的邀请信号，表示我方已做好了妥协、退让的准备，对方是否也能做出相应的灵活表示呢？

谈判双方通过谈判暂停期间的冷静思考，如果发现双方合作的潜在利益要远大于既有的立场差距，那么调换人员就成为不失体面、重新谈判的有效策略，而且在新的谈判氛围中，在经历了一场暴风雨后的平静中，双方都会更积极、更迅速地找到共同点，消除分歧，甚至做出必要的、灵活的妥协，僵局由此而可能得到突破。但是，必须注意两点：首先，换人要向对方做婉转的说明，使对方能够予以理解；其次，不要随便换人，即使出于迫不得已而换人，事后也要向换下来的谈判人员做一番思想工作，不可挫伤他们的积极性。

◆ 有效退让法

达到谈判目的的途径是多种多样的,谈判结果所实现的利益也是多方面的,有时因为谈判双方对某一方面的利益分割僵持不下,就轻易地使谈判破裂,这实在是不明智的。他们没有想到,其实只要在某些问题上稍作让步,在另一些方面就能争取更好条件。这种辩证的思维是一个成熟的商务谈判者应该具备的。

就拿从国外购买设备的谈判来看,有些谈判者常常会因价格分歧而不欢而散,至于诸如设备功能、交货时间、运货条件、付款方式等方面尚未涉及,就匆匆地退出了谈判。事实上,购货一方有时可以考虑接受稍高的价格,但在供货条件方面,就更有理由向对方提出更多的要求,比如增加若干功能,或缩短交货期,或除在规定的年限内提供免费维修以外,还要保证在更长时间内免费提供易耗品,或分期付款,等等。

谈判犹如一个天平,每当我们找到一个可妥协之处,就好比找到了一个可以加重自己要求的砝码。在商务谈判中,当谈判陷入僵局时,如果对国内和国际情况有全面了解,将双方的利益又把握得恰当准确,那么就可以用灵活的方式,在某些方面采取退让的策略,去换取另外一些方面的利益,以挽回本来看似已经失败的谈判,达成双方都能接受的协议。

不要忘记坐在谈判桌前的目的,毕竟是为了成功而非失败。所以,当谈判陷入僵局时,我们应有退一步海阔天空的认识,即如果促使合作成功所带来的利益,大于因坚持原有立场使谈判破裂所带来的好处,那么我们还是应该采取有效退让的行动去促成谈判成功。

◆ 跳出惯性思维

图书馆里两个邻座的读者,为了一件小事引起了争执。一个想打开临街的窗户让空气清新一些,以保持头脑清醒,有利于提高读书的效率;一个想关窗不让外面的噪音进来,保持室内的安静,以利于看书。二人争论了半大,却不能找到双方满意的解决方法。这时,管理员走过来,问其中一位读者为什么要开窗,答曰:"使空气流通"。她又问另一位为什么要关窗，答曰："避免噪声"。管理员想了一会儿，随之打开了另一侧面对花园的窗户，既让空气得到流通，又避免了噪声干扰，同时满足了双方的要求。

这是个由立场性争执而导致谈判僵局的经典例子，例子中两位读者只在开窗或关窗上坚持自己的主张，谁也不肯让步。在这种争执中，当对方越坚持，另一方就越会抱住自己的立场不变，真正的利益被这种表面的立场所掩盖，而且为了维护自己的面子，非但不肯做出让步，反而会用顽强的意志来迫使对方改变立场。于是，谈判变成了一种意志力的较量。

因此谈判双方在立场上关注越多，就越不能注意调和双方利益，也就越不可能达成协议。或者即使最终达成了协议，那也只是图书馆的窗子"只开一条缝"或"半开"或"开四分之三"之类的妥协，这种妥协撇开了那位管理员注意到的事实，即双方达到目的的途径分别是"空气流通"和"避免噪音"，因而也就不可能使双方都得到充分满意。相反，因为谈判者都不想太快做出让步，或以退出谈判作要挟，或步步为营。这些做法增加了达成协议的困难、拖延了时间，甚至使谈判一方或双方丧失了信心与兴趣，使谈判以破裂告终。

因此，纠缠于立场性争执是低效率的谈判方式，它撇开了双方各自的潜在利益，不容易达成明智的协议，而且因为久争不下，它还会直接损害双方的感情，谈判者要为此付出巨大代价。可惜的是，对于谈判者来说，立场性争执是他们在谈判中最容易犯的错误，由此造成的僵局也为最常见的一种。

有时候，跳出惯常解决争议的思维方式，试着用第三种解决方式，往往可以使谈判结果呈现皆大欢喜的局面。

◆ 退避三合法

对无意识形成的僵局，思想上应树立非对抗意识，措施上要避免双方陷入对抗的局面。

先退避三舍，即在事情发生后，犯错的一方可采取"退避三舍"的态度，而不去纠缠对方。"三舍"是说，让对方把气撒尽，把怨言说尽。谈判中类似"一石激起千层浪"的时刻很多，立即制止，反会引起更多的浪。再说，对方很难听进。无奈地任其为之，反而不失为良策。事实上，当你稳住自己，关注地听对方的数落时，他会有感受的。有时对方谈判者在你的沉默面前反而消了气。但是，此时你的面部表情应"平和"，不要怒目圆睁，沉脸皱眉地冷视对手。与此相反，应是以委屈、无奈的目光与脸色对视对方，力求得到较好的效果，一般眼睛不要离开对手及其助手。

在对手停住话，轮到己方发言时，要平心静气地做解释，以求能和平结束僵局。求和的发言不体现在话软，更不能去反驳对方话中的错误，而是应当通过自己的真实思想活动（所想、所感）来证明自己无意。至于对方的过火言论由其自己去纠正。此时，表述的语气要平和，眼神和脸色也应是友好的。静心求和，不能口是心非，表里不一。只有静心，并且言出与所思一致，语句与神采一致，求和效果才会最佳。

由于个人的某些缺点，有些谈判对手对本来合理、真诚的表述可能会抱着猜疑、甚至"不买账"的态度。除了个别用心不良者外，大多谈判者属"猜疑"范畴。此时，己方要"忍耐"。忍耐之意在于不计较对手态度，同时还要耐心再做解释。

◆ 自缄其口法

谈判者在与对手谈判时出言务必要谨慎。有道是："病从口入，祸从口出"。谈判中更应严防出祸。要做到讲有把握的话，听说相宜、话有余地。

首先要求谈判者对所言要有根有据，切中话题，并有反驳对方之力。这里强调了言之有据和言后的应付力效果。讲有把握之言，反映客观依据，使之接近真理。同时，又反映在效果上，能够说服和感染人。若一时不能说服人，则应有力量（理由）为自己辩护。

例如，当你批评对手太自信，对别人的意见一点儿也听不进时，必然有依据证明他在真理面前的傲慢，并且依据还应是多层次的——真理的证明和傲慢的证明。

听说相宜,则是指谈判时善于运用所说来有效地表达自己的想法。慎言者,善于听。当你对谈判对象提出的事不甚了解时,成功的做法是先倾听。先听就是先了解情况,搞准了话题以及说者的思想后再说。有多少把握,就说多少。之后,再听,听懂了,再说。听与说则依谈判者的把握程度,以相应的频率交替使用,使听与说的配合效果达到最佳。

例如,谈判中,有的人会说:"×先生,贵方在交易上有什么习惯,请讲讲。"这就是听的运用。当他再说:"贵方×种习惯与我方在这类交易上运作的办法相近。"或"按贵方说的那样,我认为它对双方义务不太公平,似乎过于保护卖方(或买方)。"这是说的运用,并且是以听为前提的。

不说满话和绝话,就是说,说出的话要有改动的余地,就会有了听的主动权,也会有说新观点的主动权。

当你提出:"我认为该问题就是这样。""贵方的说法太奇怪了,我从未听过。""若果真如此,我就一定那样。""不管你找谁来调解,我都决不改变我的要求。"等等。这些话都是满话与绝话,毫无回旋余地可言。

而类似"我想谈谈我的初步想法,请贵方考虑有否道理。""由于对该问题了解不深,从我听了贵方的讲话后,虽印象有所加深,但我仍没把握是否完全理解了贵方的意见。""我刚才讲的是我方单方面意见,我希望能听取贵方全面的见解。""我从未去过贵国,对贵国的文化了解得很肤浅,我试着讲讲我方的观点,若有冒犯之处,恳望指正。"等等。这些话均反映一种机会与主动,万一"起火",就可以用来熄火,对对方有"预防针"的作用。

◆ 背水一战法

背水一战,如同釜底抽薪一样,是一种有风险的策略。它是指在谈判陷入僵局时,有意将合作条件绝对化,并把它放到谈判桌上,明确地表明自己已无退路,希望对方能够让步,否则情愿接受谈判破裂的结局。这样做的前提是双方利益要求的差距不超过合理限度,则对方有可能忍痛割舍部分期望利益、委曲求全；反之，倘若双方利益的差距实在太大，是单方面的努力与让步所无法弥补的，谈判也只能由此收场了。

在一次引进设备的谈判中，一家公司选择了两家外商A公司与B公司，作为可能的合作伙伴。根据两家公司报来的资料与价格，该公司同两家公司分别作了初步接触，发现A公司名声较响，设备质量也较好，而且报价也较高，达600万美元；B公司虽名气不及A公司，但设备质量毫不逊色，功能却要多些，报价稍便宜，为580万美元。根据各方面情况的综合考虑，该公司决定把B公司的设备作为首选对象。然而，这个价格仍然偏高，谈判的关键是要它把价格降下来。

于是，该公司邀请B公司派代表来华洽谈，通过几轮谈判，B公司几次降价，最后报出价格为520万美元，并声明再降1美元，它就不干了。然而事实上据得到的情报，按照这个价格B公司仍可获得可观的利润，因此这个价格似乎还是高了些。因此该公司在与B公司谈判的同时，也保持着与A公司的联系，这显然对B公司造成了一些压力。

这时，该公司就对B公司采取了釜底抽薪的计策，坦率地告诉B公司谈判代表，虽然贵公司作了很大让步，但我们在该项目上顶价是500万美元，超过这一限度，要另向上级申请，能否批准，心里也没底。希望贵公司再作一次最后的报价，否则，虽然我们非常希望购买贵公司的设备，但看来也只能另择伙伴了。对此，将感到遗憾。

B公司谈判代表虽然不太乐意，但眼看就要到手的合同有可能告吹，只得再紧急与公司本部磋商，最后终于以497万美元同该公司达成购买设备协议。

当然，这一策略不是可以轻易随便采用的。然而当谈判陷入僵局，而又无计可施时，这往往是最后一个可供选择的策略。做出这一选择时，我们要做好最坏打算的思想准备，否则到头来万一谈不成时，会显得茫然失措。特别是如果盲目滥用这一做法，只会吓退所有的合作者，最后搞得竹篮打水一场空。

如果僵局就此突破，我们就要兑现承诺，与对方签订协议，并在以后的执行中，充分合作，保证履约。切忌用A来压B，因为搞得不好，如果两家公司联合起来对付我们，我们就会非常被动。在整个过程中，我们应该严格遵守商业信用和道德，不能随意承诺，一旦承诺就要兑现。特别要注意的是货比三家与轮番压价绝对不是一回事。

僵局无法突破时的对策

僵局形成后会有两种结果的，最终解决或未能解决。尽管谈判前双方都抱有很大的期望，但不论你有多么高明的谈判技巧，或一方付出多大努力，僵局仍可能无法突破，协议仍有可能未能达成。正如跳交谊舞必须由两人跳一样，做成一笔交易也必得双方，或甚至多方自愿才能实现。但现实中，有很大理由，可以使你的谈判对手不愿意同你共舞，或使你不愿意同你的谈判对手共舞。

这时，你该说些什么呢？

垂头丧气，不言不语？恼羞成怒，恶语伤人？还是不屑一顾，挖苦对方？这些都不可取。明智的选择是既保持你的尊严和原定方案，又要照顾对方的脸面和情感，让彼此都随时敞开重新谈判的大门。因为在商品、技术竞争异常激烈的今天，谁拥有客户、拥有市场，谁就拥有一切。最佳的选择是运用你的口才和智慧来留住这一切，这会使你的路越走越宽。

◆ 生意不成仁义在

当对方在谈判中拒绝了你时，请别生气。应该认识到这可能是对方一时无法决定。一次谈判未能签订协议，并不意味着一切努力都纯属白费。如果你能使这次谈判，在友好、愉快的气氛中结束，那么就为下次再与同一对手打交道，奠定了基础，以后就会有获得好结果的可能。

这时，你应表现出坦然自若，不愠不怒。当看到这次谈判的僵局实在无法挽救时,你下一步要做的便是即使留不住人,也要留住谈判者的心。生意不成仁义在。

言语中要表现出一种大度、宽容、热情。使对方内心产生一种愧疚感,从而重敲谈判之门。

例如,在许多年前的中日出口钢材谈判中,尽管我方提出了合理的报价,经过反复磋商,仍未与日方达成协议,眼看谈判要不欢而散。我方代表并没有责怪对方,而是用一种委婉谦虚的口气,向日方道歉:"你们这次来中国,我们照顾不周,请多包涵。虽然这次谈判没有取得成功,但在这十几天里,我们却建立了深厚的友谊。协议没达成,我们不怪你们,你们的权限毕竟有限。希望你们回去能及时把情况反映给你们总经理,重开谈判的大门随时向你们敞开。"

日方谈判代表原认为一旦谈判失败,中方一定会给予冷遇,没想到中方在付出巨大努力、精力未果的情况下,一如既往地给予热情的招待,非常感动。回国后,他们经过反复核算、多方了解行情,认为我方提出的报价是合理的。后来主动向我方投来"绣球",在中日双方的共同努力下,第二次谈判终于取得了圆满成功。

我方谈判成功的诀窍,便是充分利用对方谈判者的感激心理。在第一次谈判失败的情况下,不责怪、冷遇对方,而是施以情感投资。因为他们认识到了如果这样做,重开谈判之门也便让你关死了。

当对方拒绝达成协议的时候,我们可以这样说:

"应该给您留一段充分考虑的时候,我们尊重您的这一权利。"

"我们充分理解到您所被授予的权限是有限的。希望您在向上司汇报之后,能跟我们再次坐在谈判桌旁。"

"占用您这么长时间,实在不好意思。希望我们以后长期合作。"

"谈判虽然没谈成,但我们会珍惜这段时间所建立的友谊。"

除此之外，你还应当从失败的谈判中，学到一些将来可能有用的经验和教训。是不是报价太高，对方无法接受；是不是没有掌握好语言分寸，得罪了对方。从这次的失败中汲取一些东西，问问自己如果换个方式、做法，是不是会获得预期的结果。

◆ 别关了重新谈判的大门

谈判已经破裂，彼此都无法再做丝毫让步，这次谈判是没希望了，但并不意味这笔生意彻底黄了。当协议无法达成的时候，你还可以向对方抛出您的"绣球"，如"我们可以进一步磋商，下一次见面再谈。"

谈判未能成功，可能有很多原因。可能是时间仓促，其他方案还没拿到谈判桌上，也可能是当时准备不足，资料不全，无法定夺。这时，你必须留意将来别关再谈判的大门——即使再谈不大可能。但如果你真的又和你的谈判对手见了面，那笔生意仍有可能做成。

对方受你的话启发，先来找你那当然好，因为这不但告诉你对方对达成协议很感兴趣，在策略上你也算是占了上风。从理论上讲，由于他们主动联系，这至少说明他们比你更想做成这笔交易。这样，重开谈判的时间和地点，就多半由你来定。例如，当你接到对方要求再谈谈的电话时，你就可以这样说："当然可以再谈谈，那么星期三下午5点到我们这儿，怎么样？"因为对方打电话是试探你的态度，并不确知你也急于重开谈判，所以，也不可能开始便说出重谈的时间、地点，所以，你便可以趁机抓住对方的迫切心理，以争取主动。

另一种情况，当你说了"我们可以进一步磋商，下一次见面再谈"这句话，可你等了一两个星期之后，却仍听不见对方有什么动静，这时，由你打个电话给对方，也未尝不可。很可能对方会告诉你，他们不想再谈了。但这至少使你能够确知，这笔交易彻底告吹，然后可以集中精力另觅他途。

还有一种可能，对方想听听这回你说什么。所以，到了必须那样做的时候，也大可不必羞羞答答，应直截了当地告诉他。话可以说得具有诱惑性，使对方不能不想试一试。假如谈判重开，会给你带来很大的好处，可以对你方最后报盘做大的修改。告诉他："我们对最后报盘的修改和主动跟你联系，都说明了我们有达成协议的意向。希望我们都能做出点牺牲。"

这一行为很有希望成为推动交易达成的重要因素，但是，如果对方拒绝从原来的立场退让，你应该想法使他们向后挪挪。你可以这样说：

"谈判之所以能重新开始，是因为我有这么一个印象，即咱们双方都向后让让，老实说，我们已经修改了我们的报盘。因此，如果您确有诚意做成这笔交易的话，您也应该给个回盘了。"

这将迫使对方让步。当然，这得由对方自愿，愿意从谈判破裂的地方后移。从心理学角度分析，对方既然愿意再次谈判，一般也都做了适当的准备。即使是个强硬派，"坚持原来立场不变，除非依了我们的条件，否则协议将无法达成。"也不能说明重开谈判是失败的。它至少让你彻底放弃努力，可以放下包袱，寻求其他的谈判伙伴了。

例如上次你们在交易告吹时，并未讨论过其他方案，那么重开谈判肯定是个好消息。当然，如果你在重开谈判时发现对方立场丝毫没有改变，也只能是一场空欢喜。如何去改变对方的立场呢？

1. 有耐心

重开谈判，由于有了前次谈判的经验和教训，更不应该急躁冒进。说服必须耐心细致，不厌其烦地动之以情、晓之以理。讲清利弊。由于谈判曾谈破裂过一次，对方基于面子或其他原因，一时还下不了台。这时你不要太心急，要给对方时间，直到瓜熟蒂落。你可以说："你可以回去考虑考虑，一个星期内再给我答复。"

2. 借助动机

谈判取得成功的一个重要方面在于把握时机。时机会给谈判者的说服工作增添力量。这包含两方面的含义：其一，己方要把握对说服工作有利的时机，趁热打铁、重点突破；其二，是向对方说明，这正是接受意见的最佳时机。比如，你可以跟对方说："很多人往往由于未能很好地听取别人的意见，把握住时机，而永远失去了成功的机会。现在我们主动提出再次谈判，而且重新调整了我们的最低报盘，是因为我们想与贵方建立良好合作关系。机不可失，时不再来呀！"听到这些，对方不会无动于衷的。

3. 给对方开一张"保票"

人都有趋利避害的心理。在谈判中，谈判者最关心的问题是如果接受对方的条件，能否为己方带来利益？究竟能带来多大利益？前次谈判之所以破裂，就是对方认为接受你的条件对自己不划算。如果你这次谈判不能为对方解开这个心中的疑团，那么，这次谈判注定也是要失败的。谈判不是宗教信仰，只讲奉献，不讲索取。因此，要使对方改变立场，必须给对方开出一张光明的"保票"，使对方对改变其立场，一定会获利的光明前景深信不疑。例如，你可以说："按这个条件达成协议，你会成为协议的最大获利者。"

4. 由浅入深，从易到难

要让对方改变立场，是一种很难做的思想工作，因此要遵循循序渐进的方针。如果前次谈判曾经失败过，说明双方存在着重大分歧。开始时，要避重就轻，从容易让步的环节打开缺口，逐步扩展，对一时难以解决的问题可以暂时抛开，等待适当时机。不可以运用"揉面说服法"，把尚未解决的问题渗入已经解决了的问题中说服。

5. 变换说服的角度

谈判中的说服工作要有耐心，不等于要谈判者反反复复唠叨已经陈旧不堪、令人厌烦的话题，这只能增加对方的抵触情绪，而不会收到什么好的效果。当说服的角度不对路时，谈判者要及时更换新的角度，寻找新的方法，再把说服工作进行下去。

比如，你同一电视机厂进行谈判时，从质量、性能、规格等方面说服厂家降低报盘，对方都无动于衷。这时，你应当转换一下角度，说如今电视机行业的龙头老大"长虹电器"将要普遍降低电视机价格的20%~30%。对方马上会意识到要想在这一行业中站住脚，也必须降低价格了。

在重开谈判中说服对方改变立场，肯定会难于初次谈判。初次谈判之所以失败，就是因为双方都感觉没有让步的余地了。所以，在重开谈判中，应基于谈判的需求原理，通过听、问、叙、答、辩等要领，以及技巧综合运用、统筹兼顾，促使对方改变立场。比如，当别人意图陈述自己的观点时，己方就不能不顾"听"的要领而急于反驳，这只能使人产生抵触情绪，不可能达到使人改变立场的目的。在重开谈判中，很重要的一点就是要说出新意来，抓住对方的心。美国总统林肯说过："这是一句古老而颠扑不破的处世真理，'一滴蜂蜜比一加仑的胆汁能招引更多苍蝇。'人也是如此，如果你想赢得别人的心，首先要让他相信你是真正的朋友，那样，就像用一滴香甜的蜂蜜吸引住他的心。"

6. 引入竞争机制

你可以另外再找一个对方的竞争对手，让这两个谈判同时分别进行。最好办法是加快同第二个谈判对手的谈判，使他们尽快提出最后报盘，与此同时，你尽可能地拖延与第一个对手的谈判，适当时候，再以第二谈判对手要挟第一对手，即将对方引入竞争机制。

例如，我国某玻璃厂在引进一条浮法玻璃生产流水线谈判中，日方提出的报盘偏高，一开局就"筑高台"，报价高出中方所掌握的外汇底盘200多万美元，而且口气强硬，自恃技术先进，拒不让步，谈判不得不终止。

中方主谈人富有谈判经验。她深知要想让日方让步，关键的是粉碎日方舍此莫属的信念。她一方面稳住日方谈判代表，一方面派人去美国考察。发现尽管美国产品不如日本，而且价格也不低，尽管如此，中方还是向美国公司发出了谈判邀请，并故意将美方谈判代表安排在日方所住的饭店。结果日方谈判代表吃不住劲了，立即向日本公司通报了中方正在选择新的贸易伙伴的情况。日本人是很有商业头脑的，他们无论如何不能让到嘴的肥肉溜走。日本公司当机立断，增派谈判代表来华，要求进行第二次谈判。这样，日方试图以"舍此莫属"的优势，来垄断价格的念头破灭了。中方由被动谈判扭转为主动，日方却转为求助中方选择日方产品的不利境地。日方在谈判桌上放弃了以前那种盛气凌人的架子，大讲中日友好、合作，并声称愿意"给予优惠"。这时，中方主谈人才在谈判桌上说："我为专务先生（日方主谈人）的友好讲话感到高兴，我们已经注意到贵公司在生产线价格问题上的松动和转变。专务先生说我们是真诚合作的朋友，我也赞同。是朋友就要遵循平等互利的原则，不能一方占大便宜，另一方吃大亏，这不是朋友所为，我想专务先生不会对我的话有异议吧！"日本主谈人连声说："说得好！说得好！"中方主谈人接着说："关于浮法玻璃生产线，我们专程考察了美国的同类产品。他们产品质量、性能都很好，但报价却比贵公司低得多。我们已与美方代表有过接触，不过，如果贵公司的价格合适，我们也会首先考虑友好邻邦的。"此番分寸得当的话，作为此轮谈判的结束语，使日方回味无穷。这话至少给日方传递了两层意思、一个结论：其一，与美方有过谈判，其产品物美价廉，富有吸引力；其二，可优先考虑与日方成交；结论是价格必须"合适"，真可谓进退有度，左右逢源。

接着，中方主谈人又来到与美国人的谈判桌前，说："诸位先生想必已经听说了，在你们来中国之后，又来一个日本推销该产品的代表团。他们的质量技术不仅高于贵公司，而且报价低于贵公司30%。我想贵公司应考虑这个现实问题。"美方一听，日本已经来人，马上意识到自己的处境。他们满怀信心远道而来，怎能轻易让日本人抢走生意？于是立即答复"愿考虑一个适中的价格"。用日方压美方，再用美方压日方，价格一低再低。中方转移了矛盾，从中渔利，这样迫使日美两方竞相角逐，相互压价。这正是中方引入竞争机制之妙道。经过几番较量，中日终于以较低的价格达成了协议。

第二次谈判中，中方之所以能取得成功，关键是吸取第一次谈判失败的教训，抓住关键，对症下药，引入竞争机制，促使对方不得不让步。整个谈判中，中方主谈人绵里藏针、不卑不亢的语言艺术在也起到了至关重要的作用。

第七章 报价与议价

从某种意义上讲，商务谈判实际上是一种讨价还价的艺术。甚至还可以认为，所有的谈判不外乎都是"你报价，我讨价"的过程。价格谈好了，谈判也就成功了；价格没谈好，谈判也就破裂了。

报价的技巧

报价是价格谈判的第一环节，也就双方讨价还价的基点。如何报出一个对己方有利的价格，其中有许多学问值得谈判人员认真摸索与领会。

◆ 准确定价

报价的基础是商品的定价。商品的价格是极复杂的一个经济问题。价格是由商品成本、供求关系、平均利润率等各种因素决定的。市场上的价格，尤其是国际市场上的商品价格，主要受供求规律的影响，而供求关系的变化，又是由多方面的因素所决定的。因此，必须通过周密细致的市场调查，详细掌握市场信息，摸清影响供求关系的各种因素，才能较为准确地为商品定价和要价。

影响供求关系的因素有很多，主要是政治的、经济的、社会的、心理的，等等。

从政治方面来看，国际市场上，影响供求关系的首要因素是政治和军事的因素。一个国家内部的政权更迭、政治大选，都会对某种商品的需求产生影响。一些国家出于政治上的需要，往往会采取禁运、停运、断绝贸易往来等经济措施，进行制裁，中断原有的经济贸易往来，从而严重影响正常的供求关系。各国政府的方针、政策、法令法规、关税或非关税壁垒等，也在不同程度上影响正常的供求关系。战争因素对供求关系的影响也很大。交战双方中断经济贸易往来、停止运输等都会随之发生，商品输出、输入严重受阻。当然也有人趁机大发战争横财，囤积商品，形成虚假需求。

从经济方面看，商品质量的高低，花色品种的多少，使用价值的大小，都会直接影响供求关系。卖方会千方百计使买方确信其产品具有较大的使用价值。另外，一些国家经济发生变化情况，如处在经济危机或滞胀阶段时，对消费品或原料、工业产品需求的影响也都很大。

从社会方面看，影响价格高低的因素更是复杂。例如，有些商品的消费收费较高，如高档的舞会、卡拉OK；还有些商品的价格要依据习惯或时尚而定，如现在欧洲人在消费方面美国化了，对穿着不再像过去那样讲究；德国人对购买体育用品、电气玩具，特别是对先进技术的玩具等，极舍得花钱，但对华丽的时装、窗帘等则很注意节约；有些商品带有较高的风险价格，如商业通信卫星、股票；而有些商品的价格要根据消费者的支付能力、消费水平而定。如一些中下层的消费者更注重商品的实惠和价格，对一些小日用品，特别是一次性使用的消费品，并不太注重质量，只要漂亮，价格合适就行。有些商品采取限量销售，从而影响价格。如在传统商品市场上，一方处于绝对主宰地位，常常采取有意限量出售的方法。但若供应太少，即"饿死"消费者，又会迫使消费者另寻其他代用品或其他供应者。只要销售量控制得当，可保住适度的价格。

从气候因素和自然保护等方面看，气候因素是影响商品价格的经常性因素，尤其是对农产品的供应，和以农产品为原料的制成品的供应，有着直接的影响。在自然保护方面，由于人为的滥捕乱杀，过量的砍伐，已经致使一些动植物大量减少或面临绝种，从而使有些商品的货源枯竭，价格扶摇直上。

从心理因素看，在发达的市场经济条件下，某些人的消费心理发生畸形变态，一些商品的价格越高，销路反而越大。这种反常的消费现象，在西方经济学里称为凡勃伦效应。凯恩斯主义者认为，人们都具有对货币（或财富）的灵活偏好心理，如果人们对货币的灵活偏好心理过强，而货币的供应量不足，就会造成利息、物价上涨；相反，则会造成利息、物价下降。在市场上，买卖双方的灵活偏好心理不平衡，就会造成商品价格的波动。这种不平衡，表现在各个方面，例如，对一种商品，甲买主可能觉得对他十分适用，由于具有对货币有较弱的偏好心理，甲会感到这种商品价格便宜。而乙买主可能会觉得对他不十分适用，又因为对货币具有较强的灵活偏好心理，就会感到这种商品价格昂贵。对于前者，卖主可以要价高些，对于后者，卖主可以要价低些。

对于卖主来说，要认真分析商品成本、平均利润率以及影响供求关系诸因素的变动情况，对自己的商品要有一个正确的估量，为谈判中的商品要价做好准备。

报价，是指拟订好商品的价格和价格上、下可调幅度，进而运用价格的技巧，成功地促使生意成交。要具体考虑以怎样的商品价格才能使谈判者获得主动，并能实现自己的经济利益。

在商务谈判中，任何一方的要价都不是信口开河，而是经过仔细地分析、梳理而精心制定的。对要价依据的整理工作做得越是全面、准确、详细、及时，制定出的要价幅度就会越合理、科学，减少盲目性，不给对方造成可乘之机。所以必须做到：

第一，要全面、详细地掌握信息。要价的内涵就是准确把握商品价格和制定要价策略。要满足这两方面的要求，必须全面、详细地掌握商品的信息。要进行反复核实、验证、确定我方订立商品价格所依据的信息资料的可靠性，所定价格数额及备调幅度的合理性。如我方产品质量的优劣，品种规格的种类，各类产品的成本、利润、市场行情、地区或季节的差价、供求因素等；对方的需求数额、经营状况与能力，对产品质量、价格、规格的要求，政治与经济背景，等等。没有对商品信息的全面掌握，没有来自各方力量的全力配合，谈判人员就很难全面掌握要价依据。如果虚假要价依据，要价过高或可调幅度不符合实际，在随后的洽谈中，对方一旦提出异议，而自己又讲不出道理，就会使自己丧失信誉，进而影响谈判的顺利进行，严重的将导致谈判的失败。因此，商务谈判人员，都应有自己的经济情报网络系统。

第二，要不断地向谈判人员提供最新、最准确的要价依据。商务谈判人员除了要全面并详细掌握信息资料之外，还必须做到准确、及时。"准确"，就是信息的内容要真实。"及时"，就是要求各种信息资料来得快。尤其是当对谈判双方都极为重要的信息资料发生变化时，哪一方的情报来得快，哪一方就能置晚获信息的对方于不利地位。因此，必须把信息管理纳入日常工作，及时整理所获信息，由专门的工作人员不间断地整理，并及时向谈判人员通报。这样才能使谈判人员掌握好价格变动的幅度。

◆ 喊价要狠

国外有句名言："如果你的目标定得高，你的成就也就会更大。"有两位教授曾做了一个很有趣的实验。他们在作为买方和卖方的两组学生中间设了一道屏障，使双方无法对视，交易就在桌子底下用字条进行。实验者对两组的指示是一样的，只有一点不同，其中一组所接到的是"以7.5元成交"的指示，而另一组所接到的是"以2.5元成交"的指示。实验的结果是，被指示以7.5元成交的那组以接近7.5元的价格成交，而被指示以2.5元价格成交的那组以接近2.5元的价格成交。这个结果表明，期望较高的人总是能得到较好的结果，期望较低的人则往往愿意以较低的价格成交。

卖主喊价较高或买主出价较低的时候，都会造成对自己较为有利的结果。一个良好的谈判者必须知道三个诀窍：

（1）倘若买主出价较低，则往往能以较低的价格成交。

（2）倘若卖主喊价较高，则往往能以较高的价格成交。

（3）喊价高得出人意料的卖主，倘若能够坚持到底，则在谈判不致破裂的情况下，往往会有很好的收获。

本来买主在交易前和合伙人已商量好，准备花10块钱买一座钟，可是当他们听到卖主喊价100元时,他们便会感到原先拟定的价钱实在是太愚蠢了,便会将出价调整为20元或者25元,再和卖主讨价还价。

运用这种策略时,喊价要狠,让步要慢。借着这种方法,谈判者一开始便可削弱对方的信心,同时还能趁机试探对方的实力,并确定对方的立场。

商务谈判不是街头的小商小贩买青菜,青菜价格高了会吓跑顾客。商务谈判中的价格是由许多因素构成的,一般难以找到具有明显的可比性的同类产品或服务。

因此,假如你是买主,出价要低;假如你是卖主,喊价要高。不过,请千万注意,出价或喊价务必合理,不要过于轻率,而破坏了整个交易。若能在谈判时善用这个策略,争取到再商量的机会时,你将会有意想不到的收获。

◆ 卖个"便宜"给买方

卖方喊价后,紧接着要说明为什么要这种价格,并努力使买方觉得价格便宜。

1. 卖方对客户,要有针对性地强调产品质量、性能等方面的使用价值,并且还要强调产品将给买方带来的好处和经济上的效益

在介绍产品性能时,要针对不同的买方分别强调产品不同方面的性能,切忌不看对象,滥用大量专业性技术词汇进行面面俱到的介绍。介绍质量时,要针对买主的具体情况和要求,尽量强调那些买方感兴趣的质量特点。例如,农民在购买拖拉机时,他最关心的是拖拉机的质量与耗油量,卖方介绍时可着重于这两个方面。总之,卖方如能使买方相信该商品能给他带来好处,使其认识到你的产品正是他所需要的,从而产生强烈的购买欲望,这时,价格的高低就会退居到次要地位。

2. 针对不同的客户,不同的购买批量,不同的购买时间,不同付款方式,要采取不同的价格

卖方可以分别从不同的角度,把客户细分为大客户、老客户、普通客户、不理想客户和潜在客户。对老客户、大客户,价格可适当打折,以沟

通感情、加强联系。为了挖掘潜在客户，则可以给予适当优惠。对于大批量购买，以及卖方商品库存积压时，都应优惠出售或给以佣金、折扣等。

3. 灵活处理买方的支付方式

卖方如能灵活地处理买方的支付方式，就可在一定程度上改变买方对价格的看法，从而促进生意的成交。例如，分期付款，货到付款，非现金付款，在资金充裕时再付款等，这些都会激起买方的购买欲望。

4. 提供各种附加服务

卖方在喊价的同时，就说明各种事先和事后的服务。例如，零配件服务，送货上门，一定期限内的保修等。买方如满意称心，多付钱也会高兴。

5. 适当说明高价的原因

卖方喊出的价格若高于市场价格时，一定要说明原因。一般来说，高价的原因大体上有：原材料价格高；技术水准高；需要高质量、高水平的劳动力；使用期限长，耐用性强；其他质量指标高等。

6. 价格比较

卖方如能进行成功的价格比较，则具有较强的说服力，能使买方觉得便宜。价格比较的方法有，和同类产品及技术更新前的同类产品的价格比；使用期限和质量功能的比较；该产品所能带来的经济效益等；非同类产品相比，比质量功能，比使用年限等；和同类企业比提供的各种附加服务等；和价格上涨后的同类产品比；和已经卖出的产品比；等等。

7. 价格分割

价格分割，实际上是一种心理策略。卖方喊价时，采用这种技巧，可以造成买方心理上的价格便宜感。

价格分割，有下面两种形式：

（1）用较小的单位报价。例如，茶叶每公斤10元，就报成每两0.5元。大米每吨1000元报成每公斤1元，等等。某些厂商，做广告便采用这种技巧，如电热水器"淋浴一次只用8分钱"，"油漆一平方米仅仅1.5元"，"请使用我们的挖土机，每挖1立方米只需2角钱"。某地铁公司广告是:"只需付300元,就有200万旅客能看到您的广告。"

(2)用较小单位商品的价格进行比较。例如,"每天少抽一根烟,每日就可订一份报纸。""使用这种电冰箱,平均每天0.2元电费,只够吃一根冰棍!""一袋去污粉,能把1600个盘子洗得干干净净。"

8.采用心理价格

人们在心理上,一般认为9.9元比10元要小得多。像这种十进位以下的,在心理上被人们认为较小的价格,叫作心理价格。国内外商家都普遍采用心理价格。

◆ 提防对方假报价

假报价是一种不道德的购买策略。买主利用出高价的手段消除了同行的竞争,取得购买的权利。可是一旦卖主要卖给他时,他便开始削价了。讨价还价自此才正式开始!举例而言,有一个人想以15万元的价格卖掉一艘船。于是,他在报纸上登了分类广告,然后有几个有兴趣的买主来看货,其中一位愿意出价14.5万元,并且预先付了1000元定金,卖主也接受了。他不再考虑其他的买主,只等对方开出支票,交易正式完成。可是一连等了几天,却丝毫不见动静。然后,电话铃响了,对方很遗憾地说明,由于合伙人不同意,实在无法继续完成交易。同时,他还会提到他已经调查并比较过一般的船价,这艘船的实际价格只有10万元,何况……卖主当然会非常生气,因为他已经拒绝了其他的买主。可是接着他会开始怀疑,也许市面上的价格正如对方所说的,同时他又不愿意一切从头开始——再去登广告,再和买主接洽以及再做那些琐碎的事情。结果最后一定会以少于14.5万元的价格成交。

假出价的目的在于消除竞价,排除其他对手,使自己成为卖主的唯一交易对象。它的功效是使一切都出乎卖主的意料,并且使卖主在货物脱手以后还会以一声解脱似的叹息表示感谢,他的东西终于能以这么好的价钱卖出去。

要如何防备买方施诈呢?首先,我们须认识这一点——有的人是故意假报价的。以下的方法可以帮助你减低对方的声势:

（1）要求对方预付大笔的定金，使他不敢轻易反悔。

（2）你自己先提出截止的日期，逾期不候。

（3）查查买主过去的诉讼记录，假如他曾与这类的诉讼牵涉，你就要提高警觉了。

（4）对于条件过于优厚的交易，要保持怀疑的态度。

（5）在交易正式完成之前，不要丢掉其他买主的名字和住址。

（6）只要办得到，请第三者在已答的合同上签名担保。

这些措施的确能有效地阻止假报价的诡计。假出价的买主根本没打算要付出那个价格，假如他的诡计被人识破了，就会马上托词不谈了。

讨价还价的艺术

议价，也就是讨价还价。谈判人员要想在你来我往的议价谈判中稳占上风，除了要具备一定的谈判资本外，还需要具备相当的谈判能力。

◆ 买方的谈判资本

面对一个没有竞争者的卖方，买方好像面对一个敞开的帐篷，让人一览无遗。形势显然对他有利，不过他的议价地位还是有某些限制的。卖方们的竞争只不过是各种竞争形态中的一种而已。没有竞争者的卖方，仍然会被其他竞争形态所限制。个买方可以创造竞争，例如，他可以向卖方指出长期合作关系要比暂时的利益更加重要。卖方也可能和自己竞争，例如，急于卖出去年的大批存货，急需现金周转以挽留员工等待生意好转，或是赶上截止日期以前缴税。

因此，假如买方善于利用时机，则可以发挥下列几种有力的竞争力量来对付卖方：

1. 承诺的力量

承诺，忠实和友谊乃是力量的堡垒。人们的承诺都含有隐藏的力量。所以凡是对于自己和自己的观点有充分信心的人，就会有自己坚定些的立场。

2. 法律的力量

没有其他的力量能像法律一般地说服人。人们已经习惯于接受权威，例如：规定的程序、法律、标准格式和统一定价等；甚至当它们必须改变时，我们也不会怀疑它们的适用性。

3. 知识的力量

培根说过"知识就是力量"。买方若对卖方的成本、公司组织、商业立场和产品了解得越多，就越能在谈判中占上风，也就是说，假如他越了解对方，情势对他就越有利。

4. 冒险和勇气的力量

人类多半都以"安全"为重，只要做得到，我们就会尽量避免去冒险；所以一个敢冒险，敢面对重酬或重大损失的谈判者，就会越有力量。

5. 时间和努力的力量

时间和耐心就是力量。倘若其中一方被时间限制住，另一方的力量也就相对地增强。这也是为什么购买方管会常常强调预先订货和不时检查存货是否用罄等制度，免得到时急于进货，而被卖方趁机抬价。

◆ 卖方的谈判资本

卖方常会因所面临的竞争而困扰。在每个买方的桌子前面，似乎到处都是竞争者；因此卖方常常会忘掉买方所能运用的力量也受了限制。例如，

（1）买方因个人的偏见，而会反对某些卖方。

（2）有的卖方实是离得太远了。

（3）有的卖方曾给买方增添了许多的麻烦，买方对他们不再有信心了。

（4）买方的个人能力和力量有所限制。

（5）买方的生产或工程人员有所偏好。

（6）已经设计好的规格，排除了某些竞争的卖方。

（7）有的卖方曾经有过不良的记录。

（8）某些标价单需要花费买方许多钱才能取得。

（9）有的卖方的标价单无法及时送到。

（10）有的卖方可以提供一系列的服务，可是有的卖方却不行。

（11）有的卖方可以答应90天的赊账，可是其他的卖方却不能。

（12）有的买方习惯和某个卖方做生意，而且不愿意改变。

（13）有的买方不晓得尚有其他的卖方。

（14）有的谈判需要花费太多的时间，而买方尚有很多事情待做。

总之，买方的限制就是卖方的力量。

◆ 吹毛求疵

很久以前，俄国的某个乡村里，住着一位聪明的人。有一天，一个忧心忡忡的女人来向他诉苦。因为她的公婆要来和他们同住，而她和丈夫以及两个小孩所住的小茅屋里却没有多余的空间，但又不能让他们露天而宿，所以只好请他们勉强住进那本已十分拥挤的小茅屋来。可是没多过多久，她就感到非常难过和局促不安。她哭着问这个聪明人："我该怎么办呢？"

聪明人摸着胡子，沉思了一会儿，然后问她："你有没有一头母牛呢？"她回答说："有的，但这和我的困境有什么关系呢？"他接着说："把这头母牛牵到你的小茅屋里住一个星期，然后，再来找我。"她半信半疑地听从了他的吩咐，因为他一向是以聪明闻名的。

一个星期后，这个妇人又来见这个聪明人。"事情越来越糟了，"她哭着说："我的处境比以前更悲惨了。每当这头母牛稍微转动一下，屋里的六个人就得跟着移动位置，更不用说想睡觉了。"

这个聪明人摸着胡子，又沉思了一会儿，向她说："你有没有没养鸡呢？"她回答说："有的，但这和我的困境又有什么关系呢？"，聪明人接着说："把你养的鸡也带到你的小茅屋里住一个星期，然后再来找我。"这个妇人比上回更迟疑了，不过她还是听从了这个聪明人的吩咐。

一个星期后，她歇斯底里地回来说："你的建议越来越糟糕，我的小茅屋根本就住不下去了！鸡飞狗跳的，两个老人咳嗽个不停，两个小的在汤里发现了鸡毛，我和那口子也打起架来，这一切都是你搞出来的！"

这个聪明人仍旧摸着胡子，想了一会儿，说："你回家后，把那头母牛牵出屋外，一个星期后再来找我。"她心里想：这个人实在是有点傻。但是，还是决定听从他的吩咐。

一个星期后，她又回来找他，这个聪明人问她说："你这回觉得怎么样呢？"她回答说："说起来实在奇怪，自从把牛牵出屋后，我觉得稍微好过点了。"

这个聪明人又摸着胡子想了一会儿，说："关于你的困境，我想到一个解决的办法了，把你养的鸡也赶出屋外。"

这个妇人赶出这些鸡后，就和她的丈夫、两个小孩以及她的公婆非常安乐地生活在一起了。

买方通常会利用这种吹毛求疵的战术来和卖方讨价还价。买方先是再三挑剔，接着提出一大堆问题和要求。这些问题有的是真实的，有的却只是虚张声势。他们之所以要这样做，乃是想要达到下面4个目的：

（1）使卖方把卖价的标准降低。

（2）买方能有讨价还价的余地。

（3）让对方知道，买方是很精明的，不会轻易地被人欺蒙。

（4）使销售员在以低价卖出货物时，仍有借口向上级交代。当他们向老板报告时，他可以说，买方在"赶走母牛和鸡"之后，已经非常满意了！也就是说，买方已不再挑剔我们货物的许多缺点了，现在我们大家可以松口气了！不然事情可能会比现在还要糟糕，即使以这个价格，货还不见得卖得出去呢？

这种吹毛求疵战术在商场中已被证明是行得通的。我和许多人曾做过许多次的试验，证明双方在交易开始时，倘若要求得越高，则谈判的结果越好。工会的谈判者也同样地由实际经验里学到了倘若要求得越多，则所得到的也就越多。因此，他们总是一而再地运用这种战术。

但是，若从相反的立场来说，则身为卖方或者资方代表的人，又该如何对抗这种吹毛求疵战术呢？

必须很有耐心。那些虚张声势的问题及要求自然会渐渐地露出马脚来，并且失去了影响力。

遇到了实际的问题，要能直攻腹地、开门见山地和买方私下商谈。对于某些问题和要求，要能避重就轻或视若不见地一笔带过。

当对方在浪费时间、节外生枝，或作无谓的挑剔或无理的要求时，必须及时提出抗议。

向买方建议一个具体且彻底的解决方法，而不去讨论那些没有关系的问题。

不过，千万不要轻易让步，以免对方不劳而获。对方的某些要求很可能只是虚张声势而已，因此卖方应该尽量地削弱买方的声势，不要让他轻易得逞。同时，卖方也可以提出某些虚张声势的问题来加强自己的议价力量。

吹毛求疵战术能使你在交易时充分地争取到讨价还价的余地；如果你能够善于运用它，则它必然会给你带来无穷的好处。

◆ 抬价策略的运用及破解

买卖双方初步商订价格后，卖方在买方未付清货款及运走全部商品之前反悔，目的是想进一步抬高价格，这就是所谓的"抬价"。买方遇到这种情况，虽然非常不满，但往往也只好重新和卖方讨价还价，最后只得以较高的价格成交。

卖方若想使用抬价策略，往往要寻找抬价的借口。例如：借口议价过程有错误；借口产品价格误报；借口对成本重新核算后，发现原定价的成本核算有误；借口其他买方要出高价；借口天灾人祸；借口物价上涨，等等。

抬价战术要以"抬"得合理，买方能接受为原则，或者用于遇到买方的进一步要求为前提。例如，谈判房屋买卖，卖方卖出房屋后，根据协议将出100元做房屋的修理费。但在签合同的那一天，买方又进一步要求卖方把房屋里的电冰箱给自己使用一段时间。这时卖方便可推翻前议，表示不愿意出100元修理费，从而迫使买方重新谈判修理费用问题。当买方费尽口舌，使卖方维持原议的时候，心理上已十分满足，关于电冰箱的问题当然无法开口再提。

在对外贸易谈判中，外商往往会采用抬价策略，我们必须对这种策略有所认识，并找出相应的破解方法。

假如卖方在合同签订之前采用抬价策略，买方可用下列方法要求对方作某种保证：

·在合同签订前不放弃与其他卖方的谈判，并使卖方知道这一消息；

·反用"抬价"策略，也推翻自己已做出的承诺；

·当对方推翻原协议时，不要轻易做出让步，可采用拖延战术或召集有关会议商谈对策；

·坚持不让步或考虑退出交易。

假如卖方在签订合同后推翻协议，采取抬价策略，买方可采取如下策略破解：

·尽量使对方较多的人，较多的部门，在合同上签字，使卖方的某一个人，某一个部门难以轻易违约；

·诉诸经济法庭；

·拒不让步，退出交易。

如果买方急需要达到交易，不能或不愿采用上述强硬措施，可考虑直接指出对方的诡计。当然也可以在不超过己方购买价最高限的条件下，作适当让步。

◆ "再多就没有了！"——买方

这个战略非常有效，实行起来既简单，又符合道德标准。一个有技巧的买方倘若利用这个战略，往往能使得买卖双方皆大欢喜；同样的，一个有技巧的卖方也能够利用这个战略来争取增加利润的好机会。

举例来说，某人想要略微修饰一下他的院子，同时也想在院子的四周围上篱笆。但是由于设计的关系,这个工作竟然变得相当地复杂。有一个商人愿意以3000元承包,这个价钱既不是最高的,也不是最低的,可是房主却只想花2400元,而不是3000元。

因此房主就对这个承包商说:"我很同意你的建议,但是我所有的钱加起来不过2400元,再多就没有了!"接着他便试着使这个承包商相信,2400元是一个合理的价格。就一般情形来说,承包商根据这个价格将会改变对篱笆、灯光、砖块、植物、水道等的预算,以便配合,一旦如此,买方便能处在一个有利的地位了。

这个战略应该在购买较复杂的产品,或者在争取较佳的服务时才予使用。当市政府的市政工程预算只有100万元,而承包商所出的标价却为150万元时,这个战略便往往能够派上用场。此外,学校或者一些粗具规模的机关行号也常用到这个策略;例如,学校必须以有限的公款来建造学生大楼,或者公司必须按照会计部门的预算来进货的时候,唯有运用这个战略才能使卖方让步,并使自己处于有利的地位。

为什么这个战略会有效呢?因为,每当买方说:"我非常喜欢你的产品;问题是我只有这么多钱"的时候,卖方就被卷入买方本身的问题。而且在这个时候,他和买方之间也就只剩下这么一点儿小问题需要解决了。

所谓的"协议"就是双方因了解同情而由互相对立的局面改变为同心协力的一体。卖方知道买方都是有购买预算的,当他看到买方被这种预算缠绕着,多会不由自主地予以同情,甚至会用另一种新的眼光来看买方的真正需要,渐渐地,便会发现到原来的价格还是有调整的余地;至于买方,虽然在预算的限制下,还是会稍作调整以求达成协议的。双方互相合作来达成一个共同的目标——预算。

购买小组应是最善于使用这个战略的人了。由于上司总是要求他们以估计成本的50%~80%的价格,购进某些繁杂的货物,使得工程、生产各部门的购买小组,不得不聚集起来讨论这个看来似乎行不通的战略。

但是,令人惊异的是购买小组却往往都能如期地达成任务。一般而言，要使不同部门的许多人在一起工作是很困难的。但是购买小组却不然，他们的士气总是十分高昂——他们所要做的乃是使一个一个的卖方卷入他们的问题，然后只要答应稍微改变一下规格，降低一点儿品质，再消除一些无谓的争执，便能取得卖方的合作，而终于得以低价买入还不错的产品。

这个战略之所以如此有效，是因为牵涉到了卖方的"自我"。人类天生就喜欢帮助别人达成愿望。而这个战略却恰好给了卖方一个最佳的表现机会，使他既能表现得十分精明内行，又能充分地发挥那份牺牲奉献的精神。

当买方使用上述战略的时候，卖方能够对抗吗？能够反过来使得整个情况对他有利吗？答案是肯定的。以下就是卖方所必须注意的：

（1）要大胆地试验对方的策略；大部分的买方虽然采用了这个战略，但他的实际价格还是有弹性的。

（2）必须在和他商议之前，预先准备好另一份不同的底价。

（3）假如买方在你没有事先准备的情形下，突然地使用了这个战略，你可以要求他给你足够的时间，好好研究一下。

（4）找出真正的决策人，看他是否曾经作过买方所说的预算。也许你会发现他所做的决定和你的建议刚好一样，因而你的计划根本不需要修改。

（5）建议改变付款的方式。如果买方钱不够，也许可以分期付款。

（6）找出付钱的人。

（7）让买方修正他自己的计划，以适应他自己的战略。以其人之道，还治其人之身。

只要卖方事先有了应付这种战略的准备，则这种战略不仅无效，甚至还会成为对卖方有利的机会。借着这个机会，卖方仍然可以供给买方所需要的产品，以获取更多的利润。在与对方谈判之前，卖方应先反问自己："假如买方使用了这个战略，我要如何应付呢？"如果他处理得当，非但可以做成一笔很好的交易，而且还很可能使对方觉得价格非常满意。

◆ "再多就没有了！"——卖方

买方使用这个战略的时候，总是对卖方说："我喜欢你所出售的东西，但是我一共只有这么多钱，请你帮我想个法子。"而卖方在使用这个战略的时候，则应该对买方说："我很愿意和你交易；但是，除非你能和我共同解决一些简单的问题，否则这笔生意就做不成了。"

举例来说，卖方可以采取下列的战术：

（1）我们的最低价是1000元。

（2）虽然你想要买的是一级品，可是以你所出的这个价钱，你必须改买二级品。

（3）这个机器卖出后，可以保用两年并且免费修理。

（4）假如你想要以这个价格购买，则交货期必须为3个月。

（5）我们可以接受你的要求，可是你得给我未经打折扣的发票。

（6）假如你能够订购与我们样品的同规格的货物，在价钱上还可以再商量。

（7）我们可以接受这个订单，但是你必须修改你的设计，使之适应我们的生产线。

（8）如果你先付给我们10万元的订金，我们就可以接受这个订单。

因此，不论是买方或者卖方都可以有效地使用这个战略。而卖方尤其可以运用这个战略来加速交易的完成、增加订单、提供更好的产品，或者迫使买方把价格提高到"真正"的预算点了。

喊价要狠，让步要慢

我们前面说过，价格谈判需做到：喊价要狠，让步要慢。那么，在实际操作中如何实施与贯彻"让步要慢"的策略思想呢？

◆ 合适的让步

经过一番讨价还价，双方的实力已经达到了不分上下时，这时就要考虑让步问题了。不论是只需要一分钟就可完成的交易,还是延续很长时间的斗争,为了促成交易,这种发展过程是相同的。在谈判刚开始,双方互相比量对方,共同建立了彼此的实力关系。在开局时无论是报价还是还价,都是这种实力斗争的组成部分。当双方都坚持己方的要求,而彼此间的实力又相差无几的时候,要使谈判有进一步的发展,双方就都应当考虑该如何适当让步了。

在谈判中,我们向对方做出的每一种让步,对方对此做出的反应是不大相同的,而对方对让步的不同反应,又对我方让步的作用和效应有着直接的影响,我们在准备做出让步的时候,要充分地考虑到这些情况。具体地说,我方的让步给对方造成的影响和反应有三种:

其一,对方重视的让步。在谈判中,一项让步的效果如何,能否让对方感到满足,很大程度上,取决于这一让步的难易程度,而不完全取决于这项让步绝对值的大小。如果对方一开始就发现你在某一立场上态度十分坚决,难以做出让步,那么,当他们在经过艰苦的谈判之后获得让步时,会倍加珍惜这一成果,感到心满意足,甚至在其他某些方面也会有所松动,并以一定的让步来回报你。

其二,对方不以为然的让步。假如在对方的要求和坚持下,你很轻易地就许诺了对方并做出让步,那你就犯了一个错误。对方对你的让步会很不在意,认为它不值什么,因为他们得到它太容易了。甚至还会认为,这是你的义务,是理所当然的。对方不会感到满意,他们的态度及立场,也不会有任何改变和松动。

其三,对方认为幅度不够大的让步。某些时候,当我方的让步处理不当时,会令对方感到我方的报价中存在很多水分,认为这一让步是必需的,但是还不够,只要再努力一下,态度和立场再强硬一点儿,我方还会做出更大的让步。也就是说,我方的让步激起对方继续斗争的念头,欲向我方争取更多的让步。这种结果是最可悲的,和我们做出让步的初衷恰恰完全相反。

显然,我们都不愿意看到对方对我方的让步产生这种反应,使我方的

谈判胜负手

让步毫无功效。所以，如果做出让步是需要技术策略和经验的，让不同的谈判者来操作，相同的让步常常会产生不同或截然相反的效果。我们不得不承认，让步的策略和方式是多么的重要。那么，我们该如何巧妙地做出合适的让步呢？

1. 不轻易让步

正如前文所说，人们总是比较珍惜难以得到的东西，在商战中也同样如此。对方不会欣赏很容易就得到的成功，太容易得到的东西他们就不会太珍惜。因此，假如你真想让对方快乐、满足，就让他们去努力争取能得到的东西，我方不要轻易让步。除了不要轻易让步之外，我方不要急于给对方提供额外服务，允诺快速的送货；由己方负责运费；照对方的规格要求，提供有利的条件或价格等条件。

在任何一场谈判中，双方都做出让步，从某种意义说，已成为谈判双方为达成协议而必须承担的义务。但是，谈判者必须认识到，你的让步应该是循序渐进，步步为营的。要坚守每一个阵地，不轻易地让步，不作无谓的让步。不论是怎样的让步，是哪种形式的让步，都不要轻率做决定，你要努力让你每一次的让步都是有效的，并且是有回报的。

2. 互利互惠的适当让步

实际上，谈判双方讨价还价的目的，是希望达成一个于双方均有利的协议。我们不可能使谈判的最终结果仅仅有利于我方，在谈判中只让对方向我方做出让步也不太可能，即使对方做出了让步，他们也希望我方能对此有所补偿，或因此而获得我方做出更大的让步，但是对他们做出的让步，我们即使不想让对方获得更大的好处，也要做出相应的表示。这种互利互惠的让步，实际上也是最容易办到的。

能否争取到这种互利互惠的让步方式，很大程度上取决于我们进行商谈的形式。我们可以选择两种不同的谈判方式：第一种先集中谈判重要的原则，再解决其他问题的纵向深入谈判方式；第二种横向铺开，几个议题同时展开讨论，同时取得进展，并向前推进的谈判方式。显然，采用纵向商谈，我们会很容易地与对方纠缠于某个问题上，争执不休，经一番努力后，在这一问题上可能只会有一方做出让步。而当我们进行横向商谈时，由于我们把整个谈判的内容、议题都集中在一起同时展开商谈，所以很容易在各方面都进行利益交换，达成互利互惠的让步。

适当的让步，有时不但会产生互利互惠的结果，而且常常还会让我们有意外的收获，有时它会使对方的人无法团结，因为分化对方对我们来说是很重要的。但是，我们要满足对方哪方面的需要呢？在哪些方面容易使对方内部产生意见分歧，或者容易对我方的让步做出合适的反应呢？我们可以在让步时从以下几个方面做出选择：

（1）时间的选择。让步的时间，可以提前也可以推后，关键在于能否更有效地满足对方的要求。其要诀在于，让对方在迫不及待的时候，马上就接受我方让步，丝毫没有思考我方动机的余地。

（2）好处的选择。谈判者所代表的利益和由此而受到的压力是多方面的，他的利益抉择，常常在于公司中的某些组织部门，或某个关键的第三者以及他自己。我方所做出的让步，不应该只针对其代表的公司，假如对各方面的利益都能兼顾到，对方会更乐意接受，并且很愿意做出相应的让步，哪怕幅度大一些，他向各方面也能有所交代。

（3）人的选择。我方只对对方某个人或某个部门的要求让步，以此来分裂对方。

做出正确的让步抉择后，更重要的是如何争取互利互惠的让步。这就需要谈判者有开阔的思想和视野，除了本方某些必须得到的利益一定要坚持外，不要太固执于某一个问题的让步。整个合同比合同中某个有关问题更重要，要善于分清利害关系，避重就轻。有些人常常会不适当地执着于承诺过的让步，他们害怕被对方指责。这种执着的代价是昂贵的，特别是在对方对此毫不在意的时候更是如此。总而言之，要灵活地使本方的整体利益能在其他各方面得到补偿。

3. 远利谋近惠

谈判者就如同证券市场中的投资者，他们都是为了利润而投资，只不过在谈判桌上，这种利润是指欲望的满足，而不仅仅是金钱的获得。谈判者的让步，实际上也是给对方一种满足，满足者有两种感受，包括现实的满足和期望的满足。

谈判中，我们直接给对方某种让步，这是一种现实的满足。但是，理论和实践证明，也可以通过给予对方期待的满足或未来的满足来避免现实的让步。其实，银行很早就注意到了这一点。在办理抵押贷款的时候，人们往往比较关心能够借到的贷款数目，而不太关心利率。这是因为利息是要经过很长一段时间，一个月一个月地积累计算。他们很少考虑到以后他若还不上债要卖房子时，将会发生什么事情。

当对方在谈判中，坚持要求我方在某一问题上做出让步时，我方可以通过强调保持与我方的业务关系，能给对方带来长期利益，而本次交易，对能否成功地建立和发展与对方之间的这种长期业务关系，是至关重要的。如此这般地向对方言明远利和近惠之间的利害关系，如果对方是个精明的人，就会取远利而舍近惠。每个谈判者都要扮演一个相同的角色，即能提高对方对未来满足的期待，以远利来诱使对方做出决定。

4. 迫使对方让步

对于谈判人员而言，谈判的利益可以分三个部分：一是可以放弃的利益；二是要维护的利益；三是必须坚持的利益。对于第二、三部分，特别是第三部分利益，在谈判中并非可以轻易解决，常常要经过激烈的讨价还价，才能迫使对方让步。那么如何迫使对方让步呢？

（1）分化对手，重点突破。在进行了一定阶段的谈判后，谈判双方都逐渐了解了彼此的交易条件和立场。此时，每个谈判人员都会自觉或不自觉地就双方讨价还价的问题时行反思。比如，某个谈判人员认为，对方对己方提出的条件极力反对，只不过是一种"讹诈"，因此可不理睬它，要坚持原则；而该方的另一位谈判人员却可能认为，从对方的立场来看，他们的反对不是没有道理的，甚至可以说是正确的，所以，本方应该修改原先提出的交易条件，做出适当的让步，以达成协议。这种情况一旦出现，在一方内部就存在了分歧，如果这一方领导不能有效地控制和制约这种分歧，防止其分歧表面化、外在化的话，谈判另一方就可以积极地开展

"分化"工作，重点突破。

而我方的工作应该是把对方谈判组中持有利于本方意见的人员作为重点，以各种方式给予各种支持和鼓励，并与之结成一种暂时的无形同盟。比方说，对他态度特别友善，对其意见持肯定态度，有些意见假如不能接受，则以温和、委婉的方式加以说明和拒绝。而对持有不利于本方意见的对方谈判人员，可以采取强硬态度。但这一策略要巧妙施用，要令其本人毫无察觉。只要对方谈判小组中某一成员松了口，对方内部必然乱了阵脚，此时再乘胜追击，争取对方让步也就有了更大的希望。另外，这种做法也可导致对方谈判小组内部成员之间相互猜疑，从而瓦解对方战斗力。

（2）争取进一步优惠。大部分人耐性都不强，他们不愿把太多的时间和精力花在同一件事情上。对于讨价还价者而言也是一样的，他们总是急于达成交易，尤其在双方对主要问题已取得一致，根本利益已获满足时更是如此。这时如果你再向对方提一个不太大的、不涉及根本利益的要求，他会由于急于结束这笔交易，去做别的事情，不愿浪费太多的时间和你讨论这个小问题，而很快地向你让步。而且，人们通常想给人留下好印象，得到他人的喜爱，表现自己是如何大方、公正，能和对方建立长期关系，出于这种原因，他也会满足你不侵犯他根本利益的小要求。实际上，最根本的原因在于，他的这点让步和整个交易比起来，实在是太微不足道了。而且，假如你一再坚持的话，他会担心如果不答应你的要求，已达成的交易会因此产生障碍，甚至有可能破裂。

对于卖主来说，他们常常会给买主送去超过订单的货物、供给质量稍差的商品、延迟送货，或不履行许诺的部分服务，这样来得到他们争取的进一步优惠；而买主们则利用延迟付款、未经卖主同意擅自折扣、要求特别的送货或仓库服务、要求供给品质稍佳的商品，或者要求额外的顾问和免费培训等方法来进一步争取优惠。

（3）时间的力量。在谈判过程中，巧妙地选择时间，可以促使犹豫不决的对手接受协议。

人的一生中，总会有一些非常特别的时间。例如：过春节，过圣诞节,大学注册,或者一对情侣打算结婚等,商人们都知道此时可以大赚一笔。对于谈判者来说,无论商谈任何一件事情,都会有合适和不合适的时间。时刻表的更改,可以适时地增强或减弱自己的议价力量。因此人们在谈判中才会如此多地动用最后期限这一策略,迫使对方让步。

(4)竞争。再没有什么武器比制造和利用竞争来迫使对方做出让步更有效了。谈判一方在存在竞争对手的时候,他的谈判实力就会大为削弱,处于劣势。对于大多数卖主而言,他们总是存在或多或少的同行。他们出售同类产品,为达成交易不断地、激烈地竞争,谁都担心自己的竞争对手将超过自己,即使知道自己比对手强也是一样。此时,如果谈判对手聪明地让他注意到竞争者的存在,就会较容易地令对方让步。

(5)示弱以求怜悯。一般情况下,人们总是倾向于同情和怜悯弱者,不愿落井下石,置之于死地,比较容易地答应弱者的要求。

当对方就某一问题要求我方做出让步时,如果我方无正当理由加以拒绝,但又不愿意在这方面做出让步,就可以装出一副可怜的样子,向对方恳求。比如可以说,假如按照他们的要求去做,我们的合同就有可能破产;或者说,这个要求不符合公司规定,如果我答应了,很可能会被公司解雇,我家中上有老下有小,都要靠我来养活等,说出诸如此类的话来要求对方采取让步。如果你的陈述让对方觉得真实可信,他们很可能会被你迷惑而手软让步。

(6)以攻制攻。在对方就某个问题要求我们让步时,我们可以把这个问题与另外一个问题联系起来,也要求对方在另一个问题上让步。这是以让步易让步。假如对方要求你降低价格,你就可以要求对方增加订购数量,延长己方交货期,或者改变支付方式,等等。这样做,或是双方都让步,或者是都不让步,从而阻止了对方的进攻。

假如对方提出的要求损害了你的根本利益,或者他们的要求在你看来根本是无理的,你也可以提出一个对方根本无法答应或者荒谬的要求回敬他们,让对方明白对于他们的进攻,你是有所准备的,没有丝毫让步的余地。面对你同样激烈的反攻,对方很快会偃旗息鼓,进而放弃他们的要求。

◆ 欲速则不达

人们在接受崭新的事物或观念时，都需要一段适应的时间。商贸往来中，双方在开始交易时，往往都会怀着一些不太实际的想法，抱着各种假定以及错误的观念，同时也希望能够顺利地达成自己的目标。可是磋商过程却常常令双方突然地醒悟过来，买方所希望的低价格竟然成了不可能的事，卖方所希望的迅速成交竟然也成了泡影。

期望买方或者卖方马上适应这些新情况是不可能的。人们的认知是由浅入深、由表入里，过去根深蒂固的观念想要骤然改变确实很困难。而要适应那些外来的，或不太为自己所接受的观念总是需要一些时间，适应的时间在磋商的过程中极具重要性。

我们都知道买卖双方在进行交易的时候，买方总是需要充分的时间来考虑是否接受这出乎意料的高价格，而卖方在交易刚开始的时候也是不准备降低预定价格的；唯有足够的适应时间才能促使双方达成协议。而这也正是为什么一个具有远见的业务员会在提高价格之前先告诉顾客，价格可能会上涨——他聪明地给了买方一段缓冲的时间来适应这个变化。

当你要求一个人接受某种观念的时候，实际上也就是在要求他抛弃某些根深蒂固的观念。我们知道要一个人改变他过去的观念是很困难的，不管是对或是错，他已经很习惯原有的观念了。因此，你应当设身处地地为他着想，给他一段适应的时间去接受你的观念，坚信"时间会慢慢地改变一切"的道理。因此，当你要求别人让步的时候，你必须预先给对方留下一段适应的时间。

◆ 以退求进

以退求进是贸易谈判中经常使用的战略及战术。为了巧妙灵活的运用，在谈判中，首先，要替自己留下讨价还价的空间。如果你是卖主，喊价要高些；如果你是买主，出价要低些。不过不要乱要价，务必控制在合理的范围内。

其次，尽量让对方先开口说话，让他先表明所有的要求，而设法隐藏住你自己的要求。

第三，尽量让对方在重要问题上先让步。如果你愿意的话，在较小的问题上，你也可以先让步，不过要非常谨慎。

第四，不要让步得太快，或者做出过多的让步。晚点让步比较好些，因为他等得愈久，就愈会珍惜它。同时应避免对方过于坚持原来的价格。

第五，要意识到同等级的让步是不必要的。例如，他让你60%，你可以让他40%。如果他说："你应该也让60%。"时，你可以说："我无法负担那剩下来的40%"来拒绝他。

第六，不要做无谓的让步。每次让步都要从对方那儿获得某些益处。当然在必要时，也可做些对你没有任何损失的让步，以换取对方更大的让步。

第七，记住："这件事我会考虑一下。"也是一种让步。

第八，不要掉以轻心，记住每个让步都包含着你的利益，也关系着你的目标。另外在谈判中，不要不好意思说"不"，大部分的人都怕说"不"。其实，如果你反复强调"不"字的话，他便会相信你真的是在说"不"。所以要有耐心，而且要前后一致。

第九，谈判不要出轨。尽管在让步的情形下，也要永远保持全局的有利形势。方法可以灵活运用，但要不超出原则。假如你在做了让步后想要反悔，也不要不好意思，因为那不算是协定，一切还可以重新来过。

第十，在谈判的过程中，要随时注意双方让步的情况，尤其更应注意己方让步的次数和程度。

第八章　如何处理国际谈判

随着全球经济化的愈演愈烈，许多企业纷纷将眼光投向了海外，国际贸易也因此愈来愈频繁。

学会与具有不同文化背景与特性的外国人进行谈判，是摆在每个谈判人员面前的一道必修功课。

分析对手的谈判风格

不同的国家、不同的民族因有其独特的文化背景与文化特性，在为人处事上便会形成一种风格。谈判也是如此。

通过对各国谈判风格的学习，可以使谈判人员避其锋芒，攻其弱点，屹立于不败的境地。

◆ 美国人的谈判风格

由于美国在国际贸易中具有举足轻重的地位，美国文化给谈判带来的特性特别引人注目。很多研究美国人谈判方式的人都认为美国人性格特点，如，外露、坦率、真挚、自信、热情、滔滔不绝、追求物质上的实际利益。他们由于自信而善于施展策略，但当对手同样自信和多谋时，他们会油然生敬，更易于洽谈。

由于身处大国地位，美国人在谈判方式上总有一种"全盘平衡"、"一揽子交易"的气概，使对手感到相形见绌，地位不平等，在心理上气势逼人。由于其民族的年轻，文化的杂乱，语言表达也直率、爱开玩笑，有时甚至到不尊敬对方的地步，使谈判混乱，讨价还价难以进行。

根据这些特点和习俗，与美国人谈判时如果因势利导，采取适当的对策，就能收到良好的效果。

美国人坦率、真挚、热情的态度十分有利于创造洽谈气氛，应充分予以利用和回应，可加速谈判进程、创造成功机会。反之，则增加误会，甚至导致失败。但并非所有的称之为"美国人"的人均具此性格特征，由于美国移民的混杂，有些东方或阿拉伯血统的人就不尽然，如美籍华人、越南人等。有些美国人受家庭影响也会改变性格，如某美国人娶了东方人做妻子，文化影响就很大，谈判作风迥然不同，他也会用马拉松式的谈判——挑灯夜战，寸土必争地讨价还价等。故应先了解后再下定论，不能一概而论。

可先从他自信的滔滔不绝中，先了解情况，在其陈词中找出有价值的信息，了解对方虚实、谋求对策。另借自信可采取本书第五章介绍的"激将法"，使其向自己靠拢，但要注意不要伤及对方自尊心。

美国人认为凭智慧换取物质利益是天经地义的。但美国人更希望自己能胜"高手"——与自己同样精明的谈判者，而获得追求中的利益与成就感。这种特性使人们放手讨价还价，关键在策略得体。如美国人说："延迟三个月交货，应涨价，因为物价变动。"中国人认为："物价变高可以涨，但物价变低就要降，以第三国权威人报价为准。"针锋相对，使谈判更公正严谨。美国人认为这样更公平，便同意放弃了涨价要求，并称赞对手"不错，你以美国人的逻辑驳斥美国人，有道理。我同意你的意见。"这种论战思维，运用在追求事实、不侮辱对方时，效果就会十分圆满。以粗暴态度否定对方要求，结局必定会不愉快。

与美国人谈判，"是"与"否"必须保持清楚，这是一条基本的原则。当无法接受对方提出的条款时，要明白地告诉对方不能接受，而不要含糊其辞，使对方有希望。有些人为不致失去继续洽谈的机会，但装作有意接受的样子而含糊作答，或者答应以后作答而迟迟不作回答，都会导致产生纠纷。

万一发生了纠纷，就更要注意谈判的态度，必须诚恳、认真，绝不要发笑。因为在美国人看来，出现了纠纷争论时，双方的心情都很恶劣，笑容必定是装出来的，这就会使对方更为生气，甚至认为你已经自觉理亏了。

美国人在日常生活中非常注意运用法律，法的意识是根深蒂固的，一切诉诸法律对美国人来说是非常习惯、自然的。从文明形态来说，美国属于商业式文明，其特点是人口不断流动，无法建立稳固持久的关系。因此，人们只能用不以人际关系为转移的契约，作为保障生存和利益的有效手段。正因为如此，他们在商务谈判中非常注重法律、合同。

与美国人谈判，绝对不要指名批评某人。指责客户公司中某人的缺点，或把以前与某人有过摩擦的事作为话题，或把处于竞争关系的公司的缺点抖搂出来进行贬抑等，都是绝对不可以的。这是因为美国人谈到第三者时，都会顾及避免损伤别人的人格。这点，务必牢记于心，否则是会被对方蔑视的。

美国人对商品的包装和装潢比较讲究。这是因为在美国，包装与装潢对于商品的销路有重要的影响，只有新奇的符合国际潮流的包装与装潢，才能激起美国消费者的购买欲，扩大销售。在美国，一些日用品花费在包装装潢上的费用占到商品成本的很大比例。

◆ 日本人的谈判风格

日本人是东方民族经商的代表，其谈判风格具有典型的东方特色，但和我国相比其经营作风属于东方的另一典型。日本是个岛国，资源缺乏，人口密集，活动的市场有限，外向型发展经济是其国策，受我国文化影响深刻。儒家学说是其精神支柱之一，所以日本人的特性有进取性强，工作态度认真，等级观念重，不轻易信任他人，注意做人的工作，注重交易的长远影响，而不过分争眼前利益，善于开拓新的交易市场。这些特性形成了日本人的谈判风格："笑脸讨价还价""任劳任怨做详细的准备""吃小亏占大便宜""卡关键放长线，创造新的贸易机会""抓关键人物，促成交易"。

看清了日本人的特点，可以减少一些不信任感。有的人谈到日本人的贸易风格就会皱眉头，持否定态度，或厌烦的态度认为日本人不好谈判。"狡猾"成了日本人谈判风格的代名词。其实，就日本人的整体风格来讲，对我国有利有弊，可以因材而用。

说说笑笑地讨价还价，反映了一种"礼貌在先"，"慢慢协商"的态度。这点符合东方人的特点。可以在较好的气氛中交换看法。尤其是有地位的日本商人，如部长、会长、社长之类的人员，就十分注意这种谈话方式以表现其文化修养。如某商社社长（七旬老人），在谈判某个契约条件时，便大讲中国的古典哲学，还要求我方谈判人员具有较高的文化修养和个人涵养，与日本人谈判主要难在其双重性。"笑脸"会使人放松戒备。而"讨价还价"又会使人失去利益。如果自己熟谙其内在联系，自可应付。

日本人刻苦耐劳的作风则是欧美各地谈判人士少有的。这对于我们来讲是值得敬佩的优点，应该学习而不是厌烦。针对谈判内容中的变化，日本人可以夜以继日地迅速形成文字，使对方能充分理解，为其成功创造机会。问题是我们的谈判人员往往只看到其"辛苦"的一面，对其体现的"策略"认识性不足。譬如，对某个认识达成了谅解，对方主动承担整理的任务。在分别之后的整理过程中，某些文字、用词的细微变化就会使原意差之千里。面对日本人的勤勉，我们既应对其赞扬，又要保持对其的审慎态度。否则就可能产生误会、甚至吃亏。原则上，可以利用日本人的勤勉，而我方务必毫不懈怠地审阅他们修改整理过的文件。

"打折扣吃小亏，抬高价占大便宜"是日本人谈判典型特征之一。为了讨好买方心理，日本出口商善于利用"折扣"吸引对方。而为了使用这个策略，早已抬高了价格，留足了余地。我方谈判人员绝不可仅以"折扣率"来判定标准，应坚持"看货论价"。不会看，应该请行家协助，或善于比价。不好比价时，则要善于分析成本。总之，绝不可形成"习惯性的折扣率"。跟老的客户谈判更要小心。重点工作放在日本的生产、产品、市场的推陈出新、需求比例的变化研究上。不可草率行事，以为一定下某个"折扣率"便可一劳永逸。

对埋下的伏笔要小心、敏锐。如某产品前景不佳,在日本不久即将淘汰。像配件供应,依靠整机的"特殊设计"就创造了必须用日本产品"专用配件"市场。唯一有效的办法是谈判前的准备要细,分析透视日本人的企图。谈判时要求全盘保证,或者尽力将专用配件,改为统一规格配件减少依赖性。对产品的更新应事先估计到其时间差有多少。估计自己未来产品的寿命。这完全取决于谈判人员敏锐的判断和娴熟的业务。

日本人搞人际关系可谓"专家",要提防被日本人"吃吃喝喝"、"小恩小惠"的所迷惑。上至达官下至业务人员,日本谈判人员可以利用不同层次的人出场,与不同层次的谈判对手交际,从而探悉情报,分析交易的成败、研究对策、施加影响、争取支持。对于我国谈判人员,日本人小动作很厉害,且深知我国的习俗。诸如,"有礼走遍天下",他比你自己还记得牢。他会找到让你能接受,又无顾虑的方式,表达他对你的友善,赢得你的好感与支持,同时也解除你的戒备。所以在与日本谈判人员的交往过程中,无论在什么场合最好坚持二人以上活动,以有个互相照应。而且相互应保持密切的联系,不使日本人有可乘之机。

◆ 俄罗斯人的谈判风格

俄罗斯商人喜欢喝酒、抽烟、喜欢跳舞。跳舞是俄罗斯民族的传统,一般每个周末都举行舞会。以前主要跳民族舞和交际舞,但现在的青年人对民族舞已经不感兴趣,大多学跳西方舞,经常在花园中的空地或马路边的小广场上,在吉他或手风琴等简单乐器的伴奏下跳起来。

俄罗斯人注重仪表,爱好打扮。有的女子平日也要描眉、涂口红、抹胭脂。近年来又盛行起男人留长发,女人戴假发、耳环、手镯。每逢有较大的节日庆典或谈判活动等,衣服一定熨平,胡子要刮净。在公共场所比较注意举止,从不将手插在口袋里或袖筒里。天热时也不轻易脱下外衣。

俄罗斯人受到官僚主义办事拖拉作风的影响,做事断断续续,大大增加了谈判的困难。他们绝不会让自己的工作节奏适应外商的时间表。外商遇见的办事人员,决不会急急忙忙奔回自己的办公室,向上级呈送一份有关谈判的详细报告,除非外商供应的商品正好是俄罗斯人极想要的商品。在谈判期间,如果外商向他们发信或打电传,征求他们的意见或反应,往往得不到及时回应。

俄罗斯商人非常精通传统的以少换多的交易之道。在价格谈判阶段,无论外商的开盘报价多么低,他们也绝对不会相信,更不会接受外商的第一次所报价格。他们千方百计地迫使外商降低价格。为了达到这一目的,他们会使劲玩弄"降价求名"的把戏。他们会告诉外商:"我们第一次向你订货,你的开价低一些,以后你就会源源不断地接到订单。"而事实上并非如此。无论如何不要为未来的交易而降低你现在的价格。一旦他们得到了低的价格,他们就会盼望、要求价格永远保持在低水平上。有时,他们会也使用"欲擒故纵"等最古老的计谋:"我们没有办法同你做生意,因为你的价格和你的竞争者们相比实在太高了,跟他们做生意,我们现在都快达成协议了。"还有其他惯用的招数,像大声喊叫,敲桌子,甚至拂袖而去等,对此,你最好的办法就是不为所动,牢牢把住自己的价格防线。

◆ 德国人的谈判风格

德国人性格倔强,缺乏灵活性,思考问题有系统性,准备周到,很自负。他们谈判时,会明确表示做成交易的希望,准确安排谈判议题和日程。陈述方案清楚、果断。还价幅度不大。一般都觉得与德国人不好谈判,但执行合同态度较好。应该说这只是很普通的参考性说法,而实际情况比这要丰富得多。

来到中国市场的德国人,分初次来与多次来,或以有经验与无经验之分。初次来华的德国人在法律条文谈判上,呈现了倔强和不妥协性,而在价格条件上则可以灵活。他们因为不知底线,非常注重保护措施。为了进入新市场,价格条件具有一定的灵活性。因此谈判的强攻点要准,不能硬碰硬。但在法律方面的谈判是以介绍情况入手,以互相制约的方式确定条件,以态度温和的方式进行针锋相对的谈判。有的谈判新手常被对方坚持的条件所左右,而失去自己的立场。原则上,作为卖方的谈判人员应多考虑买方的条件以利履约。而买方则应敢坚持自己采购条件，以确保得到合理购买价格。

德国人思维的系统性、条理性强，谈判目标明确，如能明确指出他们的缺陷并加以改善，则会使谈判增加几分成功机会。不可在思考不够严谨的形势下，过分坚持自己没有条理性的表达方式。这样做，德国的谈判对手会失望。即使对手出于礼貌屈从附和，但不会得到有效的回应。

如某个合资项目的谈判，德方按我方提出的问题（该问题性质分类复杂，逻辑不清楚）。一次、二次地回答，而双方的观点仍未能条理化，德国人就开始抱怨我方："意思不明，组织无效率。"他们当面不悦、背后发牢骚，使谈判进展缓慢。但有时由于迫于要做成生意，老练的德国谈判对手也会放弃先天的习惯，改变自己适应新的环境，耐心、随和，只求签订契约。

◆ 法国人的谈判风格

法兰西民族在近代史上其社会科学、文学、科学技术取得了卓越成就，民族优越感很强。他们性格开朗，或固执己见，或持无所谓的浪漫态度。对中国有特别的友好感情，乐于发展贸易，谈判时表现出友好、急于取得成果，无论在谈判的什么阶段，喜欢搞个"纪要""备忘录"或"协议书"等，来记载已谈过的内容借此拉紧对手，以促成交易。他们对价格要求严格，条件比较苛刻，谈判风格松散但顽强韧性。法国人的谈判常常因政府的介入，而使贸易与外交关系相连，从而使谈判复杂化。

法国人的友好适于创造良好的谈判气氛，有利于交换看法。但对于各种书面的"纪要"或"备忘录"应十分注意"技术和经济"方面的条件，如"××指标应为多少"，"××价在×范围"。在初期的会谈中应坚持你自己要求，不能因为法国人坚持不让步，而过早放弃自己的立场。在法国人习惯中，这些文件实际是"准谈判"的结果。所以为了捍卫正式谈判中有利的立场，不要怕双方立场分歧。法国人虽然有顽强的习惯，但对我国的谈判亦有灵活性。对于贸易与外交相关联的做法，一方面使问题复杂化；另一方面又会促使问题解决。如许可证控制的产品，为了贸易合同能执行，政府出面解决许可证问题，甚至会与控制许可证的第三国交涉。法国外交部设有经济技术关系机构，专门为国际贸易中产生的问题寻求外交途径解决的办法。在平常的贸易谈判中，法国驻华官员也常参加谈判，关心进展情况。可以充分利用这种"联系"，解决一些利益相关却又棘手的谈判分歧。如贸易双方的利害冲突使谈判陷于僵局时，外交官的介入会使法国商人能找个台阶下，重新思考问题，分歧的解决就会有转机。但作为我方谈判人员要注意改变谈判风格，如从"针锋相对"转入"礼貌友善""通情达理"，让外交官们有信心干预。甚至提高谈判人员层次，如请高级官员出面。对法国人的自尊心，对外交官员的影响均会有备受重视的感觉。随之也可使对方更通情达理逐步转变原来立场，向我方靠拢。

◆ 英国人的谈判风格

英国人的绅士风度为世人所知。由于民族工业的发展、航海技术发达，强权加外交形成了帝国联邦，多少年来形成严格的等级观念及不同礼仪。英国人善于交往、对人和善、容易相处，谈判较灵活，对建设性意见反应积极，在商务谈判中富有"外交色彩"。但有时也会由于"外交色彩"，使谈判拖延时间，而放慢了节奏。

对英国谈判者应礼仪相待，否则不够"修养与风度"，两者交往会有距离。英国人喜欢对手与自己"同级"，亦具"绅士风度"，谈话会更容易。否则，"绅士风度"的另一面——高傲，也会在"外交色彩"掩盖下悄然而出，戏耍你一番而不解决问题，使对方窘迫而放弃所持立场向自己靠拢。我们利用灵活性，在多方案的"差异"中求统一。即不同方案有时会使两个分歧的立场靠拢。只要保持礼貌相待，适当直率从事，也可以使英方的消极态度得以改善。

英国是一个多民族国家。由于历史原因有时在民族感情、民族关系上有微妙之处。英国又是一个君主制国家，还保留着女王制度。因此，在和英国人交谈时，应注意不要涉及爱尔兰的前途、共和制优于君主制的理由、治理英国经济的方法、北大西洋公约组织中承担义务最多的国家以及大英帝国的崩溃原因等等敏感问题。

另外，英国谈判者有一个弱点，即除了会说英语外不会讲其他语言。因为他们设想世界上其他人都会讲英语或都想学会讲英语。也难怪，有不少国家把英语作为第二语言，这自然就使英国人比较傲慢。

在与英国人交谈时比较安全保险的话题，包括天气、旅游、英国的继承制度和皇家家族。在涉及女王时不要说"英格兰的女王"，而要说"女王"或正规地说："大不列颠及北爱尔兰联合王国女王"。与英国人交易时只要保持礼貌相待，适当直率从事，也可以使其松垮的态度得到改善。

◆ 韩国人的谈判风格

韩国商人在长期的对外贸易实践中，积累了丰富的经验，常在不利的贸易谈判中占上风，被西方发达国家称为"谈判的强手"。

韩国商人十分重视商务谈判的准备工作。在谈判前，通常要对对方进行咨询了解。一般是通过海内外的有关咨询机构了解对方情况，如经营项目、规模、资金、经营作风以及有关商品行情等。如果不是对对方有了一定的了解，他们是不会与对方一同坐在谈判桌前的。而一旦同对方坐到谈判桌前，韩国商人一定已经对这场谈判进行了周密的准备、胸有成竹了。

韩国商人十分注意选择谈判地点。一般喜欢选择有名气的酒店、饭店会晤。会晤地点如果是韩国方面选择的，他们一定会准时到达。如果是对方选择的，韩国商人则不会提前到达，往往会推迟一点儿到达。在进入谈判地点时，一般是地位最高的人或主谈人走在最前面，因为他也是谈判的拍板者。

韩国商人十分重视会谈初始阶段的气氛。一见面就会全力创造友好的谈判气氛。见面时总是热情打招呼，向对方介绍自己的姓名、职务等。落座后，当被问及喜欢用哪种饮料时，他们一般选择对方喜欢的饮料，以示对对方的尊重和了解。然后，再寒暄几句与谈判无关的话题如天气、旅游等，以此创造一个和谐的气氛。尔后才开始正式谈判。

韩国商人逻辑性强，做事喜欢条理化。谈判也不例外。所以，在谈判开始后，他们往往是与对方商谈主要议题。而谈判的主要议题虽然每次各有不同，但一般包括下列五个方面的内容，即阐明各自意图、叫价、讨价还价、协商、签订合同。尤其是较大型的谈判,往往是直奔主题,开门见山。常用的谈判方法有两种,即横向谈判与纵向谈判。前者是进入实质性谈判后,先列出重要的特别条款,然后逐条进行磋商。后者即对共同提出的条款,逐条协商,取得一致后,再转向下一条的讨论。有时也会两种方法兼而用之。在谈判过程中,他们远比日本人爽快。但善于讨价还价。有些韩国人直到最后一刻,仍会提出"价格再降一点"的要求。他们也有让步的时候,但目的是在不利形势下,以退为进来战胜对手。这充分反映了韩国商人在谈判中的顽强精、神。

此外,韩国商人还会针对不同的谈判对象,使用"声东击西""先苦后甜""疲劳战术"等策略。在完成谈判签约时,喜欢使用合作对象国家的语言、英语、朝鲜语三种文字签订合同。三种文字具有同等效力。

◆ 阿拉伯人的谈判风格

阿拉伯人涉及国家较广,也不好一一列举,只能从与我们交易密切的地中海、中东地区来探索。虽然这些地区和民族受欧美文化影响很深,但仍强烈地保持了穆斯林——回教的特征,沙漠人和非洲人的特性,以宗教划派、以部落为群,富有地区的人较好客(也具一定文化水准),喜欢用手势和其他动作表达思考,缺乏时间观念,极好讨价还价,追求小团体或个人利益。

如能以我国回族或懂伊斯兰教教义又会说阿拉伯语的人和他们做生意,必然比一般人要方便,特别是阿拉伯人重信誉。同宗同族自然在信任上占便宜。与阿拉伯人的谈判,要努力创造谈判气氛,了解谈判意图,情报资讯均可起重要作用。反过来说,要取得好感和信任,必须尊重对方的教义和风俗,否则要维持谈判将很困难。

对其散漫的时间观念应予以理解。一方面要防止随意中断谈判;另一方面要善于恢复中断的谈判气氛和把握成功的机会。不必注重某个中断前几乎成功的机会,因为你注意也没用,反而会造成对方的优势,把自己的内心弱点暴露无遗。犹如做一场长时间的游戏,耐心捕捉一个又一个机会去走向成功。要想早点儿成功,可以在谈判前准备,尽早建立人际关系、营造谈判气氛和情报搜集做得尽可能充分些，使正式会谈直指要害。

阿拉伯人有个习惯就是做生意要讨价还价。没有讨价还价就不是"严肃的谈判"。无论地摊、小店、大店均可以讨价还价。标准牌仅是卖主的"报价"。更有甚者，不还价却买走东西的人，还不如讨价还价后什么也未买的人受卖主的尊重。其逻辑是：前者小看他，后者尊重他。如摆地摊卖皮革品的商人面对与他讨价还价的买主，他会将价格与说明像连珠炮地托出，即使未成交也仅一耸肩，双手一摊表示无力做到。而对只看商品而不睬他的顾客，他会在对方转身后，做个怪相，以示不屑一顾的态度。对一递钱就走的顾客，会以若有所失的眼光送走对方。不过，对待阿拉伯人的讨价还价要注意两类不同做法的人，"漫天要价者与追求利润者"。前者喜欢乱叫价，你可以大刀阔斧就地还价，后者虽有余地，但其态度主要在追求适当利润。应适度还价，仅在还价立场上做文章。

追求小团体和个人利益，有人喜欢用"行贿受贿"的说法。其实不尽然。有的地区流行"受贿"，但也绝不是简单从事的。有的名以"回扣""佣金"，记账，到某行政部门、军方或王室，但均有个会计问题、税务问题。在西方商人的会计账目中，有的受本国政府某些"预付金""佣金"的法律限制，有对于"回扣""佣金"的最高额限制。索取"佣金"的个人，则也要通过当地中间代理去做，而对自己的账目仍维持合法性。有的地区则很鄙视"行贿"。所以，我国的谈判人员不可在阿拉伯人面前简单使用这种手法。在大宗交易中，适当选用当地代理人是有益的做法。可馈赠有中国特色的纪念品或礼品，只要适合馈赠对象的习俗和爱好也可获同样良好效果。

语言是谈判的武器

若想完成谈判，不用说，语言能力是谈判人员必备条件之一，谈判者必须能够明确地表达出自己的想法，以及理解对方的意见，唯有双向明了，才可谓真正的沟通。说话者以语言或手势表达他的意见，听者则是以面部表情、手势或"帮腔附和"，向说话者传达他是否已经理解。

传达情报也是谈判不可或缺的要素之一，越是能掌握谈判对手，以及包括对方产品和服务等市场动向，越是对我方有利。达成谈判的秘诀是，尽量多提出疑问，却给予最少量的情报。就是那些"看起来对彼方有利的情报"。例如，身为卖方，无论如何不能泄露自己的生产成本，否则只会使对方有可乘之机。

依据传达情报的观点来看，语言有两种作用，一种是向对方传达"什么"的语言表现，另一种是从对方探出"什么"的语言机能。在谈判场合中，向对方传达自己的提议、意见和情报，等等。但是从对方口中套出他们的提议、意见和情报等，其重要性同等重要。一名经验丰富的谈判者对于观察对方的理解度，多半独具心得。

如果无法将自己的意见进行简单而条理性归纳的话，不能称为优秀的谈判者。而归纳的行动也包括了检讨自己对谈判对手理解到何种程度。此外，若能使自己的论点显得简洁有力，不但能够巩固我方的立场，也可增进不少说服力。

◆ 采用何种语言

当然，若能使用对方的母语，必可增进双方的亲密程度。但是一个人如果原本便缺乏表达能力，又硬要勉强使用外国语言，结果只会弄巧成拙、适得其反。因此，若是觉得自己的听说能力实在不行的话，不妨考虑借助翻译人才，其效果在短期谈判中尤为突出。

但是千万不可为了企图占对方便宜，而假装自己不懂外语，否则万一被人识破，双方的信赖感立刻会随之毁灭。

◆ 谈判语言的微妙差异

毫无疑问，在国际商务谈判活动中，英语是使用最广泛、最频繁的语种。

无论是处于哪一个阶段，都应该适时向对方表达我方的意见。可是一方面由于语言上的隔阂，多少总是难以运用得流畅自然，而另一方面则是为了表示我方的强硬态度而无法兼顾婉转的措辞。不过，为了保持和谐的气氛，使谈判得以顺利进行，我们仍然必须掌握一些委婉的表达方式。例如若是把"I don't think you can deliver as you promise."（我不认为你能够按照你的保证出货。）换成"From my experience, I think you will find it very difficult to deliver by that date."（根据我的经验，我认为你将发现很难如期出货。），就可以避免无谓的反驳。

下面列举几种过于直接而强硬的表达方式，然后一并介绍较为婉转的说法。括弧内的字母是代表它的强硬程度。强硬（S）、普通（N）、弱（W）。

1. You must lower your price.

Your price is too high.（S）

I think [fell] your price is too high.（N）

In my opinion, the price is a little high.（W）

2. It's too expensive.

I'm afraid it's just to expensive.（S）

 I really believe it's too expensive.（N）

3. You should speak more slowly.

It's very difficult to understand when you speak so quickly.（S）

Please speak more slowly.（N）

I'm sorry, could you speak a little more slowly?（W）

4. You don't understand the Chinese system.

It seems to me you don't understand the Chinese system.（S）

Perhaps you don't fully understand the Chinese system.（N）

I'd like to explain the Chinese system if I could.（W）

5. A joint venture is impossible.

I'm afraid a joint venture is impossible.（S）

I real believe a joint venture is impossible.（N）

My opinion is a joint venture is not possible. （W）

6. Wait two more months.

I'm afraid you'll have to wait two more months. （S）

Please wait two more months. （N）

Unfortunately we have to ask you to wait two more months. （W）

7. You should use an interpreter.

I think you should use an interpreter. （S）

It might be better if you use an interpreter. （N）

Would it be possible for you to use an interpreter? （W）

8. You must drop your price by 5%.

You will have to drop your price by 5%. （S）

It is possible if you drop your price by 5%? （N）

We would like you to drop your price by 5%. （W）

能够分辨它们的差异之处吗？这种具有微妙差异的表达语句有很多，希望各位用英语谈判的人员在谈判前尽可能掌握，并且反复练习。

国际贸易术语

在国际贸易谈判中，常常会出现"FCA""FAS"之类的贸易交货条款术语出现。如果谈判人员不能清晰地了解这些术语的确切意义，在谈判上可能会因一字之差而"谬之千里"。

◆ EXW——工厂交货条款

工厂交货价的意义是卖方负责把货物在其原地（像工厂、厂房、仓库等）交给买方。但卖方并不负责把货物装上买方所提供的交通工具上，和办理货物出口的通关手续，除非买、卖双方另有约定。

买方负担所有的费用和风险，包括从卖方原地起运到买方所指定的目的地为止。因此这个条款表示卖方负担最小的责任。若买方无法直接或间接办理货物出口手续时，这个规则不适用，必须使用FCA条款。

◆ FCA——指定地点交货条款

此交货条款是指卖方完成运交货物以为出口，而于买方所指定之地点或场所交货，以履行卖方义务。如果买方没有指明正确的交货地点，则卖方在买方自行承担费用与风险之下，依约定协助运送人（诸如铁路或空运时），这种条款也可以使用在任何方式的运输（包括复合运输方式）。

所谓"运送人"乃指在运送契约之下，担任执行或取得货物经由铁路、陆路、海运、空运、内陆水运或者如上述之各种运输方式。

如果买方指示卖方运交货物给某人，如货运承揽商（本身并非运送人），卖方交运货物时已履行交货义务。

所谓"运送站"意即一个铁路站、货运车站、货柜站或货柜场，或者具有多重用途的货物站或其他类似的接收点。

所谓"货柜"，包括任何货物装运设备，例如，各种型号的货柜及／或平板作业，拖车、联结车体、航空货柜等各种形式的运输。

◆ FAS——船边交货条款

所谓"船边交货"乃指卖方将货物放置在输出口岸所指定码头或驳船船边时已履行他的交货义务。此意即买方自卖方交货时起，承担所有费用和货物损害或损失风险。

◆ FOB——船上交货条款

"FOB"意即卖方须履行将货物交付至装货港的指定船只，并越过船舷栏杆后的义务。亦即买方须承担越过船舷后所有的费用和自起运站货物发生损害或损失风险。FOB条款要求卖方办妥出口手续。

◆ CFR——包括成本及运费的交货条款

CFR为"Cost and Freight"的缩写，意谓卖方必须支付运送货物到指定目的地港的成本和费用。然而自货物在装船港口越过船舷栏杆时起，货物损失或损害风险以及任何增加的费用即由卖方移至买方负担。

CFR条款要求卖方办妥出口手续。本条款仅适用海运和内陆水运。

◆ CIF——包括成本、保险和运费在内价的交货条款

CIF（Cost, Insurance and Freight）的意义是卖方除了必须去投保海上保险为买方承担货物在运送途中所发生的损失或损害风险外，应履行和CFR相同之义务。卖方依约投保，并且支付保险费。

◆ CPT——包括成本和运费支付至所指定交货地点的交货条款

CPr（Carriage Paid To）指卖方支付货物运至指定目的地的费用。在货物完成运交给运送人经管以后所发生的任何额外费用及货物损失或损害风险，即从卖方移转买方承担。

"Carrier"运送人之意义为任何人，基于运送合同，经由铁路、公路、海运、空运、内陆水运或混合运输方式，去执行运送任务。如果第二运送人被赋予将货物运送到约定的目的地，当货物完成运交由第一运送人移转至第二运送人承担时，风险也随之转移。

在CPT交易条款下，卖方必须负责办理货物出口的通关手续。

本交易条款可适用包括复合运输在内的任何形式的运输。

◆ CIP——包括成本、运费、保险费支付至交货地点的交货条款

CIP指卖方除负有CPT条款下的相同义务外，另需代买方投保货物运送途中发生的损害或损失。卖方办理投保手续并支付保险费用。

CIP条款下卖方必须负责货物的出口通关。本交易条款可适用于包括复合运输方式在内的任何运输形式。

◆ DAF——边境交货价的交货条款

"DAF"为"Delivered at Frontier"的缩写。指的是卖方已将货物备妥，并负责办理出口通关运至边境所指定的地点或地方，但在邻国的边境海关之前。"边境"这个名词可适用于任何边境包括出口国的边境。因此在指定地点或地方如何正确去界定"边境"这个名词就成为一个很重要的问题。

◆ DES——到岸船上交货价的交货条款

DES指的是卖方必须履行将货物运至指定目的港，未办理进口通关前

在船上交给买方。卖方应负担将货物运至指定目的港的一切费用及风险。

◆ DEQ——码头交货价的交货条款

DEQ的意义是指卖方已将货物备妥,并负责运送至买方指定目的地的码头,并办妥进口通关手续。卖方负担所有风险和费用包括关税、税捐和其他运送费用。

如果卖方无法直接或间接取得进口许可时就无法适用此条款。

◆ DDP——税付讫交货价的交货条款

DDP指的是卖方已将货物备妥,并负责将货物运至输入国境内的标明地点。卖方负担运送货物费用和风险,包括关税、税捐和其他货物通关所需费用。EXW条款表示卖方负担最少的义务,而DDP表示卖方负担最大的义务。如果卖方无法直接或间接取得输入许可证则不能适用此条款。如果卖方希望买方办理通关及支付关税,则适用DDU条款。

◆ DDU——税未付讫交货价的交货条款

DDU是指卖方已将货物备妥,并负责将货物运至输入国境内指定地点。卖方负担运送货物费用和风险(但不包括进口应付的关税、税捐及其他规费)。

买方必须支付因未及时办理进口通关而增加的费用及承担因此而引起的任何风险。

如果买方希望由卖方办理通关以及负担因而引起的费用和风险,则必须另以书面说明。

第九章　稳中求胜，避开陷阱

谈判人员要学会精深的谈判知识，掌握娴熟的谈判技巧，并非一日之功。而飞速发展的社会现实往往又不允许谈判人员在实践中慢慢摸索经验、磨炼技巧。因此，任何谈判人员都有必要从别人的失败中吸取教训。

本章精选了商务谈判中，谈判人员心态、策略及方法这三个方面常见的陷阱，谈判人员只有做到有效规避这三个方面的陷阱，在谈判桌上才能真正做到"稳"。

拔除不良心态

心态决定行动。谈判人员心态上的陷阱一日不除，在谈判桌的表现就无法令人满意。

◆ 想当然

"想当然"的做法不仅会愚弄自己，同时也会愚弄他人。研究表明，这种臆想是一种潜在的思维障碍，它会把人引向错误的方向。比如，该进行理念营销时，只注重产品的介绍；该耐心等待市场的成熟时机时，错误地认为对方无意购买或是想压低价格；等等。在谈判中这种臆想，你会很容易丧失谈判的主动性，贻误沟通良机。想当然的臆想是不能客观地判断对错的，而根据臆想做出的决策自然有失偏颇，最后的结果可能丧失对你极有利的谈判时机。

在现实的谈判中，确有必要去揣测对方的意图和动机，以及对对方做僵局的产生，害怕因此而造成的谈判失败，易被对方所利用，他们会故意制造僵局，来强迫你、击垮你，让你做出最大利益的让步。

就好像"最后通牒"一样，其实僵局的制造者可能是在试探对方的决心和实力，因为僵局给谈判者造成的压力很大，没有极强的心理承受能力和一定的实力是很难接受的。如果你过分担忧产生僵局，害怕僵局的来临，等于在向对方显示自己的弱小。商场如战场，是很残酷的，对方绝不会因为你害怕出现僵局而放弃进攻，相反，他们会抓住你的这一心理变本加厉，逼你退让。尤其是对方实力强大时，更可能会对你威逼。而且，谈判中，因为意见分歧，双方期望目标相差太远时，僵局的产生是不可避免的，但双方各自调整，降低期望值，就可最终达成协议。所以，不要害怕僵局，对强大的对手故意制造的僵局，及时走开，显示你的强硬与独立，会迫使对方反思的。

◆ 恐惧强大的对手

面对强大的对手，人的心里不免会产生一些恐惧，但如果因此而胆怯畏缩和退让，对方可能会变本加厉，一再威逼。谈判中，一方屈服于对方的阵势，被对方的强大所压倒，一再地退缩，不停地让步，只能表示出自己的胆小和无能，只会给自己带来牺牲和损失。而且，双方地位的不平等，对将来的合作产生不良的影响和严重的危害。

与强大的对手谈判时，很容易处于被动的地位，陷入不平等状态，进而被迫做出巨大的让步，损失自己应争取的权利和利益。为此，要扭转局势，获取谈判的成功，必须首先在心理上做好准备，要把对方看成是与自己寻求共同利益的平等方，没有谁服从谁的道理，甚至可以说，离开了你，对方也就失去了机会，失掉了谈判的成果。所以，谈判人员要鼓起勇气，敢于和强大的谈判对手进行抗争。其次，正视现实，制定可行性策略。可行的策略如下：

（1）对方毕竟是强大的，单纯的反抗和不满无济于事，谈判人员要学会忍耐，认真听取对方的话语，让对方充分发挥其优势，自我感觉得到了默认和满足后，他们就会变得通情达理，愿意公平合理地与己方商谈。

出估量。比如，他们能做什么，会怎么做？他们愿冒多大的风险？他们作决定时的重要依据是什么？凡此种种，都应该根据实际情况，客观地进行分析。但是，这仅仅是一种分析，在未被证实之前，还不能说它对或者不对，更不可以此为依据，贸然地做出决策。作为谈判者，你应该在谈判的实际进程中，根据对手的情况及时做出调整，养成先调查后评估的习惯，通过各种渠道获取对方的信息，从实际情况出发对谈判对手的立场、态度及需求，做出较为准确的估计，这样才有利于在谈判中占据主动，才可能挽救快要进入死胡同的谈判，收到峰回路转、柳暗花明的效果。

◆ 缺乏耐心

在对方以逸待劳，施以拖延战术时，你缺乏耐性，产生焦躁心理，甚至胡思乱想，忽视自己的有利形势，害怕自己失去这场谈判，轻易做出让步，让对方的计谋得逞。它的直接损失是谈判的失利和眼前的经济利益，更有可能潜伏着别的危机。

谈判是双方在智力、体力、经验、胆识、耐性等等各方面的较量。对方以逸待劳，施以拖延之术，一是为了削减你的力量；二是检测你的耐性。你只有针锋相对地运用以逸待劳法，比他更有耐性，方可保住自己的有利地位。或者以刚制柔，来个最后通牒，向对方申明，这种拖延战术对谈判不利，除了无意义的消耗，并无实质的结果，再这样下去，你不奉陪，从而要求对方拿出实质性意见，否则终止谈判。还有，向对方提出制定一个谈判的时间表，要求双方在一定期限内拿出谈判的意见来，以约束和加快谈判的进展。

◆ 害怕僵局

越是害怕僵局，僵局越是缠住你。于是，你便一步一步地退让，一直降到你的最低点，或许僵局依旧存在。

过于担心僵局的产生，其实是一种缺乏独立性、过分软弱的表现，或者是想依赖对方、寄希望于别人的不成熟心理。谈判中，谈判双方站在各自的立场，谋求既满足自己的利益，而对方又能接受的方案，这时虽然要考虑到对方，可适当做一些让步，但自己的行为应该是完全独立的。害怕

（2）采取迂回谈判的方式，在其他时间接近对方，进行感情投资，换取他们的同情和支持。

◆ 过分压抑自己的情绪

人非草木，孰能无情？任何事物都会在人的心底引起一定的情感反应，当外界事物强烈地影响人的情感时，人的反应就会越来越强烈，最后达到极限，这时，非以某种形式发泄出来不可。谈判人员在谈判过程中过分压抑自己的情感，任由对方无理取闹甚至谩骂，只为不失君子风度。但作为一个人、一个情感丰富的谈判人员，这样过分地压抑是很有害的，不仅会给自身带来相当大的压力，还有可能因分散精力而失去正常的分析判断。

对方故意激怒你很有可能是要看你的反应。你越压抑自己，他们越会变本加厉，最后你的心理压力会越来越重，自己反倒把自己压垮了，他们就有可乘之机提出苛刻条件，迫使你同意。所以，不管对方是否有意激怒你，在必要的时候释放一下情感，让情绪发泄出来，不但可以舒缓自己紧绷的神经，让心情变得轻松，而且从谈判策略方面来讲，这也是一种很有必要也很有效的策略。你时刻表现得轻松而理智，可以坚定你方谈判人员的决心，可动摇对方的信心或者强迫对方重新审视自己的目标，认清目前的局势。而且，适当地释放你的情绪，还可以起到很好的效果，愤怒往往会使对方丧胆而让步，哭泣只能换得对方的同情，恐惧会揪紧别人的心，冷漠则表明自己漠不关心，或可有可无的态度。只要你使用一些激烈的字词并辅以适当的姿势，便可能反过来让对方搞不清楚你的真实意图，从而减轻自己压力不说，还取得了谈判的主动地位。当然，这一切是在不失去控制的情况下进行的。

◆ 操之过急

有什么好急的？操之过急只会让你表现出确有所图，而你一旦显露出势在必得的模样，那么对方便会摆出高姿态，处处刁难，因此不妨放慢步调，让时间缓一缓。对过往的闲杂人员等大可视而不见，专心把目标锁定问题核心；如果刚刚才享用过对方所摆下的美味大餐，也不要让心思被

"吃人嘴软"这句话所干扰。要是一时想不出良好对策——不妨来个"一动不如一静",姑且暂作壁上观,等明天再静观其变。切记,在商场上讲究的是,结果只能从谈判中获取,而不是计较时间而快速了结。

对看准的标的物要不离不弃,或许你在第一次吃了败仗,可是却必须时时准备卷土重来,再搏它一次。最重要的在于保持高度警戒,在物转星移的演变中,静静等待对自己最有利的转机。'

在敲定谈判进度时,不要显出一副迫不及待的样子。相反地,不妨建议把谈判时间延后,因为:①你很忙;②你要准备一项重要会议;③你只是先参考比较,暂时还不急着作决定。如果对方迫切想完成交易,那就可能马上提出很好的条件,以求速战速决。即使他同意你慢慢来的建议,却可能在一周以内又打电话给你,看看是不是已经有所决定,这时候你便知道,不论出自什么缘故,反正对方是势在必得,那么你就更可以把它吃定。

有经验的农民在播下种子时就先谈好价码,这和蔬菜成熟收割时才开始议价,那绝对是不同的两码事。眼见成堆的蔬菜等着脱手,否则便要血本无归,农民在这种情况下,很可能只有贱价抛售了。这个价钱如果早在春播时预先议定,就不致落得这么惨了。这是一个很好的教训,我们与人谈判打交道时,也应该引以为戒。如果已经迫在眉睫,或是急需一笔现款,那就不要等到火烧眉毛了才开始行动。原因是:①期限会迫使你接受对自己不利的条件。②焦虑会把你出卖给对方,而且可能使你思路不清。

◆ 贪心不足

你知道,谈判对方的产品需要更新换代,急于脱手。开始谈判时,对方给你们提出的价格,和你们上次谈成的价格相同,2000元/件。按理来说,都是老客户也挺合理的。但你想利用对方急于脱手这批剩余产品的心理,趁机多赚一点儿,于是,你提出的价格比对方提出的价格低了许多,1500元/件。这样的价格对方当然不同意,于是,对方提出价格可以降到1850元/件。而你还是死不提价,坚持要以你们的价格成交,这样相持不下的状态持续了一阵后,对方看你们的态度仍不妥协,于是,只好放弃了这笔交易。次月，你得知对方已经以1850元／件把货物出售给了他人，你才后悔不已。

谈判时绝对不能把条件定得过于苛刻，更不能贪心不足。尤其在你处于绝对优势、胜利在望的情况下，更要注意这点。对方给你的价格是1850元／件，对你们来说，就已经有很多赚头了，可你仍想抓住这个机会不放手，狠赚它一把，硬要压到最后的1500元／件。往往在这种情况下，你反而会失去一次成功的合作机会。

日本的空手道中有个规则叫"叫停"，就是在胜负已定的情况下，不必再拳击脚踢，用不着一定将对方打倒在地。当裁判认为比赛再继续下去，胜负也不会有所改变的时候，就会宣布结束。这样失败者默认失败，以免遭受肉体上的伤害。谈判也是如此，既然你已经达到了一个较满意的结果，差不多也就罢了，照顾对方一点儿，让他回到公司里好有个交代。这样一来二去，你们就能够逐渐成为合作伙伴。如果不给对方留一条生路，即使你这次赚了，可以说这个谈判是不成功的。也不会持续到下次，对方受到严重的伤害后，不会再与你合作。商务活动中最重要的一条是让利，这意味着双方还可以继续合作。

◆ 过于古板

有些谈判人员总是一副严肃的面孔，以极其认真的态度，他既不会寒暄问候，更不会去谈那些风土人情、趣闻逸事、文体消息等。上来就切入正题，"言归正传"，没有一点儿活泼的气氛，谈判场上气氛死气沉沉、枯燥无味，总给人一种压抑的感觉。于是，暂停、休会的次数很多，很少有满足双方利益的灵活方案和建设性的提议，达成协议的日期一推再推。

相反，轻松愉快的气氛能激发人们的想象力，增进人们的感情。在良好的氛围下，人们更容易被理解、被尊重，也更容易获得支持和关注。反之，沉闷抑郁的环境，很容易滋生猜忌和隔阂。在谈判中，不能营造良好的谈判气氛，就好像机器缺少"润滑剂"一样，给人很别扭的感觉，也就谈不上有效地减少双方心理压力，给双方沟通增加困难，甚至可能使谈判进展缓慢。谈判双方是一对矛盾的统一体，为达成协议，双方不可能摒弃竞争，也不可能拒绝合作。合作，就应该有一个良好和谐的气氛，这是从谈判一开始就应该考虑并注意的。首先，在谈判开始以前，主动热情地去接触对方，发掘双方的共同点，为谈判打下良好的基础。可以就双方的兴趣爱好，双方曾有过的合作经历或共同认识的朋友，进行交谈，引起双方心灵"共聚"的变化。接着，在谈判开始后，礼貌问候对方，轻松地引入谈判的话题，讲究策略，有礼有节，求同存异。必要时运用一些幽默诙谐的语言，调节一下紧张沉闷的空气，放松一下绷得太紧的心弦，营造轻松愉快的气氛。在谈判就要结束时，不管你们是否最终达成谈判协议，正面肯定对方并表达谢意，都可以给对方留下好印象，为下次合作创造机会。

策略失误，则全盘崩溃

谈判中，局部策略的失误，随时都会引发全盘的崩溃。

◆ 见树不见林

只在某一个方面作一些让步，实际上是在局部利益上作纠缠，表面上或许损失不大或者赢得了胜利，其实可能会招致灭顶之灾。因为只纠缠于某一个方面，在某一个问题上作让步，对方可能提出更苛刻的条件，让你局部胜利的代价昂贵无比，甚至是你的未来所不能担负的。这是简单片面看待问题的表现，也是不从长远考虑的结果，是一种"见树不见林"的做法，其后果是牺牲了整体利益。

谈判，必定会涉及双方的让步，只局限于某一方面，执着于某一个问题上的让步，不能随着谈判的步伐进行调整，不能从整体全局考虑，很有可能损失更大，失去更多。让步，不能只见树木不见树林，应该在通盘考虑后，按照是否有利于达成令自己更满意的协议来确定。哪些方面让步，让到什么程度，不能纠缠于一点，而要从整体考虑。即使有过初衷，也要从实际出发，进行调整。所以，谈判时，立足于整体利益，通盘考虑，灵活机动，不时调整，比局部的纠缠更为有用和可实行。

◆ 不设谈判底价

谈判之前，不设置底价，是没有防患意识的表现，当出现紧急或情况发生意外时，你便只能处于被动的不利地位，在对方的攻势和强大压力下你可能会做出巨大的让步。同时，谈判前不设底价，也是准备不充分或未有准备的表现，很可能是盲目地在与对方进行交谈，自然很容易被说服，被击垮。

有时候，人们会为了赶上某一班车，急匆匆地赶往车站，很少会冷静地思考，其实赶下一趟车也没关系。谈判时，只顾一心一意地去交涉，全力以赴地参与某项交易的协商，期望能顺利而尽快地完成，无暇冷静地思考，很容易在紧要关头作过分的迁就，很可能轻易地同对方签订本来应该拒绝的协议。所以，谈判的人员最好预先确定自己可以接受的最坏结果，为自己制定一个最低底价的安全防线，一旦谈判结论超过自己的底价，就拒绝成交，以免造成不必要的损失。制定底价，是抵制对方压力、控制自己冲动的最有效的方法，是保护自己利益的必备的安全措施。设置底价，要配合对方立场，不可忽高忽低，运用于具体谈判时，也要能随机应变。

◆ 任凭对方选择时间与地点

谈判地点的选择是一个涉及环境心理因素的问题。环境往往对谈判者的心理有很大的影响，对谈判效果也起着重要的作用。谈判人员不重视这一点，任由对方选择有利于他们发挥优势的地点，在谈判过程中不利的环境会使自己的情绪不佳，影响了耐心、判断，这对谈判人员是极为不利的。有时由于恶劣的天气，也会使一方仓促地答应以低价与对方签约，未能为自己争取到本可以获得的更大的利益。可以说，任由对方挑选谈判地点与时间，从一开始就是在"地利"与"天时"上让对方占先，而把自己置于被动的劣势地位。

一般来说，人们在自己所熟悉的环境里谈判，无须分散精力去熟悉和适应环境，可以以最佳的精神状态、饱满的热情，最大限度地发挥出谈判的才能，还可以随时寻求支援或获取所需资料等，以辅助谈判，使谈判更容易成功。所以，谈判人员应当竭力争取在自己所熟悉的环境里进行谈判，尤其是需要演示自己产品的谈判。如果争取不到，那么应该选择中立地区。这样做的好处是，一方面可能因为双方都不熟悉当地环境，都需要适应和熟悉，所以比去对方那里谈判要有利得多。另一方面，从旅途花费等方面考虑，选择中立地区也较划算。可选择一个风景优美的中立地带，将交易和乐趣融合在一起，有益于合作关系的融洽。此外，如果你想从对方那里购买设备，不妨先去对方的生产现场，观看演示，再作场地选择。

◆ 寸土不让

当你有所退让时，时机和作风的掌握是最重要的了。切记，每出现一次妥协，便在提示你的立场又进一步软化，所以，千万要适可而止，否则你一旦把漏子捅大，那么对方便会乘虚而入，大肆加以破坏。基本原则让对方认为你是为了顺应情势才作让步，绝不要泄露你是因为压力而屈服。认真思索一下对方为什么要你让步（基本实际需要，以便达成协议？或只是想兜得你团团转）？因此，让步只能采取蜻蜓点水式，而且一次只让一步。

即使你的让步对大局无关紧要，但也绝对不要轻易缴械，不战而屈。事实上，你应尽量在无所谓的事情上让步，但是表面上却摆出一副损失惨重的样子。经过这一番的粉饰功夫，使你的退让价值大增，让对方觉得不还个大礼无以为报。对那些你毫不在乎的事项，一开始便极力把它们吹捧成兹事重大的模样，然后率先加以放弃，说不定到头来对方反而会让你保留几项。

你每让一步，最后的协议价值便减损一分。因此，务必坚持一项原则，如果"失之东隅"，一定要"收之桑榆"。如果只是一味想以忠厚老实取胜，因而痴心盼望对方也会等量回馈，那绝对不是上上之策。当对方说："我要你给我的A产品"。你应该说："那么你要给我什么？"如果对方说什么也不肯相对回应，那你就：①知道和自己交手的是何等强硬派；②坚持立场也无可厚非了。结果这么一来，对方不至于再两手空空地向你开口。

方法不对，好事也会变成坏事

凡事都有一定的方法方式，有时做一件好事，如果方法不对，好事也会变成坏事。谈判也是如此，错误的方法常常会令谈判走向死胡同。

◆ 用贬低同行的手段抬高自己

谈判的时候，不停攻击同行业公司，无异于画蛇添足，自招失败。它不仅显示了你的胸襟不够开阔，而且反映你对自己公司的信心不足。因为公道自在人心，对方既然与你谈判，起码说明了他较为认可你们公司的产品或服务。如果你画蛇添足地攻击同行业的公司，会给客户留下不好的印象，进而对你和你公司的产品产生怀疑，影响谈判的圆满完成；也可能对方心生反感，不再与你进行商谈。即使没有这些，那些闲言杂语，也会冲淡主题，浪费时间，延缓谈判速度。

在对手面前贬低他人相当于自损形象，有修养的人即使别人议论他人是非时，也不会随声附和。谈判是智力的较量和良好关系的建立，任何多余的无关紧要的话，都可能影响谈判的质量和谈判的气氛，如果不加筛选，信口开河，只会失去对方的信任，加深对方的疑虑。如果是故意败坏，有意说同行业公司的坏话，就不仅仅是缺乏修养的表现，还可能触犯法律。所以，在谈判时，应当多说些赞扬肯定的话，尤其是当对方肯定赞扬某同行业公司的时候，你的赞同会激发对方的好感，觉得你们有共识，对谈判能起到润滑促进作用。

◆ 仓促上阵

事前不做充分准备，又不具备丰富的谈判经验，只会落得一个谈判一无所获的结局。如果对方是一个强硬型的，不注重长期合作关系的，要在这场谈判中获取最大利益的人，谈判人员很可能被他所蒙蔽、引诱或受他奚落、攻击，直到那样不明不白，却又无可奈何地做出牺牲。那样，这场谈判就会彻底失败。

　　谈判，作为人们生活、企业交易、经济纠纷、满足自己某些需要，而进行的沟通交流的一种方式，有其自身的特点、模式、原则等，是需要学习掌握的。作为一个谈判人员，首先应该对谈判的知识进行全面的了解，掌握一些技巧，会运用一些常用的策略。其次，在对谈判有了一个大致了解的前提下，应当充分地把理论用于实践。对谈判对象的信息进行收集、分析、整理，制定具体战术，拟订谈判计划，做出决策草案，做到胸有成竹。最后，才是在充分准备的前提下，以饱满的热情，积极的态度，机智灵活地进行谈判。

◆ 出言不逊

　　有些大企业的谈判代表在与小企业谈判时，如果进行了几个轮回，对方仍坚持不作较大的让步，就会一肚子的火气，心想，你们有什么资格跟我讨价还价！于是，就多次暗示对方，想让对方明白他们的弱小和无能，如果对方有所辩白，就故意用讽刺挖苦的语言嘲笑对方，使对方蒙受羞辱，使对方陷于尴尬的境地。这样做情况并不会好转，对方逐渐有了不满，态度上也不再那么温和有礼。事情越演越糟，最后对方愤然离去，谈判宣告破裂。任何时候，面对任何谈判对手，讽刺挖苦、责难辱骂，都是没有修养，极不道德，甚至是极其卑劣的表现。这种人身攻击除了说明谈判人员没有修养以外，并不能解决任何实质性问题。相反，对他人的人身攻击，不仅会失去他人的好感和信任，而且还会给谈判设置障碍或给日后双方的交往罩上一层阴影，更可能会使谈判完全破裂，双方成为仇敌。

　　俗话说："树活一张皮，人活一张脸。"当一个人的自尊受到伤害时，都会愤怒、暴躁，进而反击。在谈判桌上进行人身攻击，对人的伤害程度更深，对方的反应也更强烈，如果处理不当，盛怒之下，很可能会做出过激行为来。所以，切不可对他人进行人身攻击，尤其是本着互惠互利原则的谈判双方。如果你脾气较大，极有可能在谈判时说出有损对方尊严的话来，建议谈判人员加强自我修炼，提高忍耐力，宽容对方的过错，多抚慰、多赞美对方，以理服人，以情感人。

◆ 过分相信感觉

有些谈判人员，以为观察别人的表情动作，就一定能看穿别人的心思。所以，他们在与人谈判时，总从别人的面部表情、身体动作等方面揣测别人的想法。从细微的表情，不经意的举手投足中，判断揣摩对方的意向。对方锁眉，是有疑虑；对方微笑，表示赞同；对方摆头，表示反对……甚至其他一般人根本未留意的神情与姿态，他们都不放过，要细加研究，并从中找出信息，得出结论，为自己谈判所用。但是，事情并不像你所想，很多时候，从对方的表情中得出的信息并不像平时那样准确，尤其是在谈判结束时，对方表情更与实际情况大相径庭，明明是占了便宜，对方却还是装出一副受伤的模样。

俗话说，一心不可二用。过分注意探究对方的表情动作，有可能获取到一些不易让人觉察的信息，但相应地也会降低自己对其他重要方面的注意力，影响自己在谈判中知识、才能的发挥。谈判不是靠察言观色就可以获得成功的，而应该是智慧、口才的较量，花太多的时间探究对方的表情动作，不一定能取得事半功倍的效果。特别是在某些特殊情况下，人也是会伪装自己的。

在理智的谈判过程中，应多注重于客观的谈判内容，少掺杂些个人的主观因素，尽可能正常地发挥自己的谈判水平，冷静客观地分析辨别事实，而少去追究对方的表情动作的含义，才能取得好的效果。

◆ 快言快语

有些人在谈判桌上，总是有问有答，有理有据，毫不含糊和犹豫，以此来显示自己的干练，显示自己思维的敏捷。

但谈判桌不是你表现口才的地方，在这里冷静的思考更重要。一着不慎，不说全盘皆输，但完全可能由主动变被动，有利成失利。如果谈判人员的嘴总是快于脑子，必定考虑不周，不加认真思索而做出的决定很可能失策。如果只是谈判中的一个环节，还来得及纠正，如果签约也像说话那么草率，再后悔就来不及了。俗语说，有勇还要有谋。谈判桌上，是显示人智慧的场所，如果一味地追求语言的畅快，不留思考的余地，必定做出错误的决定，而损失应得利益，给人愚蠢的印象。

在谈判中，时间就是力量，应该千方百计地争取充分的时间来思考，慢节奏地回答问题，而不能不假思索，仓促应答，因出言不慎而招致重大失误或损失。尤其在谈判的紧要关头或对方突然提问，或提出的问题比较棘手，而你又不得不做出回答时，千万不要手忙脚乱，要故意放慢节奏，为自己争取充足的时间进行思考。比如，可提议对方把问题再说一遍，把问题解说清楚；突然口渴要饮茶，或是为在场的人点燃一支香烟；看看手表，平静地站起来致歉，说"现在我有一个约会电话"；让对方阅读你的资料；甚至可以明说自己还没考虑清楚，要求给一些时间思考，等等。真正做到"宁慢三秒，不抢一句"，有充分的时间思考，才能做出圆满的决定。

◆ 有问必答

海外某公司对A厂的产品很感兴趣，与A厂谈判进展得十分顺利，预约好第二天正式签约。当天晚上，按预定议程举行了一个招待会，会上，海外公司总经理的秘书跟A厂厂长碰杯，互相祝贺即将到来的成功，同时顺便问道："这笔生意谈成了，对贵厂的资金周转会大有好处吧？"厂长犹豫片刻，本想避开，但想到整个谈判大家都那么诚实，有关同行业成本、价格、质量等，没有一点儿隐瞒，而且双方马上就要合作了，不应有丝毫有损诚信的言行，于是据实相告："不瞒你说，的确如此，这次谈成了，我们可以把即将到期的一笔贷款还清。"谁知第二天早上，海外公司突然变卦，提出在签约前重新讨论价格问题，要求再降价格。这时A厂迫于目前困难，只好答应了他们的要求。正是有问必答、和盘托出的"诚信"让A厂损失了这次谈判中本可以多得的那部分利益。

谈判中的提问不同于一般求教、咨询性的提问，它是一种了解对方实力、动机意向、需求与策略的手段。通过有意无意地发问，达到探询对方的底细，进而掌握主动的目的。如果一方据实相告，不留余地，对方马上会据此压价，失利便不可避免了。

谈判专家一致认为，谈判中正确的答案未必是最好的答复。在谈判中，答复对方的提问是一个十分关键而又很不容易把握好的环节。它是对提问的反馈，但从内容到形式的选择却不应像提问那样随意，因为回答对方的问题要承担一定的风险，关键不在于回答的"对"与"错"，而在于该说或不该说。一个有经验的谈判人员，会根据对方的情况、谈判的目的、谈判的形势做好答复的准备，并能很好地把握该不该答、何时答、怎样答，以及答复的范围、程度等。任何时候，对于谈判中的提问，都必须站在谈判全局的利益高度上认真思考、冷静斟酌，从容应付。对方那种"投石问路"，以图了解己方底细的发问，只需局部作答，留有余地，别让对方摸到底牌。对于较为棘手的问题，一时难以确切答复的，可以含糊其辞或模棱两可。此外，拖延回答、答非所问、有偿作答、反客为主甚至沉默反观，只要运用得法，都不失为一种较好的答复技巧。

◆ 自作主张

这往往是一些能力出众的谈判人员易犯的错误。他们自恃高明，未经领导的同意，为了讨好客户，擅自主张，私自更改谈判条件，是极其危险的事。首先，每个公司都有一套纪律和规则，还有一些商场上的禁忌，如果你不经请示，自作主张，可能有悖公司规则，也有可能让自己和公司蒙受不必要的损失。其次，类似一些不正当不合法的事情，比如，回扣、赠品，不仅会使公司蒙受损失，威胁到公司利益，更有可能触犯法律，把自己和公司置于不利的地位。

商务谈判，要遵循商场规则，商务谈判人员也应遵守原则，不是自己权限范围的，不要擅自做主。①对货物的价格打折扣，不能私自做主，即使客户以好处引诱，也要遵守公司统一规定。②对于分期付款的次数，也不要私自增加，以免宽容了对方，却造成自己公司资金的周转困难。③不要做主延长支票的兑现日期，或对方付款期限。④不要私下答应给客户不正当的馈赠，或付给客户回扣。⑤不要私自掏腰包垫付款项以吸引客户订立合同。⑥不要擅自为对方的支票背书转让。⑦不要擅自把客户的付款借给其他客户。

◆ 迟到

在约定的谈判时间迟到，哪怕是短短10分钟，也是一种不礼貌、不尊重对方的表现，而且很容易被对方误认为你是一个不负责任的人，他们要把一大笔资金交由这样的人运作时，心里肯定会有些担忧。虽然迟到方做出了解释，但在重视效率的今天，他们也不能完全消除心里的疑惑，以致会再次考核调查，浪费时间和精力。再者，在时间就是金钱，时间就是效益的市场经济时代，迟到带来的可能是双方在利益上的损失。

进一步加强自己管理时间的能力，为重要谈判腾出充裕的时间，这样不仅可以避免谈判人员发生迟到的现象，而且还有足够的时间温习谈判的内容，为谈判做好充分的心理准备。在谈判制定议程时，就应该考虑为每一次谈判安排出充裕的时间。将谈判时间前后的其他会议延迟或提前召开。还要将无关紧要的、细小的事情，在谈判之前就交代吩咐下去或做完，千万别让任何事情耽误了重要的谈判。更为关键的是，为避免一些不能预料和抗拒的外界因素的干扰，如估计会有大雾、塞车等问题时，谈判人员不妨提前在谈判地点附近预定休息室或住宿房间，提前半天或一天到达那里，以确保谈判时能准时到场。

现代的人都很重视时间，能否准时赴约也同时被视为是否守信誉的标志，在谈判时间不迟到，可以增强别人对你的信任度。为此，谈判人员除了管理好自己的时间，也不妨再让同事或助手提醒自己一下，千万不要因为自己的一时疏忽，而在谈判时迟到。

◆ 电话谈判

如果有事情需商谈时，不论是哪一方主动打电话，他在谈判中便占有优势，因为打电话的人挑选对自己最有利的时间和媒介（即电话）。既然他主动发功攻势，那么必定会有备而来，在手边拟有要点，一切成竹在胸，对所要说的话也早有腹稿。当你在电话上措手不及的时候，可以这么向对方说："对不起！现在我不方便和你谈，请问明天什么时候有空，我再给你回电话？"

相较于面对面的谈判，电话在谈判方式中显得比较简短，更具有竞争性，而且更为正式。你可以故作幽默地讨论事情，不用担心因为开玩笑而离了题。由于看不到对方的反应，因此可以不用顾及面子，而坚持自己的主张。要是你心中已定的金额是多少，而对方却想对你施展"攻心为上"的策略，企图软磨硬泡来说服你，那么这时候就务必坚持在电话中谈。像电话交谈这种紧凑场合，清晰而理性的措辞会发挥更大效用，使说服力大增。

最要不得的情况莫过于当对方提出问题，结果你只能哑在那儿，一句话也答不上来。即使你很快地恢复常态，可是对方会因此看穿你的弱点，并且死咬着不放，直到你重重受伤为止。针对这种情况，最好的防范之道便是事先模拟各种可能被问到的问题，譬如，价格为什么这么高？为什么在三个月内拿不到货？抵押品出了什么状况？当你丝毫没有防备，而问题却突然而至的时候，可以把问题转化成你曾经答复过的答案。譬如，把问题扯回价钱方面，或只笼统地重申你会合理配合的意愿。他山之石可以攻玉，看看电视辩论大赛，观察那些选手们是如何应对的，他们由于辩才高超，面对问题时都能灵巧答复，你会发现，他们从不就问题本身确切作答，而只针对问题巧妙地发表他们的演说。

大部分人认为，电话交谈后的书面备忘录，只不过是谈判的文字记载而已。事实不然，你寄给对方的备忘录，实际上是一种重要的谈判工具，因为它不但使协议具体化，并且提供机会让你进一步理清自己的观点。你应该把电话交谈内容及时地记录下来。在电话的交谈中，其中要是有一些模棱两可的话，你就可以利用这个机会加以澄清或根本删除。因为，日后的后续讨论是以备忘录的记载为论点，而不是根据电话中的交谈内容，所以，备忘录使你对最后的协议内容与范围握有主动权。防范之道：当对方提议由他准备备忘录时，你不妨建议由双方同时准备，等拟妥后两方进行对照。

◆ 被"友情"蒙骗

有些谈判对手很爱谈论友情，展露他友好的笑容。当你有所挑剔或指责时，他总是微微一笑，友好地点点头，诚恳地表示歉意。于是，你便无法再在此问题上纠缠，更不可能以此作为让对方让步的条件。一个相当棘手的问题，双方为此争议讨论几个轮回，在快要理出头绪，形势大好的情况下，对方又笑了："你提的问题很值得考虑，我一定尽力反映，请给我一些时间好吗？"态度相当委婉温柔，你不好意思乘胜追击，只有静候佳音。等到再一回合的商谈开始，对方先是满脸的笑容，诚挚地问候，又说得你心里暖融融的，接着满脸的歉意，说他做了多么大的努力，绞尽了脑汁，可是公司无法在此上做出让步。末了，非常诚恳地说："老交情了，请谅解谅解我们吧！这于你们也并没多少损失。"就这样，一个问题又一个问题，一个条件又一个条件地讨论，你总是在对方温和有礼，笑脸以待的友情攻势下，束手就擒，尽可能多地做出让步。

对方出发点很好，避免矛盾冲突尖锐化，有利于更好地联络双方感情，达成友好合作。可你融化在这种温和柔情之中，束手无策，近似主动地做出较多的让步，便有些丧失原则，站不稳立场了。这样做在普通商谈，或对方温和讲情义的情况下或许损失不大，但如果是被对方故意迷惑而受到欺骗，后果就不堪设想了。

其实你完全可以在对方处处表现出与人为善的情况下，同样以诚相待并提出更完善的成交条款。或者将计就计，以柔克柔，也大谈友情，以友情开路，开诚布公地谈自己的困难、需求和合作的愿望，请对方充分理解，友好合作。由于对方既已强调友情在先，此时也就不好过分坚持，往往也会做出相应的让步。再有，安排一个态度强硬的"黑脸"人物，摆出一副"生意归生意，友情归友情"的姿态向对方提出比较苛刻的条件，加大对方的心理负担。这时，你再以"白脸"出现，批评"黑脸"人物不近人情，强调"生意不成仁义在"的道理，提出有所退让的"公允"、"平等"方案，并表示赞赏对方的重友情态度，这样，对方就可以卸下刚形成的心理包袱，顺利成交了。